走向"大教学"的小学法治教育

罗笑 著

·广州·

图书在版编目（CIP）数据

走向"大教学"的小学法治教育 / 罗笑著. -- 广州：华南理工大学出版社，2024.12. -- ISBN 978-7-5623-7866-2

Ⅰ. G623.103

中国国家版本馆 CIP 数据核字第 202427GN42 号

Zouxiang "Da Jiaoxue" De Xiaoxue Fazhi Jiaoyu

走向"大教学"的小学法治教育

罗　笑　著

出 版 人：	房俊东
出版发行：	华南理工大学出版社
	（广州五山华南理工大学17号楼，邮编510640）
	http://hg.cb.scut.edu.cn　E-mail：scutc13@scut.edu.cn
	营销部电话：020-87113487　87111048（传真）
策划编辑：	梁玉琪
责任编辑：	梁玉琪
责任校对：	盛美珍
印 刷 者：	广州小明数码印刷有限公司
开　　本：	787mm×1092mm　1/16　印张：13.5　字数：243千
版　　次：	2024年12月第1版　印次：2024年12月第1次印刷
定　　价：	55.00元

版权所有　盗版必究　　印装差错　负责调换

前　言

　　法律，治国之重器，社会之保障，民生之护佑，为千秋伟业夯基固本，为民族复兴保驾护航。党的十八大以来，以习近平同志为核心的党中央从坚持和发展中国特色社会主义全局出发，从实现国家治理体系和治理能力现代化的高度，提出了全面依法治国这一重大战略部署，开创了全面依法治国的新局面。推进全面依法治国，是国家治理的一场深刻变革，是坚持和发展中国特色社会主义的本质要求和重要保障，是实现国家治理体系和治理能力现代化的必然要求，事关我党执政兴国，事关人民幸福安康，事关党和国家长治久安。

　　实现"依法治国"的伟大战略，需要以全民守法为社会前提，而全民守法的法治社会建设需要卓有成效和持之以恒的法治教育。党的十八届四中全会提出"把法治教育纳入国民教育体系，从青少年抓起"。青少年能否认同法治、信仰法治、践行法治，长远来看决定了一个国家法治化水平的高低，也是一个国家能否在国际竞争中保持核心竞争力的重要因素。加强中小学的法治教育，培养具备法治知识、法治意识和用法能力的青少年，是新时代党和国家基础教育高质量发展的重要议题，它不仅关系到学生的个人成长，还关乎国家未来、民族发展、社会稳定及学生自身幸福，对社会的法治建设和长远发展具有重要意义。

　　当前，由于课程设置的局限，我国的中小学并未开设专门的法治课程，现今的法治教育在性质上隶属于思想政治教育，是在学校德育的总体框架下实施的。习近平总书记在思想政治理论课教师座谈会上指出："思想政治理论课是落实立德树人根本任务的关键课程。"在新时代的征程中，法治教育作为立德树人的关键一环，其重要性日益凸显。思想政治理论课内容丰富，法治教育作为思想政治理论课的重要组成部分，不仅承载着传授法律知识的重任，更肩负着培养青少年法治思维、法治能力和法治信仰的历史使命。正如古人所言，"德礼为政教之本，刑罚为政教之用"，在"全面推进依法治国"的背景下，推动法治教育的高质量发展是加强思想政治理论课建设、培养时代新人的应有之义。

然而，面对全面建设法治国家的新要求，我国中小学法治教育仍面临诸多挑战。观照传统的法治教育，与在理论和教学探索上都比较成熟的思想品德教育、政治教育相比，我国的中小学法治教育无论在教学活动上，还是在现实效绩上，都颇显不彰，亟待改进。

从内容看，现阶段的中小学法治教育中，小学的六年级和初中的八年级都有法治专册，以普及宪法和简单的法律知识为主，涉及《中华人民共和国宪法》《中华人民共和国民法典》《中华人民共和国义务教育法》《中华人民共和国未成年人保护法》《中华人民共和国预防未成年人犯罪法》等。传统法治教育在教学过程中往往局限于理论教学，过于注重法律知识的传授，忽视了法治能力、法治思维和法治观念的培养，缺乏互动性和实践性，学生虽然掌握了一定的法律知识，但对法律的理解和应用能力不足，在实际应用中却往往缺乏法治意识和法治精神，无法真正做到依法行事，法治认识与法治实践不统一，使中小学生法治素养不高，法治实效性不强，未成年人违法犯罪事件时有发生。

从方法看，随着时代的发展和社会的进步，中小学法治教育的方式方法也需要不断创新。中小学法治教育工作者要积极探索符合时代特点和青少年成长规律的法治教育方式方法，让学生在轻松愉快的氛围中接受法治教育。教学时，应该注重理论与实践相结合，以学生为中心，通过丰富多样的教学方法加强课堂互动和学生参与，如案例教学、模拟法庭、法治辩论、法治情景剧等，倡导学生主动学习和合作学习。同时，还应该发挥信息技术的优势，以网络化、数字化、智能化为导向，加强法律知识和信息化技术的融合，提升教学成效。

从教学模式看，根据笔者团队搜集的国内关于法治教学模式的相关文献可以得知，目前有关小学法治教学模式的研究并不十分丰富，当中的教学模式大多是个别教师依据自身的课堂教学展开探索，关于落实大思政视域下法治教育提质增效的教学模式研究比较少。而大思政涵盖的不同课程、不同主体、不同学段、不同领域的目标必须具有一致性，要努力实现一脉相承和相互衔接。因此，必须要有一种新的教学模式与大思政相应，能有效建"大师资"、搭"大平台"、上"大课堂"，实现学段衔接、跨学科育人、课程整合背景下小学法治课堂教学改革，构建协同育人体系，在法治教育目标、教育场域、教学资源等多方面实现学校与社会的融通，有效提升法治教育教学的质量。

从法治实践看，由于历史原因，小学法治教师存在兼职与专任并存的情况，兼职的情况较为普遍，在小学担任道德与法治教学工作的一般是担任其他教学工作的教师（如语文教师）或担任其他教学管理工作的行政人员等。对于道德与法治这门一般不作纸笔考核的课程，教师在课堂往往重视理论知识的传授，而容易忽视学生的法治实践。学校应重视法治教育的实践教学，强化实践教学环节，通过与当地法院、检察院、律师事务所等机构合作，将模拟法庭、司法鉴定、调解、仲裁等实践活动纳入教学计划，为学生提供更多的实践机会。鼓励学生参与社区服务、法律援助等实践活动，让学生真正了解和掌握法律知识的运用方法，提高学生的实践操作能力和法律素养，增强他们的社会责任感和法治意识。

从评价看，法治教育评价体系不够完善是当前法治教育领域面临的一个重要问题。这一问题的存在，影响了法治教育的质量和效果，也制约了法治社会建设的进程。第一，当前的法治教育评价体系往往侧重于法律知识的传授和记忆，而忽视了对学生法治思维、法律素养和法治实践能力的综合评价。第二，评价内容不够全面，缺乏对学生法治价值观、法治信仰等深层次内容的评估，导致评价结果难以全面反映学生的法治素养水平。第三，评价方式较为单一，大多采用传统的卷面考试形式，以分数作为评价的主要依据，忽视了对学生学习过程、学习态度和实践能力的考查。而且缺少多元化的评价方式，如案例分析、模拟法庭、社会实践等，难以全面评估学生的法治素养和综合能力，也缺乏对不同年级、不同学科、不同学生群体的差异化评价标准，难以体现评价的公平性和针对性。第四，评价主体比较单一，评价主体主要是学校和教师，缺乏学生、家长、社会等多元主体的参与和反馈，导致评价结果难以全面反映社会需求和期望。

在此背景下，笔者带领团队顺应时代的发展，创造性地提出与"大思政"相对应的"大教学"理念，并以此开展小学法治教育的实践探索，以期望实现小学法治教学在教材、教学、评价、实践、师资队伍等方面的全方位融通。本书所提出的"大教学"，不只是一种理念，还是一种教学模式，是从宏观上开展小学学科教学活动相关序列及其方法策略的总称，旨在构建融合物理空间、规则系统、活动程序和环节等众多元素的更广阔开远的教学时空，以培养学生的必备品格、关键能力和价值观念，是培育学生核心素养的有效路径。在实践操作中，我们基于大思政视域下的"大教学"理念，对小学道德与法治学科中的法治教育主题的教学目标和内容做适当调整，从而使法治教育的内容更加符合本国公民的发展需要；在教学方法上，设身处地从学生的发展需要出发，更加注重实践性教学，实现理论与实践的统一；在整体规划上，以"大教学"加强思政课一体化、跨学科育人、课程整合背景下小学法治教学目标建设，构建"家—校—社"协同育人体系，丰富思政课内涵，切实发挥"大思政课"培根铸魂的作用，有效提高法治教学质量，促进学生的理想信念、法治意识、社会规范和个人修养的全面发展，着力培养担当民族复兴大任的时代新人。

培养青少年的法治精神是一个长期且重要的任务，小学法治"大教学"强调法治教育不仅仅是对法律知识的简单传授，更重要的是对学生法治思维的培养、法治能力的锻炼以及法治价值观的塑造。我们相信，通过对小学法治"大教学"的研究与实践，能够有效推动小学法治教育的创新发展，为培养具有更高法治素养的现代公民贡献力量。同时，我们也期待与广大教育工作者、学者和社会各界共同努力，共同探索法治教育的新路径、新方法、新策略，为全面建设社会主义法治国家贡献智慧和力量。

罗笑
2024 年 10 月

目 录

第一章 探索核心素养驱动的教学改革 …………………………………… 1
  第一节　核心素养：教学改革之魂 ……………………………………… 2
  第二节　推进核心素养导向的教学改革 ………………………………… 10
  第三节　探索核心素养的培育新路径 …………………………………… 19

第二章 法治教育与传统法治教学的局限 ………………………………… 25
  第一节　道德教育与法制教育、法治教育 ……………………………… 26
  第二节　传统法治教育教学的局限 ……………………………………… 31
  第三节　走向"大教学"：小学法治教育改革的专业诉求 …………… 41

第三章 小学法治"大教学"的改革探索 ………………………………… 47
  第一节　小学法治"大教学"的基本理念 ……………………………… 48
  第二节　小学法治"大教学"的基本任务 ……………………………… 56
  第三节　小学法治"大教学"的价值意蕴 ……………………………… 60

第四章 小学法治"大教学"的课程设计 ………………………………… 67
  第一节　前法治教育阶段：课堂内外与生活交融 ……………………… 70
  第二节　融合法治教育阶段：道法结合与内生外显 …………………… 79
  第三节　集中法治教育阶段：法理结合与发展思维 …………………… 84

第五章 小学法治"大教学"的典型案例 ………………………………… 91
  第一节　小学法治"大教学"的课程教学典型案例 …………………… 92
  第二节　小学法治"大教学"的活动课典型案例 ……………………… 128

第六章 小学法治"大教学"的评价 …………………………………… 137
第一节 小学法治"大教学"的评价追求 ……………………… 138
第二节 小学法治"大教学"的评价探索 ……………………… 145

第七章 "大教学"视野下的小学法治教师专业发展 …………… 157
第一节 小学法治教师专业发展的背景与基础 ………………… 158
第二节 小学法治教师专业发展面临的问题与挑战 …………… 160
第三节 小学法治教师专业发展的突破口 ……………………… 168

第八章 小学法治教育的未来展望 …………………………………… 187
第一节 系统性：构建全链条法治教育体系 …………………… 188
第二节 实践性：契合法治教育实际强化实践 ………………… 190
第三节 创新性：推动法治教育方法和手段的创新 …………… 193
第四节 绿色化：强调和谐、高效、可持续发展 ……………… 198
第五节 国际化：加强小学法治教育的国际交流与合作 ……… 200

参考文献 ………………………………………………………………… 203

第一章

探索核心素养驱动的教学改革

中国基础教育正在迈入核心素养的新时代。核心素养是课程标准研制（设计）的DNA，是贯穿课程标准修订的一根红线，也是课程实施和教学改革的总纲和方向。伴随着新课标的颁布与实施，一场以核心素养为导向的教学变革将全面展开。[①] 在《义务教育道德与法治课程标准（2022年版）》（以下简称"新课标"）的指导下，教育工作者面临着重新审视和塑造教学实践的挑战。本章旨在探讨学科核心素养与教学改革之间的密切联系，并提出一系列实践策略，以促进学生全面发展。

第一节 核心素养：教学改革之魂

在知识经济时代，人才成为各个国家参与国际竞争的重要保障，在此背景下，我国教育体制也面临着改革创新，素质教育和课程改革全面实行，核心素养理念得以提出。核心素养是素养系统中具有根本性和统领性的成分，是人之为人之根之本（"根目录"），是人各种表现的根本性应由。同时，核心素养也是素养系统中具有基础性的成分，是人进一步成长的基础和可能，是人进一步成长的内核。正确的价值观念、必备品格和关键能力是人终身发展、可持续发展的基因、种子和树根。抓住了核心素养也就抓住了立德树人的根本，抓住了教育的根本。核心素养概念和命题的提出具有重要的认识论的意义和价值，它意味着教育思维方式的转型，可以说，核心素养导向的课程标准修订实质是一场课程观、知识观、教学观和学科教育观的重建，它是对"为谁培养人""培养什么人""如何培养人"这一教育根本问题的时代回应。[②]

一、素养、核心素养与学科核心素养的概念界定

（一）素养

关于"素养"一词，《现代汉语词典》里的解释很简单："平日的修养。"百度百科

[①②] 余文森. 核心素养：课堂教学改革与创新的引擎[EB/OL]. (2018-01-16)[2024-10-01]. http://www.moe.gov.cn/jyb_xwfb/xw_fbh/moe_2069/xwfbh_2018n/xwfb_20180116/zjwz/201801/t20180117_324897.html.

里的解释稍具体一些:"素养,谓由训练和实践而获得的技巧或能力。"如果从中国文字辞源的意义上来"说文解字",会更有意思:"素"为未染色之丝,"养"乃长久的育化。在今天,"素养"的含义大为扩展,它包括思想政治素养、文化素养、艺术素养、业务素养、身心素养等各个方面,涵盖了世界观、人生观、价值观、审美观、使命观、幸福观等。素养的形成是一个后天习得的过程,需要通过多次培养和反复训练来完成。

(二)核心素养

什么是学生核心素养?在已有的研究中,对此问题的回答虽有差异,但无本质区别。学生发展核心素养,无论是国际组织和其他国家提出的核心素养,还是我国核心素养项目组提出的核心素养,都是旨在回答培养什么样的人的问题,是一个国家、一个地区培养人的质量标准。用传统的教育学术语来说,核心素养就是教育的根本目的。而教育目的是教育的出发点和归宿。所以,学生发展核心素养,是新时期培养人才的质量标准,是新时期教育活动的出发点和归宿。[①]

"核心素养"一词最早出现在西方的一些组织和国家。各个研究团体和专家对于"核心素养"的概念界定各抒己见。联合国教科文组织将核心素养指向终身学习,并提出"学会求知、学会做事、学会共处、学会发展、学会改变"五大支柱。一般来说,核心素养的指称主要分为两类:一是学生发展核心素养,二是学科核心素养。

所谓学生发展核心素养,是指学生应具备的、能够适应终身发展和社会发展需要的必备品格和关键能力,是关于学生知识、技能、情感、态度、价值观等多方面要求的综合表现,是每一名学生获得成功生活、适应个人终身发展和社会发展都需要的、不可或缺的共同素养,其发展是一个持续终身的过程,可教可学,最初在家庭和学校中培养,随后在其一生中不断完善。2016年,北京师范大学以林崇德教授为首的团队发布了《中国学生发展核心素养》总体框架构成,即中国的学生发展核心素养,以科学性、时代性和民族性为基本原则,以培养"全面发展的人"为核心,分为文化基础、自主发展、社会参与三个方面(图1-1),综合表现为人文底蕴、科学精神、学会学习、健康生活、责任担当、实践创新六大素养,具体细化为国家认同等十八个基本要点。

[①] 童燕芳. 基于核心素养的法治教育探究——以"公民的权利"教学为例[J]. 中学政治教学参考,2022(46):7-9.

下面将展开论述学科核心素养。

（三）学科核心素养

学科核心素养是学生通过学科课程学习逐步形成的正确价值观、必备品格和关键能力，是课程育人价值的集中体现，是学生发展核心素养在特定学科上的具体化，关注个体成长所需的必备素质和核心能力。学科核心素养关注学生终身受益的学科品质与能力，是学科基础知识、基本能力、学科思想、学习态度等的综合体现，与学科内容的特征和相关的学科思维有密切联系，反映学科发展的、理解和解决一类学科问题的思想和能力，不同层次、不同学段的学生的学科核心素养也不尽相同，因此其具有持久性、综合性、学科性、关键性和阶段性等特征。

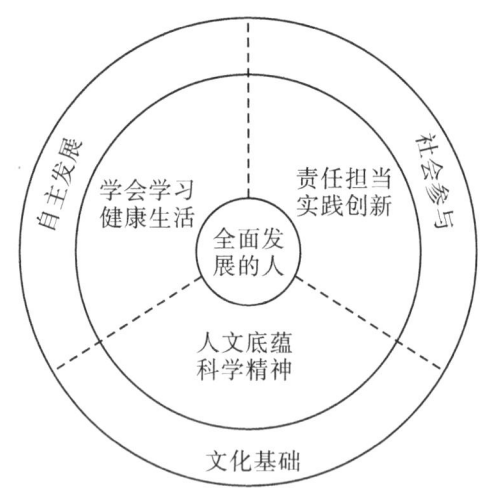

图1-1 核心素养构成

学科核心素养的提出，是基于我国基础教育课程改革现实的慎重选择。从2001年开始，我国高举"素质教育"大旗，启动了"跨世纪素质教育工程"，拉开了中华人民共和国历史上第八次基础教育课程改革的序幕。经过20多年的研究和探索，我国基础教育在学习和教学理念层面上发生了深刻的变化。以教师讲解为主、学生被动接受和重复训练学科知识及技能的教育模式受到了批判与扬弃。以学生为中心，提倡自主、合作和探究式学习，让学生在解决问题过程中建构知识体系等理念为广大教师所熟悉。但是，很多情况下，课堂教学仍然以习得学科知识和技能为最终指向，学科本位思想依然有着深厚根基和广泛影响。为回应时代的呼唤，实现我国基础教育阶段学科学习方式的转型，更好地培养德智体美劳全面发展的人才，教育部在2014年印发的《关于全面深化课程改革 落实立德树人根本任务的意见》中，首次提出"核心素养体系"概念，这标志着"学科核心素养"的正式提出。学科核心素养以21世纪核心素养为参照，在对学科本质的反思和把握的基础上进一步凝练学科（领域）的育人价值，它的提出为进一步深化课程改革奠定现实基础。

二、辩证看待核心素养与学科核心素养的关系

在我国当前的政策环境下，学生发展核心素养和学科核心素养是并行开展的，厘清学生发展核心素养与学科核心素养二者的关系，具有重要的理论意义和实践意义。

学生发展核心素养主要指学生应具备的、能够适应终身发展和社会发展需要的必备品格和关键能力。而学科核心素养是针对学生在学科学习过程中形成的、体现学科本质的、具有一般发展属性的品质与能力，它既有跨学科性，又必须通过各学科的课程教学实现。学生发展核心素养处于上位，是指向学生整体的全面的发展；学科核心素养处于下位，但同样指向学生发展核心素养。从逻辑关系来说，核心素养包含着学科核心素养，学科核心素养是以核心素养为逻辑前提的。就其发生学关系而言，核心素养和学科核心素养是并行且相互依存的。

学科核心素养的总和不等于学生发展核心素养。一方面学科教学不是学校教育的全部，学生发展核心素养的实现并非全部由学科课程与教学完成。另一方面，学科核心素养中可能存在对于学科本身是重要的和关键的，而从学生的整体发展看并非关键的核心素养。各学科课程与教学是形成学生发展核心素养的重要途径。学生发展核心素养具有跨学科性，但无法完全通过跨学科的方式实现。每一个学科都有培养学生学科素养的任务，同样也要实现学生发展核心素养。因此，教师在进行学科的课程教学的过程中，既要关注学生的学科核心素养，又要关注学生发展核心素养。

2017年颁布的普通高中课程标准，对各个学科的教学目标进行了升级迭代，迭代为学科核心素养目标。在2022年4月新颁布的义务教育课程方案和课程标准中，有关核心素养内涵的表述，各个学科略有不同，在坚持核心素养导向的同时，体现了各学科的特性。可以说，学科核心素养的提出整合和提升了"双基"与"三维目标"所反映的教育目的，不仅有助于教师确立教书与育人统一的观念，还能充分变革评价方式，培养学生解决真实情境中问题的能力。尽管每个学科的核心素养在具体构成上各不相同，但都可以将其视为一个以学科思维为核心，由知识建构、问题解决和自我整合三个层面构成的有机结构。其中，知识建构层指向学生的知识建构能力，问题解决层指向学生的问题解决能力，自我整合层则是学生在知识建构和问题解决过程中逐渐形成起来的对其后续学

习与终身发展更具有整合力与影响力的价值观和方法论。①

培养和形成学生的学科核心素养，必须在课堂这一特定环境下落实，学科课堂无疑是"培养什么人""怎样培养人"的重要场所。具体到每一门学科而言，都需要关注与学科有关的、旨在提升人的综合素养的各种教育教学方式、方法和策略的探究，学科教师要创造性地"设计基于学生核心素养发展经验的教学活动"，促进课堂教学由知识课堂向素养课堂转型，助力学生实现知识、能力、情感、态度、价值观的全面发展和个性化培养，让学生发展成对国家和民族具有深远意义的新社会主义人才。

三、核心素养是教学改革的灵魂

（一）核心素养是教学改革的重要目标和基础

学生发展核心素养的提出是国家关于教育改革和人才培养的顶层设计，它对统领当今课程改革、教学指导，引领和促进教师队伍建设，以及对学生终身发展都具有十分重要的意义，是当前教育方针、政策里不可动摇的指南，是中国教育这艘巨轮的最新航向，体现着国家关于教育改革与课程改革坚定的意志与决心。

核心素养是落实立德树人根本任务的载体。教育改革的目标是培养具备核心素养的学生，通过改革教育内容、教学方法和评价体系，使学生能够全面发展，具备核心素养，从而更好地适应社会的需求。核心素养明确了学生应具备的必备品格和关键能力，为教学改革提供了清晰的目标导向。它促使教育工作者从传统的知识传授转向对学生全面发展能力的培养，确保教育目标更加符合时代需求和学生个人发展的要求。在课程实施方面，基于核心素养的教学改革促进课程内容的整合与优化，要求课程内容的选择和组织要围绕学生核心素养的提升进行，这促使课程体系从碎片化走向整合，强调跨学科知识的融合与应用，培养学生的综合素养和解决实际问题的能力。核心素养的提出还促使评价体系从单一的知识考核转向对学生综合能力的评价，通过建立多元化、过程性的评价体系，关注学生的学习过程、学习态度、创新能力等方面的表现，以便全面地反映学生的核心素养水平，以实现"教—学—评"一致性，以评促教，以评促学，不断推动教师

---

① 童燕芳. 基于核心素养的法治教育探究——以"公民的权利"教学为例 [J]. 中学政治教学参考，2022（46）：7-9.

更新教育观念，提升专业素养和教学能力，从而促进教师的专业成长和职业发展，提高教师队伍的整体素质。

（二）核心素养推动教学模式与方法的创新

核心素养的提出不仅为教学改革设定了重要目标和成为坚实的基础，还极大地推动了教学模式与方法的创新。传统的教学模式往往侧重于知识的传授和记忆，而核心素养则强调学生的全面发展，包括知识、能力、情感态度等多方面的培养。这要求教育工作者必须打破传统的教学框架，采用更加灵活多样的教学方法和手段，以满足学生核心素养培养的需求。

在教学模式上，核心素养推动了从"教师中心"向"学生中心"的转变。学生不再是被动的知识接受者，而是成为主动的学习者和探索者。教师则转变为学习的引导者和促进者，通过设计具有挑战性和启发性的问题、任务或项目，激发学生的学习兴趣和动力，鼓励他们进行自主学习、合作学习和探究学习。近年来国内基础教育涌现不少比较有影响的教学模式，简单列举如下。

1. 杜郎口中学的"三三六"模式

山东聊城的杜郎口中学是一所乡村学校，作为中国课改的先行者，该校逐步形成了"三三六"自主学习模式。该学习模式以学生在课堂上的自主参与为特色，课堂的绝大部分时间留给学生，老师仅用极少的时间进行"点拨"。他们把这种特色叫作"10+35"（教师讲解少于10分钟，学生活动大于35分钟），或者"0+45"（教师基本不讲），充分引导学生，营造以学生自学为主、以学生为主体的课堂。"让学生动起来、让课堂活起来、让效果好起来"，而核心是一个"动"字，围绕"动"千方百计地彰显学生学习的"主权"。

2. 青岛昌乐二中"271高效课堂模式"

同样也是在山东，青岛昌乐二中"271"模式，即课堂45分钟按照2∶7∶1的比例，划分为"10+30+5"分钟，要求教师的讲课时间不大于20%，学生自主学习占到70%，剩余的10%用于每堂课的成果测评。在学生的组成划分上：20%是优秀生，70%是中等生，10%是后进生。在学习内容上：20%的知识是不用讲学生就能自己学会的，70%是通过讨论才能学会的，10%是通过同学之间在课堂上展示、互相回答问题，加上老师的强调、点拨，并通过反复训练才能学会的。

3. 兖州一中的"循环大课堂"模式

山东兖州一中在杜郎口经验的基础上，根据教学的特点，渐变形成了"循环大课堂"模式。通过改变课堂结构，一改传统的课后辅导、写作业练习这样的学习方式，后段变前段，前段变成了预习，课后变成了课前，"把练习变成预习"，从而创造性地解决了课下低效的难题。"循环大课堂"注重学生在课堂上的学习状态，让学生带着"问号"进课堂，通过独学（自学）、对学（同学结对合作）、群学（小组间合作探究），形成"叹号"，然后再通过展示交流把新生成的"问号"最终变成"句号"。从改变学生的学习状态入手，走出一条光明的通途。伴随课改生成的"学生自治"管理文化，重新解读了教育的目标是"使人成为人"。

4. 灌南新知学校的"自学·交流"模式

江苏灌南新知学校是中国名校共同体组建之后的第一所"实验校"。"自学·交流"学习模式主要是教师提前一天将"学案"发放给学生，把原属于学生的思维权利通过"自学"还给学生，学生通过"交流"表达自我。新知学校对学生的自学有三个层次的要求：一是完成学案上老师预设的问题，了解学习文本需要掌握的知识、考查的技能等。二是要对学案中涉及的问题进行质疑，提出自己的问题，对未涉及的问题要进行补充，丰富完善。三是敢于否定书本中既成的事实和结论，并发表自己的见解和结论。作为最早提出"临帖"概念的学校，新知学校已然成为连云港市的一所名校。独有的"自学·交流"模式把课堂完全交给学生，培养了学生学习的兴趣和能力，最大可能地保证了学生的思维成果。

5. 围场天卉中学的"大单元教学"模式

与山东的杜郎口中学相似，河北的围场天卉中学拥有 14 名教师、336 名学生，这是校长胡志民 2003 年创办河北围场天卉中学时的全部基底。六年后，天卉中学因"改"成名，一跃成为承德市乃至河北省的"课改名校"。该校创新的"大单元教学"模式具有三大特色：大整合、大迁移、大贯通，其具体表现形式是"三型、六步、一论坛"，核心是"展示教育"。"预习展示课"环节让学生达到掌握 70%～80% 知识点的目标，并在小组内部由组长带领，要求每个成员对自己的学习成果进行展示。"提升展示课"是对小组合作学习成果进行展示，通过教师的追问、质疑，进一步明确学习目标，拓展联系更多的相关内容，让学生能够举一反三，达到提升的目的。"巩固展示课"则是追求知识的"再生成",教师要善于利用某些奇思妙想,让有"创见"的学生展示自己的独到的思维见解,通过学生"兵练兵""兵教兵""兵强兵"的过程,达到对知识再认识和巩固的目的。

在教学方法上,核心素养促进了多种教学方法的融合与创新。核心素养强调学生的主动学习、探究学习和合作学习,这要求教师在教学过程中采用更加灵活多样的教学方法和手段,更好地激发学生的学习兴趣,培养学生的创新思维和实践能力。例如,项目式学习(PBL)强调学生在真实情境中通过解决问题来学习知识和技能;翻转课堂则将传统课堂中的知识传授和内化过程颠倒过来,让学生在课外通过视频、阅读材料等方式自主学习知识,课堂则成为师生交流、互动和解决问题的场所;探究式学习鼓励学生像科学家一样进行探究和发现,培养他们的创新思维和实践能力。多样式的教学方式致力于让学生成为知识的转化者、应用者和创新者,而非仅仅成为知识的拥有者,为传统课堂教学注入新的动力,促成真知真学以焕发学生的学习活力,从生命层面回应学生的尊重要求与自我实现需求。

(三)核心素养促进学生终身发展

素质教育的核心目标一直是促进学生的全面发展与个性发展的有机统一。核心素养是指学生在面对复杂情境时,能够运用所学知识和技能,展现出的关键能力、必备品格和价值观念。它超越了传统的学科知识,更注重学生的全面发展和终身学习能力,包括认知能力、情感态度、社会技能等,这些素养有助于学生在未来的学习和生活中不断进步和适应,是终身发展的重要基础。

1. 核心素养为学生发展奠定坚实基础

核心素养的培养为学生未来的学习、工作和生活奠定了坚实的基础。这些素养包括但不限于语言能力、思维能力、信息素养、社会责任感、自我管理能力等,它们是学生应对复杂多变环境、解决实际问题、实现个人价值的重要工具和资源。

2. 核心素养促进学生全面发展

核心素养的提出和实施,旨在促进学生的全面发展,而不仅仅是知识或技能的单一提升。它强调学生的身心健康、道德品质、审美情趣、劳动精神等多方面的均衡发展,确保学生在成长过程中能够形成健全的人格和全面的能力。

3. 核心素养增强学生的适应能力

在快速变化的社会环境中,学生需要具备强大的适应能力才能应对各种挑战和机遇。核心素养中的批判性思维、创新能力、信息处理能力等,都是帮助学生快速适应新环境、新情况的关键因素。这些素养使学生在面对未知领域或复杂问题时,能够迅速找到解决方案并付诸实践。

4. 核心素养实现个体的终身学习

终身学习是现代社会对个人的基本要求之一。核心素养中的自主学习、合作探究等能力,能够帮助学生形成良好的学习习惯和方法,从而在离开学校后仍然能够保持对知识的渴望和追求。这种持续的学习动力和能力将伴随学生一生,为他们的终身发展提供源源不断的动力支持。

5. 核心素养促进学生的社会参与

作为社会的一员,学生需要具备一定的社会责任感和公民意识。核心素养中的社会责任感、团队合作等素养,能够帮助学生更好地融入社会、服务社会。通过参与社会实践、志愿服务等活动,学生能够加深对社会的理解和认识,增强自身的社会责任感和使命感。

核心素养与学生终身发展之间存在着密不可分的关系。通过加强核心素养的培养和教育,我们可以为学生的全面发展和终身发展奠定坚实的基础,帮助他们更好地迎接未来社会的挑战和机遇。

第二节 推进核心素养导向的教学改革

一、教育理念变革:从"以知识为本"走向"以人为本"

新课程改革的核心理念就是教育"以人为本",即一切为了每一位学生的发展。核心素养导向的教学改革,首要任务是教育理念的变革,要从"以知识为本"走向"以人为本"。

中华人民共和国成立之初，民国政府时期的教育制度被废除，一并被废除的还有当时的课程标准、教材、教法、招生考试制度等，取而代之的是从苏联引入的教学大纲。教材的编写、教学方法和教学模式的形成以及考试内容的确定，大都仿照苏联并依据其教学大纲。教学大纲被广泛使用后，又经历了多次修订和更新，为各级各类学校的教学提供了重要的指导和标准。随着改革开放的不断深入，教育教学专家们在长期的研究和实践中逐渐认识到教学大纲的局限性，开始把目光重新投向民国时期从西方借鉴来却被废除的课程标准，并与时下各国特别是欧美的教育发达国家进行了对比研究。专家们发现，课程标准这一概念更科学，更符合现代教育思想，贴近课程的本质。于是，国家教育行政部门开始着手组织相关专家起草、制定义务教育阶段各学科的课程标准。2001年，义务教育各学科课程标准（实验稿）出台。2004年，普通高中课程方案（实验）和语文等十五个学科课程标准（实验）出台。2004年，38个课改实验区确定，根据新课程标准修订的教材进入实验区学校的课堂。2005年，基础教育课程改革从实验区走向全国。至此，基础教育课程改革完成了理论提出、制度设计再到指导实践的"三步走"，新课程的理念被老师们理解和接受，课堂教学发生了巨大变化。2022年4月，为贯彻落实党的十八大、十九大精神，落实全国教育大会部署，全面落实立德树人根本任务，进一步深化课程改革，教育部发布了新修订的义务教育课程方案和语文等十六个学科课程标准，强调以育人为本，依据"有理想、有本领、有担当"时代新人培养要求，明确了义务教育阶段培养目标。

从1993年教学大纲的"双基目标"（基础知识、基本技能），到2001年的"三维目标"（知识与技能、过程与方法、情感态度与价值观），再到核心素养及培养学生的必备品格、关键能力和正确的价值观，从"教书"到"育人"，教学目标的变化，体现了从学科本位到人本位的转变。"双基目标"是外在的，以知识为本，主要是从学科视角提出课程与教学的内容和要求；"三维目标"是由外在走向内在的中间环节，既有外在的东西又有内在的东西，在学科层面促进学生主动学习和全面发展；核心素养是内在的，是深层次的，是从人的视角来界定课程与教学的内容和要求，更直指教育的真实目的——育人。核心素养之于"三维目标"，同样也是既有传承的一面更有超越的一面。传承更多体现在"内涵上"，超越更多体现在"性质上"。作为核心素养主要构成的关键能力和必备品格，实际上是对"三维目标"的提炼和整合，把知识、技能和过程、方法提炼为能力；把情感、态度、价值观提炼为品格，能力和品格的形成即是"三维目标"的有机统一。

从"双基目标"转化到"人的核心素养"，这是教育的升华，也是教育的最高命题。教师转变教育理念，以学生的成长为本，优化育人方式，让课程改革永远闪现"人"的身影，在设计课程、实施教学的时候要看到素养目标，要看得到"人"，要把"想得到的美丽"（培养目标）转变成"看得见的风景"（教学目标）（课程标准），然后再导向"走得到的景点"，切实提高育人质量。

二、课程理念变革：从素养层面重构学校校本化课程体系

学校竞争的核心是学校课程特色的竞争，而课程竞争的关键是课程开发、实施理念的科学性、针对性。要进行课程的改革，需要厘清国家课程、地方课程和校本课程三者的区别与联系，更新课程理念，做到有的放矢。

当前，我国课程设置实行的是三级课程管理制度，即国家课程、地方课程和校本课程的管理体制。这一制度确保了国家、地方和学校在课程开发和管理中的参与，旨在确保课程内容的科学性和统一性，同时结合地方特色和学校特色，满足学生的个性化需求。三者之间具有价值互补性，它们各自在基础教育体系中扮演着不同的角色，共同服务于学生的全面发展。

国家课程的主导价值在于通过课程体现国家的教育意志，确保所有国民的共同基本素质。它具有规定性、强制性和普惠性，旨在培养和发展学生的共性，体现对学生的基本要求。当前基础教育阶段的国家课程包括道德与法治、语文、数学、英语、科学、社会、体育与健康、艺术、音乐、美术等。其中道德与法治、语文和历史三科使用国家统编版的教材。

地方课程通常由省、市两级地方教育行政部门担负课程开发工作，以国家课程标准为基础，根据地方经济、文化发展等实际情况设计，是对国家课程的补充。地方课程强调与当地经济、社会发展需求相匹配，具有鲜明的地方属性，服务于地方发展。它的主导价值在于通过课程满足地方社会发展的现实需要，对地方中小学课程的实施具有重要的导向作用。我国地域辽阔，不同地方经济、文化发展水平差异极大，可供利用的课程

资源也不尽相同，各个地方在长期的历史变迁及特定地理环境的作用下，必然会形成具有浓郁地方特色的文化资源，使各地的地方课程充分体现地域特色。如广东省教育厅组织制定了《广东省义务教育地方综合课程指导纲要（2023年修订版）》，由广东省教育研究院组织编写了与之相配套的地方课程教材——《地方综合课程》，教材面向全省，供省内义务教育阶段学校普遍使用。这套教材作为广东省地方课程建设的一部分，充分结合了广东省的经济和社会发展的具体实际，满足了广东省人才培养和学生发展的具体实际需要，体现了广东本土特色。

校本课程原是一个外来语，20世纪70年代开始在英、美等发达国家受到广泛重视。在中国新课改的教育形势下，校本课程成为新课改的重点。它以学校为基地进行开发，反映学校的办学宗旨和特色。它注重服务于学生的个性化学习需求，培养学生的兴趣爱好并发展特长，主导价值在于通过课程展示学校的办学宗旨和特色，满足学生的兴趣和个性化需求。校本课程作为学校自主决定的课程，它的开发主体是学校的教师团队。近年来许多学校的校本课程建设都取得了令人惊艳的成效，如江苏著名特级教师唐隽菁与其团队开发的小学博物馆研学课程——《六朝风物》。

可见，三级课程之间的互补性不仅体现在课程内容上，也体现在实施方式上。国家课程保证基础教育的统一性和普惠性，地方课程根据地方特色进行补充，而校本课程则根据学校特色和学生需求进行个性化设计。这种分层级的课程体系设计，既保证了教育的基本标准，又满足了地方的特殊需求和学生的个性化发展，从而实现了课程的全面育人和高质量育人目标。

因此，学校在进行课程改革时，要遵循重构学校校本化课程体系的逻辑推理。首先得确定"学校要培养什么样的人"，即标准是什么，接着要思考"这样的人要具备什么样的素养""这些素养需要学校构建什么样的课程体系"，还要思考"国家课程如何校本化实施""还有哪些素养单靠国家课程不能落地，还需针对性开发校本课程去完成"。可见，要围绕学校对学生核心素养的个性化表达，进行国家课程、地方课程与校本课程的统整，进而实现国家课程、地方课程的校本化实施。而校本课程则围绕学生核心素养的培养来开设，结合区域及本校实际，深入研究不同学生的素养发展需求，从有什么、供什么，走向缺什么、补什么，从点状、碎片化课程走向立体、系统化课程生态体系。课程生态体系中要增加培养时政素养、科技素养、人文素养、艺美素养、新劳动素养的内容与比例，崇尚人文，信奉科学，科技与人文并重。采取选课走班、学分制等管理模式，使三级课程开设符合规定要求，避免课程的随意性、盲目性和碎片化，充分体现课程的科学性与规范性，注重课程的开放性与综合性，加强学科内知识整合，推进跨学科学习，建设富有学校特色的满足学生个性化和多样化发展的课程体系，进一步拓展学生的发展空间。

三、管理理念变革：从"管理者立场"走向"学习者立场"

在当今教育改革的大背景下，以核心素养为培养目标的教育体系构建，不仅是对学生全面发展的深刻回应，也是对学校教学管理、资源配置、教师评估及专业发展等多方面提出的全新要求与挑战。学校管理者作为这一变革的引领者和推动者，必须与时俱进，更新管理理念，从传统的"管理者立场"向更加人本化、服务化的"学习者立场"转变，从而重构学校的管理模式和运作机制，以适应并促进核心素养教育的有效实施。

广大学生既是教学管理实践的直接对象，也是教育管理的主要参与者，"教、管、学、做"统一于学生，"知"与"行"在学生身上体现，最终落点是学生的成长。所谓从"管理者立场"走向"学习者立场"，就是在素养导向下，把学生作为教育服务的主要对象和最重要资源，以核心素养本位的育人目标为依据，不断完善课程体系、教学模式、评价机制和学校文化建设，构建有实质内涵的质量话语体系，将学校打造成真正促进学生核心素养发展的学习共同体。例如，学校的教学管理以学生为中心，围绕学生的核心素养发展需求展开，设计跨学科学习、项目式学习等多元化教学模式，鼓励学生主动探索，发展学生的批判性思维和创新能力。构建与核心素养相匹配的课程体系，注重知识的广度与深度结合，同时建立多元化评价体系，不仅关注学业成绩，更重视学生的综合素质、情感态度和价值观的培养。利用信息技术手段，如智能教学平台、在线资源库等，优化教学流程，提高教学效率，同时为学生提供个性化学习路径和资源。打破部门壁垒，实现校内外教育资源的有效整合与共享，确保优质教育资源能够惠及每一位学生。加大对教育信息化的投入，定期更新教学设备，引入先进教育技术，为核心素养教育提供有力支撑。借助大数据分析，精准识别学生的学习需求和兴趣点，合理配置教学设施、图书资料等硬件资源，以及师资、课程等软件资源。

在资源配置方面，面对人口变动带来的复杂挑战，如优质教育资源短缺和学龄人口分布的变化,学校需要优化布局教师资源,优化教师队伍的建设,应对这些趋势,减少管理层级,增强管理决策的灵活性和效率,把握好管理的度,以制度为基础,以人本化为原则,执行人本化管理,制度的制定要充分发扬民主,过程中坚持有疏有堵、疏堵适宜,让教师从管理中感受到良好氛围,使管理者能够更加贴近一线教学,以"学生立场"贯穿教育教学全过程,处处体现对学生的基本尊重与关怀,才算找到改革管理方式的关键。

四、课堂教学变革:在学科教学中培养学生的核心素养

课堂教学要真正实现育人,就必须把核心素养科学完整地融入教学过程,教师必须懂得如何在学科教学中挖掘核心素养,不同的核心素养需要辅以怎样的教学契机,让学生经历怎样的学习,从而真正提升学生核心素养。

(一)从教学方式视角:让学习活动成为课堂的中心

陶行知先生说:"好的先生不是教书,不是教学生,乃是教学生学。"以核心素养为导向的教学改革,深刻体现了对学生全面发展的高度重视,它要求教师在教学方式上进行根本性的转变,确保教学活动能够围绕学生的核心素养展开,让学习活动真正成为课堂的中心。

课堂上,学生是认知的主体,是知识意义的主动建构者。学生学会任何东西,最终都要通过自己的内化,这个最后的内化过程不是由教师的教来完成的,而是依靠学生的学完成的。因此,教师要确立新型的教师观、学生观、质量观,从知识的灌输者转变为学生学习的引导者和促进者,不断学习新知识、新技能,提升自身的专业素养和教学能力,以适应核心素养导向下的教学需求。以学生为中心,相信学生已有的学习潜质、能力、天性,坚持"先学后教,能学不教,以学定教,少教多学",注重培养学生的自主学习能力、问题解决能力和创新思维,并力求让教学真正落实到学生身上,让学习成为课堂的中心,让学生成为学习的主人,让学生学习在课堂上真实发生。

教学过程中,教师以核心素养为导向,精心设计大单元整体教学的内容和流程,因材施教,针对不同层次的学生设计不同难度和要求的学习任务进行分层教学,确保每个学生都能在适合自己的学习水平上获得成长。根据学生的学习情况和需求及时调整教学策略和内容,通过课堂观察、作业反馈、交流讨论等方式,了解学生的学习进度和困惑,

据此制订有针对性的教学计划,确保教学活动的针对性和有效性。减少教师讲授的时间,增加学生自主学习、合作学习和探究学习的时间。通过组织小组讨论、案例分析、实验操作等活动,让学生在实践中学习、在交流中成长,提高他们的综合能力和核心素养。最后,需要说明的是,学生是主体,以学为中心是课堂教学的主旋律,但决不能忽视那些辅助旋律,即不能否认教师的教。只不过在以学为中心的课堂上,教师要导在关键处、难点处、兴趣处、矛盾处、歧义处等,要顺学而导、巧导精教、以学定教、不教而教。

(二)从学习方式转型视角:从教学改革走向学程改造

从学习方式转型的视角来看,当前的教育改革正逐步从单纯的教学改革向更为深层次的学程改造迈进。这一转变不仅体现了对核心素养培养的高度重视,也顺应了时代发展的需求,旨在通过优化学习过程,激发学生的内在潜能,培养其成为具有创新精神和实践能力的人才。

新课改从关注教走向关注学,关注学的核心是进行学程改造。学程改造的前提是从脑科学视角解释学习、认知过程,关注学生学习软肋,提倡多元学习方式,研究学困生成因及激发其学习内驱力,重视学生独立思考能力的培养。每个学生都有其独特的学习难点和薄弱环节,学程改造强调教师应关注并帮助学生克服这些学习软肋,通过个性化教学和差异化辅导,促进每位学生的全面发展。鼓励采用多样化的学习方式,如自主学习、合作学习、探究学习等,以满足不同学生的学习需求,培养其多方面的能力。同时,推进综合学习,坚持改变教学结构与教学方式,提倡多元学习方式。倡导跨学科整合和综合学习,打破传统学科壁垒,拓宽学生的知识视野。从一味单一"学"到"学"与"习"并重的学习,从"分段式学习"走向"融通式学习",从"圈内学习"走向跨圈层的"跨界学习",从"个体学习"走向"群体学习",从"学以致用学习"到"用以致学学习",从"单机学习"到"联机学习",从"单环学习"到"双环学习"。传统教育往往侧重于知识的灌输,而学程改造则强调"学"与"习"的结合,即不仅要学习知识,还要通过实践应用来巩固和深化所学,有效促进学生的全面发展和核心素养的提升。

(三)从减负提质视角:让学业质量提升发生在课堂主场

"双减"政策的出台,旨在为学生创造一个更加健康、平衡的学习环境,其核心要义在于减轻学生过重的作业负担和校外培训负担,使教育真正回归校园,让课堂成为学生掌握知识、培养核心素养的主战场。学校是教育教学的主阵地,能否切实减轻学生作业负担和过重的学业负担,关键在教师。教师应提高认识,主动作为,转变教育教学行为,做好落实"双减"的"加""减"法,切实将课堂作为学业质量提升的主场,打造一个高效、互动、富有创造性的学习环境,让学生在课堂上获得真正的成长和发展。

1. 提升课堂教学质量

信息技术为学科整合、融合、内化奠定了扎实基础,这为探索核心素养的课程改革线上线下相融合的混合学习常态化提供了新的可能,故学校、教师要顺势而为,达到迭代的不仅仅是工具还有系统,不仅仅是方式还有教育思想及理念,要变应激状态为应然状态,借助改变教育形态进而改变教育生态。教师可以在课堂上构建学习共同体,引入信息化学习与思维工具,思考、尝试在同一时空分区开展讲授学习、自主学习、合作学习、网课学习等混合式学习,优化课堂教学设计,让学生自主选择学习区域、方式进行课堂学习,提高课堂教学效率,全面提升学生的核心素养和综合素质,实现教育的全面发展和高质量发展。

2. 做好课堂培优补差

培优补差是教学工作中的重要环节,也是提升学生整体素养的关键措施。针对学生的个别差异和特殊需求,教师应提供个性化的辅导和支持,也要通过数字技术助力培优扶差,这包括制定个性化的学习计划、提供针对性的学习资源、开展一对一的辅导等。对于优秀学生,可以设计更高层次的学习任务,激发他们的学习潜力和创造力;对于学习困难的学生,则要加强辅导和关注,帮助他们克服学习困难,逐步提高学习成绩。通过个性化辅导,教师可以更好地关注学生的学习进展和困难,为他们提供及时有效的帮助和支持。

3. 优化作业管理

作业是课堂教学的延伸和补充,也是检验学生学习效果的重要手段。在"双减"背景下,教师立足学生的核心素养发展,优化作业布置,让每个学生都能在适合自己的作业中获得成就感,增强学习动力。

(1)精心设计作业内容。根据课程标准和学生实际学习情况,确保每项作业都能明确指向某个或多个学习目标,提高大单元作业的针对性和有效性。实行作业分层布置、分类别布置,根据学生的不同水平和能力,设计不同难度和要求的作业,创设更多理论与实践结合的多样化的作业。

（2）严格控制作业总量。以大单元为单位，进行整体作业设计，避免布置重复性、机械性的作业，转而注重能促进学生思维能力、创新能力和实践能力发展的作业，确保学生有足够的时间休息和进行课外活动。

（3）以作业促进发展。鼓励教师积极创新作业的设计、布置，设计体验型作业、调研型作业、探究型作业等，学生可根据各自的实际能力和特点进行自主选择，充分发挥作业的正向教育功能，调动学生的学习主动性，促进学生核心素养的发展。

五、评价方式变革：从"单一固化"走向"多元立体"

以核心素养为导向的教学评价改革是教育领域中一个非常重要的议题。传统教学评价标准过于单一，往往只关注学生的考试成绩，而忽略了学生在道德、法治等非智力因素方面的发展。这种单一的评价方式忽视学生个体差异，无法全面衡量学生的能力。每个学生都有自己独特的个性和特点。传统评价方式没有充分考虑到这一点，导致评价结果可能无法真实反映每个学生的能力。

建立与核心素养导向教学改革相适应的评价体系，提倡评价应该同时考虑学生在学习过程中的表现和最终的学习成果，这意味着评价不仅要看结果，还要看过程，这样才能更全面地反映学生的学习情况。注重对学生综合素养的全面评价。评价内容应包括知识掌握情况、能力发展水平、学习态度和价值观等多个方面；评价方式应多样化，包括形成性评价、总结性评价和表现性评价等；评价主体也应多元化，包括教师评价、学生自评和互评以及家长评价等。通过完善评价体系，可以更全面、客观地反映学生的学习情况和发展水平，为教学改进提供依据和方向。

教学评价改革是一个复杂的过程，需要教育工作者、学校、家长以及学生共同努力。通过实施多元化和个性化的评价方式，可以更好地激发学生的学习兴趣，培养他们的创新能力和批判性思维，为他们的全面发展打下坚实的基础。

第三节　探索核心素养的培育新路径

新课改以人为本的教育理念，要求学校注重学生的全面发展，即实施以核心素养为导向的素质教育。核心素养的培育过程是一个复杂系统，但是这种复杂系统不是核心素养自身所决定的，而是由多种要素的联动效应带来的。学校必须建立"大教育"观，明确学校的一切工作、任何活动都是为了培养人，都是教育。根据核心素养的基本特性和发展机制，再结合大量的学科课堂实践经验，尝试以"大教学"开辟培育学生的核心素养的新路径。

一、"大教学"的概念内涵

什么是"大教学"？与传统教学相比，"大教学"又有什么不一样？

这里所提出的"大教学"是一种理念，也是一种教学模式，是从宏观上开展小学学科教学活动相关序列及其方法策略的总称，旨在构建融合物理空间、规则系统、活动程序和环节等众多元素的更广阔开远的教学时空，以培养学生的必备品格、关键能力和价值观念，是培育学生核心素养的有效路径。"大教学"汲取了中西方不少著名教育家的思想精华。如孔子所提出的"有教无类、因材施教、启发式教学、温故知新、学思行结合"等教育思想，王阳明提出的"知行合一""致良知"等，还有捷克教育家夸美纽斯创作的教育学著作《大教学论》当中实践、榜样、纪律等道德教育的方法和教学原则的精华；参考了杜威的"教育即生活""学校即社会"等理论，吸收了最好的教育就是"从生活中学习、从经验中学习"的观点等，并在此基础上加入有中国特色的以核心素养为导向的基础教育教学改革的新内涵，涵盖小学教学的不同学段、教学资源、教育场域等多元素融通的课内教学与课外实践全过程，实现四个跨越：跨越课本、跨越课堂、跨越学科、跨越学校。

"大教学"具有五大特色：大场域、大资源、大贯通、大单元、大周期，其核心为"多维交流"，即构建师生、生生、生本（学生与教材）、生社（学生与社会资源）等多元化、多维度的对话交流体系。"大教学"的内涵体现在五个方面：①大场域，即构建覆盖学校、家庭、社会、网络等全方位的育人体系；②大资源，即集中父母、教师、公众人物、学生自身、学生同伴等全员育人的主体；③大贯通，即"大教学"观照人的成长阶段和历程，构建幼儿、小学、中学、大学等全过程育人的终身教育体系；④大单元，即以"大单元"对传统教学中的"教材编排""课时安排""学期计划""学年任务"等进行重新组合，运用"大教学"这种新的教学理念与模式拓宽常规教学的宽度、广度与深度；⑤大周期，即"大教学"突破常规课堂教学时间，使学习发生在课堂前、中、后，甚至延伸到更长的时间段。在课堂教学中，大教学以面向核心素养的多向交流为核心，立足于"破"，即以问题为导向，从学生的学习需求出发，让学生带着"问号"进课堂，通过前置预习，课前小调查、小测试摸查学情，课堂创设跨学科的任务情境，广联学校、家庭、社会的教育资源扩充课堂容量，加强解决问题的实践环节，形成"叹号"，然后再通过"多向交流"把之前的"问号"最终变成"句号"。它打通传统学科教学的内容、资源、方法和场域的通道，以"大教学"建"大师资"、搭"大平台"、上"大课堂"，实现学段衔接、跨学科育人、课程整合背景下小学课堂教学改革，构建协同育人体系，在教育目标、教育场域、教学资源等多方面实现学校与社会的融通，坚持理论与实践的统一，实现了对教材的整体感知与把握。从改变学生学习生态入手，重新解读了教育的目标是"使人成为人"，走出了一条通往育人更广阔的通途。

学生的发展核心素养与学科核心素养不仅是经验、知识、技能、能力和品格等各种素养交互整合的产物，还是各种经验、知识、技能、能力和品格在问题解决过程中的整合性运用。这意味着，零敲碎打、肢解分割而缺乏整合的学科教学极不利于学生的核心素养发展。鉴于此，核心素养的培育需要坚持交互—整合取向的教学途径，大量采取整合性教学，这便是一种超越常规教学的"大教学"。"大教学"强调学生的全面发展，包括知识、能力、情感、态度和价值观等多个方面。这与核心素养的内涵相契合，有助于培养学生的创新能力、批判性思维、公民素养、合作与交流能力等素养。

当前教育改革的背景下，"大教学"理念的提出，为培育学生核心素养提供了新的视角和路径。这一理念强调超越传统分科教学的界限，通过跨学科整合、学用合一的教学模式，促进学生知识、技能、能力与品格的综合发展，从而在真实情境中有效解决问题，实现学生核心素养的全面提升。

二、以"大教学"开辟培育学生核心素养的路径

(一)学用合一:以"大教学"促进整体生成学科核心素养

针对过去学用分离、先学后用的学科教学习惯及其弊端,"大教学"作为一种与学科核心素养培育相匹配的教学样态,在学科核心素养的培育上首先要坚持"学用合一"的教学途径,将知识主线的教学改造为问题主线的教学,将先学后用的教学改造为学用合一的教学。教学过程中,围绕学科核心素养整合三维教学目标,以大教学统整大概念、大单元的问题链、任务链、知识群落,围绕核心知识整合学科教学内容,采用大单元整体教学设计,大量采取问题解决教学,借助学科核心问题及其子问题整合教学过程,突出实践运用,以学用合一的综合实践教学推动学生的学科核心素养发展。

以道德与法治六年级上册的"认识居民身份证"课堂教学为例,课前引导学生提问,以问题引出学习主题,课堂共设计五个环节,以学习活动为核心,注重对学生的法治思维、逻辑思维、创新思维的培养,课后增设的实践活动课倡导做中学,让学生在跨学科的社会实践中实现理论与实践、知信行的融通。如观看《法官讲法》的微课后,学生简单构建了一棵"法律树",学到一些身份证使用的法律知识,同时又产生了新的疑问:怎样才能更好地保护个人身份信息安全?别人侵犯自己的合法权益时怎么合法维护呢?教师创设了多层次的活动,如课内开展了"小小模拟法庭""情景剧表演""法治在线"等实践活动,课后结合学校的班队活动、班会课延伸开展了具有学校文化特色的主题活动,还开展了法官讲法律小故事和参观青少年法庭等活动,与相关学科共同开展跨学科法治活动。通过课堂内外组织丰富多样的实践活动,让学生在真实的环境中学习和运用知识,培养实践能力和创新思维,让师生、生生、生本、生社实现有效对话。"大教学"将传统课堂教学延伸到法治生活、个人道德、社会公德以及更广泛的法治文明、政治文明、社会文明等领域,以实践联系课本,让学生的规则意识、宪法精神和法律知识等进行有机的融合,达到知行合一,实现大场域、大资源、大贯通、大单元、大周期的整合,积极探索以核心素养为导向的教学改革方略。

(二)由表及里:以"大教学"促进深度建构学生的高阶思维

在学科教学条件下,学生高阶思维的深度建构主要表现在两个方面:一是学生学习

的过程更有深度,二是学生学到的知识更有深度。要实现这一目标,需要引导学生超越浅层的学科思维局限,从反思思维与批判思维、整体思维与辩证思维、实践思维与创新思维等方面发展学生的高阶思维。

教师通过"大教学"统整多种教学策略来培养学生高阶思维。例如在具体教学策略上,反思式教育可以培养学生的批判性思维和自我反思能力,包括质疑能力、辨析求异和自我检验能力、自我总结的能力等,鼓励学生对事实和观点进行批判性思考,从而更好地理解问题的本质;问题探究式学习和项目开展式学习最适合深度学习,能够促进学生的高阶思维、关键能力以及情感、态度与价值观的深度发展。此外,深度建构的高阶思维课堂还应将批判性思维技能与低级学习成果区分开来,包括综合、分析、推理、理解、应用和评估等技能,通过解决复杂、真实情境中的问题,让学生迎接挑战并实现自我。同时,面向核心素养的大教学课堂改革还应从知识与技能的习得转向思维的学习,引导学生展开连续的且有纵深的自主建构,其关键是引导学生超越浅层的学科思维局限,由表及里,透过现象洞察本质,从更具深刻性、综合性的整体思维与辩证思维、更具实效性的实践思维与创新思维等方面发展学生的高阶思维。

(三)多元参与:以"大教学"融合创生立体化教学生态

学科核心素养之间并不是分裂的,它是学科本质和教育价值的体现,具有基础性、生长性、共同性、关键性。学科核心素养是课程标准研制和修订的纲领和灵魂,是学科教育重建的抓手和凭借。它强调通过学科学习,学生能够获得的关键技能和态度,这些技能和态度是跨学科的,任何学科都有其对核心素养发展的共性贡献与个性贡献。因此,学科核心素养的培养不是分裂的,而是相互关联、相互促进的,旨在促进学生的全面发展和个性化成长。某种学科核心素养一旦形成,就会在学生的后续学习甚至终身发展中展现持续而深远的影响力。

在新课标中,每一门学科都被要求花10%的时间来开展跨学科主题学习,在教材层面必须要保证将10%的跨学科内容设计出来。"大教学"主张打破传统教学的界限,强调课堂内外的结合,以及不同学科之间的交叉融合,倡导全面、和谐、跨学科的教育,融合创生了多元参与立体化教学生态,让核心素养的培育静悄悄地发生。"大教学"强调教育的全人发展,即不仅关注学生的知识学习,还要关注其情感、态度、价值观的培养,倡导教育的开放性,通过跨学科课程的设计,让学生在不同学科之间建立联系,促进知识的综合运用，鼓励学生参与社会实践，把核心素养培育的空间从课内拓展到课外、从室内拓展室外，打破学科界限，融合创生立体化教学生态，学校与家庭、社会建立联系，为学生提供丰富的社会实践机会，让学生在小课堂与大教学中延续学习，家庭、学校与社会协同育人，以培养学生的核心素养。总而言之，作为培育核心素养的重要策略，"大教学"强调跨学科的学习和实践，通过打破学科壁垒，深入探寻课堂教学转型道路，从价值原点重建教学生态，促进学科之间的交流和合作，培养学生的综合素质和能力，体现跨学科融合、注重实践操作、激发学习兴趣和全面发展等特点。这些特点有助于将核心素养的培养贯穿于学科教学的全过程，提高学生的综合素质和能力，为其终身发展奠定坚实基础。

通过本章的探讨，我们可以看到，核心素养不仅是教学改革的灵魂，也是推动教学方式、教学管理、教学评价改革的关键。"大教学"理念的提出，为培养核心素养提供了新的视角和路径。教育工作者需要不断探索和实践，以实现教育的全面革新。

第二章

法治教育与传统法治教学的局限

第一节　道德教育与法制教育、法治教育

一、道德教育与法制教育、法治教育的联系与区别

法律是成文的道德，道德是内心的法律。法律和道德都具有规范社会行为、调节社会关系、维护社会秩序的作用，在国家治理中都有其地位和功能。法安天下，德润人心。法律有效实施有赖于道德支持，道德践行也离不开法律的约束。法治和德治不可分离、不可偏废，国家治理需要法律和道德协同发力。

——摘自《习近平谈治国理政》第四卷

道德教育与法治教育在现代社会中扮演着不可或缺的角色，两者均在现代社会教育体系中占据着重要的地位，它们各自独立却又紧密相连，共同构成了社会教育的两大支柱。回溯小学道德与法治学科，从《思想品德》（1981—2001年）到《品德与生活》《品德与社会》（2002—2015年），再到《道德与法治》（2016年至今），从学科名称的演变不难看出，道德教育、法制教育与法治教育各自独立又紧密相连，进而看出中国对小学阶段的道德教育与法制（治）教育的认识和实践的不断深化。

（一）道德教育

一个国家的文明程度和社会进步程度在很大程度上取决于其公民的道德素质。通过道德教育，可以培养出具有高尚道德品质的公民，为国家的繁荣稳定提供有力的支持。道德教育是对受教育者有目的地施以道德影响的活动，旨在提高受教育者的道德觉悟和认识，陶冶道德情感，锻炼道德意志，树立道德信念，培养道德品质，养成道德习惯。道德教育注重培养人的道德品质和行为准则，强调个人的自律和对他人的尊重。它通过塑造个体的内在品德来影响和规范人们的行为，促进社会的和谐与稳定。通常来说，道德教育主要通过家庭、学校和社会等渠道进行，以日常生活中的点滴小事为载体，以身作则，以理服人，引导人们形成正确的道德观念和良好的行为习惯。其内容包括激发道

德意识、培养道德情感、确立道德理想、学习道德规范、养成道德习惯、完善道德评价等环节。在实施过程中，家庭、学校和社会三方面应紧密协作，构建一个全面的教育网络。学校作为主要阵地，不仅要传授知识，还要注重德育工作，强调德育为先、能力为重、全面发展。此外，道德教育还应结合时代变化和教育实践，把立德树人融入思想道德教育、文化知识教育、社会实践教育各环节，以推动社会主义核心价值体系建设，提升全民道德素质和社会文明程度。

小学道德教育是中国教育体系的重要组成部分，旨在培养学生的道德素质和行为规范。道德教育过程一般包括提高认识、陶冶情感、锻炼意志、确立信念和培养行为习惯等主要环节。内容主要包括基本道德行为规范、公民道德与政治品质以及较高层次的世界观与人生观、理想教育等，具体内容涵盖了爱国主义教育、集体主义教育、社会主义核心价值观教育、中华优秀传统文化教育、生态文明教育和心理健康教育等。小学德育课程是道德教育的重要载体，经历了多个阶段的发展，逐步形成了较为完善的课程体系。例如，《道德与法治》课程通过社会生活中的公共规则、安全规则、公共秩序等方面开展规则意识教育。主要目标是培养合格的社会公民，树立学生对生活的正确价值观和态度，提高他们的道德认识和对与错的正确认识。小学道德教育内容丰富，方法多样，目标明确，取得了不错的成效，但仍面临一些挑战，例如，部分学生存在心理或行为问题，如娇惯、任性、心理脆弱等。因此，在实际操作中仍需不断优化和改进，以更好地适应新时代的要求，增强其吸引力和实效性。

（二）法制教育

法制教育则以法律为基础，以法律意识的培养为目标。它通过普及法律知识和宣传法律法规，使人们了解法律的基本内容、原则和规定，引导人们自觉遵守法律，维护社会的法治秩序。法制教育不仅注重法律知识的传授，还强调法律意识的培养，使人们能够认识到法律的重要性，形成对法律的敬畏之心。法律意识的培养是法制教育的重要任务之一，旨在帮助人们更好地理解法律的重要性和作用，并在生活中更好地遵守法律。此外，法律意识的培养需要有目的的教育和宣传，通过弘扬法治思想、加强法制建设和普及法律知识来实现。法律意识不仅是社会意识的一种形式，还包括对法的本质、作用的看法，以及对自己权利和义务的认识。因此，法制教育的核心在于通过法律教育提升公民的法律素养，使其在日常生活中能够自觉遵守法律。

中国的法制教育经历了长期的发展和变革，形成了较为完善的体系。中华人民共和国成立以来，中国的法制教育经历了初创、停滞、恢复与繁荣的发展过程，形成了基本完备的法制教育体系。中国小学前期的法制教育主要通过系统的课程设置和教学方法，逐步培养学生的法律意识、权利意识和自我保护意识。根据不同的年级阶段，法制教育的内容和形式有所不同。普及法律常识是法制教育的基础工作，也包括遵守法律的习惯养成和评价。对未成年人进行法律常识教育，在内容上应以与他们生活、学习有直接关联的《中华人民共和国未成年人保护法》《中华人民共和国义务教育法》《中华人民共和国预防未成年人犯罪法》《中华人民共和国治安管理处罚条例》《中华人民共和国刑法》以及各类交通法规等法律法规为重点，使他们通过对耳熟能详的法律知识的学习，初步树立法制观念和守法意识。开展法制教育要规范和科学，要通过准确、通俗的法律知识指导未成年人的行为。要坚持实践原则，采取多种形式走出课堂、书本，提高法制教育的效果。这当中，正面教育十分重要。法制教育固然要运用案例进行教育，但必须是用分析、批判的立场、观点，情节介绍要适度，避免案情的消极影响，避免未成年人的模仿和尝试。只有让每个公民都树立正确的法治观念，自觉在法制框架内行使权利、履行义务，才能够把依法治国基本方略真正落到实处。

（三）法治教育

党的十八届四中全会审议通过的《中共中央关于全面推进依法治国若干重大问题的决定》指出，要把法治教育纳入国民教育体系，从青少年抓起，在中小学设立法治知识课程。这为推动全社会树立法治意识提出了具体任务。青少年法治教育包含法律教育，但更加重视蕴含在法律体系中的价值教育。从法治的角度看，中小学的法治教育应该涵盖七个方面的内容，即法治的理念和价值、法治社会的特征、法治要求的教育；宪法教育；公民的权利与义务的教育；政府与公民关系的教育；公权和私权的关系；公民的权利受损时的法律救济；西方资本主义法治建设的经验借鉴。概括来讲，法治教育的内容应该包含法律、人权、民主等主题，而法律、人权、民主等观念不仅仅是知识，更是一种价值观，这些价值观必须在教育和生活实践中培养形成，这是法治教育的意义所在。[①]

法治教育在法制教育的基础上，更加注重法治精神的培养。它强调法律的权威性、

---

① 靳玉军. 加强青少年法治教育的若干思考[J]. 教育研究，2015，36（4）：57-60.

公正性和普遍适用性，倡导人们以法律为准绳，以法治精神为指导，来规范自己的行为和处理社会事务。法治教育不仅要求人们遵守法律，还要求人们积极参与到法律制定和实施的过程中来，推动法治建设的不断进步。比起法制教育，法治教育更加强调法治精神的教育，侧重于培养公民的法治观念和法治精神，让学生了解法治的本质和内涵，使其具备遵守法律、尊重法律、依法治国的意识和能力。法治教育以法文化与法律精神的传授为内容，强调法律至上，旨在实现广大民众知法、守法、用法的目标。而法制教育主要侧重于法律知识的传授，强调法律制度的教育，目的是使学生了解和掌握国家的法律体系和法律规范，并学会如何将这些法律适用于社会生活，其主要内容包括普及法律常识、增强法律意识、培养遵守法律的行为习惯等。虽然在侧重点和方法上有所区别，但它们在培养公民法治观念和提高法律素养方面具有共同的目标和内在联系。法制教育为法治教育提供了基础和前提，而法治教育则在此基础上进一步深化和提升，最终实现全社会的法治意识普及和法治精神弘扬。

综上，我们可以看出，尽管道德教育与法制教育、法治教育三者在目标上有所重叠，但它们在实施方法和效果上存在差异。道德教育侧重于个体品德的培养和道德规范的遵守，通过潜移默化的方式影响人们的行为；而法制教育和法治教育则更加注重法律知识的传授和法律意识的培养，通过课堂教学、实践活动等多种方式，使人们了解和掌握法律的基本知识和运用方法，从而提高法治意识。这三种教育方式相互补充、相互促进，客观而理性地看待三者的关系有利于提高青少年的思想道德修养与法治素养，共同推动社会教育的全面发展。

二、道德教育与法治教育对学生成长的重要性

道德教育和法治教育有着密切的联系，都旨在培养公民的道德观念和法治观念，引导人们树立正确的价值观和法律意识。道德教育是法治教育的基础，通过内化道德规范，加强公民的道德素质，使其能够自觉遵守社会规范和法律。而法治教育则通过法律法规的宣传教育，对道德行为进行法律保护，使公民更好地理解和遵守道德规范。道德教育和法治教育互为基础，相辅相成，相互促进。法律是对道德规范的具体化，而道德是法律的内在支撑。通过法治教育，公民可以更好地理解和遵守道德规范；而通过道德教育，公民可以更好地意识到法律的必要性和重要性。在实际操作中，道德教育和法治教育的

融合已经在义务教育阶段得到体现，例如将法治教育列入德育课程，并与道德教育并列，这种融合不仅有助于学生形成正确的政治方向和社会责任感，还能够促进其全面发展。

（一）塑造健全的人格

道德教育与法治教育如同鸟之双翼，助力青少年在成长之路展翅高飞。通过道德教育，学生能够学习到尊重他人、诚实守信、关爱他人等基本的道德观念和行为准则。这些道德观念有助于学生形成健全的人格，培养他们的道德判断力和责任感，从而在社会中树立良好的形象。而法治教育使学生了解法律的基本知识和原则，明白法律对于维护社会秩序和公平正义的重要性。这种法律意识有助于学生形成遵纪守法的好习惯，从而避免因违法行为而损害个人和社会的利益。

（二）培养社会适应能力

道德教育不仅关注学生的个体发展，还强调社会关系的和谐。首先，道德教育通过培养良好的道德品质，如诚实、正直、宽容、友善等，帮助学生处理交往过程中的困境。这些品质不仅有助于个人的成长和发展，还能促进社会的和谐与进步。通过道德教育，学生能够学会与他人友好相处、解决冲突、尊重多元文化等社会技能，从而更好地适应社会环境。法治教育使学生明白法律是维护社会秩序和公平正义的基石。在法治社会中，学生需要学会遵守法律、维护自己的合法权益，同时也要学会尊重他人。这种法治精神有助于学生更好地融入社会，适应社会的变化。

（三）提升个人素养

道德教育不仅仅是外在的行为规范教育，更是一种内在的品质培养过程，如善良、正直、勇敢等。通过教育和引导，帮助学生树立正确的道德观念，培养他们的道德情感和道德实践能力，使其成为有道德、有责任感的人。这些品质有助于学生形成积极向上的心态，能够使学生在面对生活中的各种挑战时，保持积极向上的心态，展现出坚韧不拔的精神。此外，习近平总书记强调，要把正确的道德认知、自觉的道德养成、积极的道德实践紧密结合起来，自觉树立和践行社会主义核心价值观，不断修身立德，打牢思想道德基础。这进一步说明了道德教育在培养学生内在品质方面的重要性。

法治教育使学生了解法律的基本知识和运用方法，提高他们的法律素养。这种法律素养有助于学生更好地维护自己的权益，同时也能够使他们更加理性地看待社会问题，避免盲目跟风或冲动行为。

（四）促进国家和社会发展

法治是现代社会治理的基本方式。通过法治教育，可以培养出具有法治精神的公民，为国家的法治建设提供坚实的人才基础。同时，法治教育也有助于提高公民的法律意识，减少违法行为的发生，维护社会的和谐稳定。

道德教育和法治教育在学生成长中的重要性不言而喻，对学生的全面发展具有深远的影响，不仅有助于学生塑造健全的人格、培养社会适应能力、提升个人素养，还能够促进国家和社会的发展。因此，我们应该高度重视道德教育和法治教育的实施，为学生的全面发展奠定坚实的基础。

第二节　传统法治教育教学的局限

一、传统法律文化对现代法治的影响

中国是世界最早制定成文法的国家。"法"古时写作"灋"，最早见于西周金文。字形由"氵（水）""廌（zhì）""去"三部分组成，"水"代表执法要公平公正、不偏不倚，要像水面一样平。"廌"就是獬豸，是中国古代传说中的一种神兽，这种神兽外形可能长得像鹿，只有一只角，因此，这个字的字形跟"鹿"有部分相同之处。但从流传下来的獬豸的图像来看，样子又有些像麒麟，有些像牛，还有些像神羊。这种兽刚正不阿，双目炯炯有神，遇到人与人之间发生矛盾，它会用那只角去顶触无理或有错的一方，因此，在民间被传为代表公正无私的神兽。"去"在此的寓意说法不一，许慎《说文解字》认为是去除坏人的意思；也有些资料认为其是由一个人和盛水的器皿组成，强调执法平之如水。

我们现在所采用的作为名词的"法"，大约产生于春秋战国之交。"法"本义是法律、法令。它的含义古今变化不大，在古代有时特指刑法，后来由"法律"义引申出"标准""方法"等义。"法"在战国时是一种抽象的事物，它的地位虽不及"道"，但

也绝不是形而下的事物。在战国人的心目中，"法"和"道"的关系，不过是"法"明显在外，有着自明的特征。而"道"则隐微在内，是"法"的渊源，且隐隐地支配着"法"。对"法"的这种理解，一直延续到中古，比如，在佛教传入之后，人们称佛经的内容为"佛法""大法"，即利用了"法"抽象的、自在的、光明的、规律性等含义。至于许慎在《说文解字》中把"法"解释为"平之如水"，已开始脱离战国时"法"字的初义，是一种望字形生义的解释。即使如此，许慎对"法"字的解意，仍然有一种内在和自在的精神。现代汉语的"法"多指统治者（统治集团，也就是政党，包括国王、君主）为了实现统治并管理国家的目的，经过一定立法程序所颁布的一切规范的总称。

在中国古代，律是表述历法、音乐、法律等的通用概念，三者都有计算、规范、原理和秩序的丰富意蕴。与起源甚为古老的历律和音律相比，法律之律乃是后起的概念，但法律之律与前二者一样，也是"法天乘气"的结果，即通过测度"天道之数"来衡量人间社会的"政治之数"，从而维护现实的政治统治。而"律"在先秦文献中的使用方法，显然不同于"法"。《周易·师卦》中"师出以律"，是较早出现"律"的文献，这里的"律"，不论解释成军律还是音律，都是实在的事物。又见《尔雅·释言》云"律，述也"，认为"律"是语言表述出来的事物。《管子·七臣七主》云"律者，所以定分止争也"，认为"律"就是成文法。从秦朝开始，商鞅大力推动"变法"，把自己的改革成果称为"律"，"律"开始作为国家制定法的统称，具备计量和标准的功能属性，可以用来订立规矩，明确等级；当犯罪发生后，又可以通过定罪量刑恢复被破坏的社会秩序。商鞅改"法"为"律"，为日后秦汉两帝国的法制建设打下了坚实的基础。在汉代以后，"律"则成为刑律的专用名称。

由此可见，"法"和"律"在古汉语中的界限一直清晰可辨。古人说"王法""国法""宗法""家法"，绝不会说"王律""国律""宗律""家律"，因为"律"被限定为刑律。刑律以外的制度，只能是"法"。这种以"律令"为主干的法律体系对后世延绵存续了两千余年的中华法系亦产生了深远影响。

我国古代法律推崇"贵贱有等、良贱异法""礼不下庶人，刑不上大夫"，维护宗族内部的尊卑长幼关系和国家结构中的等级关系成为封建法制的基本特征。法律只是统治阶级的治民工具。在这种法制框架下，神圣的法律沦为了"治民"的工具，特权思想泛滥，规则意识淡薄，公平正义理念欠缺，中国古代法律文化由此可见一斑。

著名的法律史家曾宪义认为，对于一个国家和民族来说，历史和传统是不能被抹掉的印记，也是不能被中断或抛弃的标志。传统法律文化中虽然含有糟粕，但无论是在思想层面还是制度层面，仍然有许多值得社会主义法治建设汲取的精华，需要我们继续传承和弘扬。传统法律文化崇尚德治思想。所谓德治思想，就是以道德教化作为主要的治国手段，以德主刑辅为具体的治理模式，并赋予人以善恶是非的价值依据，运用道德的内在约束力以达到社会稳定的目的。德治思想在社会实践中主要体现为德政。《论语·为政》云"为政以德，譬如北辰，居其所而众星共之"；《资治通鉴》卷七记载"夫皇天无亲，惟德是辅。民咏德政，则延期过历；下有怨叹，则辍录授能"；《贞观政要·君道》记载"若安天下，必须先正其身，未有身正而影曲，上治而下乱者"。这些文献记述中的"德政"主要是指统治者的节操。因此，君主是否有德，是否注重自身修养，是否倡导贤者治国，是实施德政的重要因素。然而，统治者提倡德治，并非舍弃法治。"徒善不足以为政，徒法不足以自行。"德治是治国之本，国家的治理要靠全民族普遍素质的提高，只有人们自主自愿遵守法律，违反社会秩序后有耻辱感，国家才会达到无为而治的理想状态。单靠道德不足以抑恶，单靠法律不足以扬善，只有充分发挥法律与道德两种行为规范的功能，德治与法治并重，才能最终实现国家与社会的长治久安。①

此外，中国传统的法律文化注重亲情伦理，强化道德责任意识，强调法律的道德属性，强化以亲属伦理为主体的人伦关系的调整。传统法律中有关处理亲属、家族成员间的伦理性规则，充斥着浓厚的尊卑、亲疏、名分等色彩，具有明显的父子、夫妻、尊卑、长幼间不平等的成分，但是其中也包含有维护家庭和睦、强调家庭成员间相互扶助，特别是子孙对父祖、卑幼的尊敬与扶养义务，蕴含对人的内在关怀，将家庭人伦秩序作为法律基础，把伦理道德化为具体的法律制度，其传统法律文化的义务本位和人文精神，对塑造现代公民的责任意识有积极作用，对提高公民道德素养，全面推进依法治国存在一定的借鉴及推动意义。

二、中华人民共和国成立以来法治教育的发展历程

要研究中小学法治教育，就要回溯中华人民共和国成立以来法治教育演进的历史。

---

① 黑静洁. 青少年法治教育培训读本［M］. 北京：中国政法大学出版社，2019：49.

从我国法治教育历程来看，其演进历史可以追溯到中华人民共和国成立初，经历了多个重要的发展阶段。借鉴国内众多学者的经验，可以把我国的法治教育分为以下三个阶段。

（一）初始萌芽阶段：法制教育的曲折探索（1949—1976年）

中华人民共和国成立初期，社会整体面貌焕然一新，法制教育事业也焕发新的生机。根据1949年《中国人民政治协商会议共同纲领》第五章"文化教育政策"和1954年《中华人民共和国宪法》第94条和第95条确立的对旧中国教育制度彻底改造和建立中华人民共和国教育制度的基本原则，中国共产党领导人民出台了一系列的教育政策，通过改造各类学校、改造知识分子、建立新型人民教师队伍、改革学制、坚持学校向工农开门、推行扫盲运动、调整高等学校院系和专业结构布局等工作，完成了社会主义改造，初步建立起社会主义教育制度，实现了从民族的、科学的、大众的新民主主义教育，向以实现工业化为中心、培养全面发展的社会主义建设者的社会主义教育转变。这为我国教育事业的进步和发展奠定了实践基础，是法制教育建设的起点。

1958—1976年，由于特殊的社会、政治、文化、经济等原因，教育事业历经不少波折，法制教育也相应起起伏伏，法制建设有很长一段时间处于停滞状态。1976年10月，在中共中央的领导和推动下，教育领域率先开始拨乱反正，逐渐步入法制建设轨道。改革开放之前，由于政治经济的快速变动与法的安定性之间的矛盾，以及当时对"法"和"法制"的认识不够成熟，对社会主义教育的理论和实践也仍处于探索过程中，法制教育面临诸多困难。尽管这一时期法制教育建设经历了一些波折，但中国共产党在领导教育事业发展中取得的实践和理论成果，为在新的历史时期建设中国特色社会主义法治教育体系提供了宝贵经验。[①]

（二）奠定基础阶段：中国特色法制教育体系基本形成（1977—2013年）

随着改革开放的号角吹响，国家的工作重心转移至经济建设，社会主义市场经济体制逐步建立，催生出更多的法制需求，党和国家深刻认识到法制教育的重要性。1986年6月，邓小平同志在中央政治局常委会上，专门针对加强青少年法制教育问题指出：加

---

① 程雁雷，蒋艳. 党领导新中国教育法治建设的进程、成就和经验［J］. 党内法规研究，2022，1（2）：84-93.

强法制重要的是要进行教育，根本问题是教育人。法制教育要从娃娃抓起，小学、中学都要进行这个教育。此后，全国范围内开始开展全民普法教育，贯彻提高全民法制观念和法制教育要"从娃娃抓起"的战略思想，并始终把青少年作为法制教育的重点对象。自此，我国中小学法制教育发生了巨大的变化，法制教育课程被纳入了中小学课程计划及教学大纲中。

1995年12月，国家教委、中央社会治安综合治理委员会办公室、司法部印发的《关于加强学校法制教育的意见》（简称《意见》）提出：学校法制教育是培养学生树立社会主义法律意识、增强法制观念的重要途径，是实现依法治国的百年大计；学校法制教育的任务，是通过向学生传授必要的法律基本常识和基础理论知识，使学生对社会主义法律制度有初步的了解和认识，增强法律意识，自觉地遵纪守法。小学法制教育主要是使小学生初步了解一些与日常社会生活密切相关的法律常识，进行法制观念的启蒙教育，逐步培养学生分辨是非的能力，从小养成遵纪守法的好品德；中学法制教育主要是对学生进行社会主义民主与法制观念教育。此后一直到2013年，党和国家陆续发布多部与法制教育有关的文件，并建立政府部门与家庭、学校和社会的联动机制，加强青少年校外法制教育阵地建设，努力推进法律知识与实践的相结合。

回看这一阶段的法制教育，从党的十一届三中全会公报强调"必须加强社会主义法制"到2011年全国人大常委会工作报告宣布中国特色社会主义法律体系基本形成，"有法可依"是这一时期法制建设的主题。教育作为事关经济社会发展全局的重要领域，党和国家明确提出把教育放在优先发展的战略地位，加强教育领域法制建设。随着依法治国方略和依法执政理念的有机结合，中共中央一方面完善国内法规制度体系建设，立法由点到线、由线到面，再由面到体，出台了一批标志性、关键性、基础性的法律文件；另一方面加强领导法制教育，推动法制教育建设，基本形成了层次分明、内容完备、类型齐全的中国特色法律教育规范体系，具有中国特色的法制教育体系基本形成，实现了有法可依，为推动法制教育向法治教育发展奠定了制度基础。

（三）茁壮发展阶段：新时代法治教育快速推进（2014年至今）

2014年10月，党的十八届四中全会明确提出，全面推进依法治国的总目标是建设中国特色社会主义法治体系，建设社会主义法治国家。2018年，宪法修正案将序言中的"健全社会主义法制"修改为"健全社会主义法治"，明确提出要把法治教育纳入国民教育体系，从青少年抓起，在中小学设立法治知识课程。在此背景下，中国的"法制教育"开始向"法治教育"理念转变。党的十九大报告强调"提高全民族法治素养和道德素质""加大全民普法力度，建设社会主义法治文化，树立宪法法律至上、法律面前人人平等的法治理念"。2022年，党的二十大报告中23次提到"法治"，习近平总书记在党的二十大报告中指出："法治社会是构筑法治国家的基础。"这一重要论述深刻阐释了坚持法治国家、法治政府、法治社会一体建设的内在逻辑，强调了法治社会建设在建设社会主义法治国家中的重要地位，报告对加快建设法治社会作出战略部署，全面依法治国总体格局基本形成。

党的二十大报告擘画了新时代中国特色社会主义的宏伟蓝图。报告中关于"坚持全面依法治国，推进法治中国建设"的深刻论述，为推进法治中国建设指明了方向。全面依法治国是国家治理的一场深刻革命，关系党执政兴国，关系人民幸福安康，关系党和国家长治久安。必须更好发挥法治固根本、稳预期、利长远的保障作用，在法治轨道上全面建设社会主义现代化国家。我们要坚持走中国特色社会主义法治道路，建设中国特色社会主义法治体系、建设社会主义法治国家，围绕保障和促进社会公平正义，坚持依法治国、依法执政、依法行政共同推进，坚持法治国家、法治政府、法治社会一体建设，全面推进科学立法、严格执法、公正司法、全民守法，全面推进国家各方面工作法治化。[①]

与时俱进，法治教育体系建设也进入快速推进阶段。这一时期，党坚持科学立法、民主立法、依法立法，围绕高质量教育体系建设目标，牢牢把握人民群众对美好教育的期盼，从"完善体系"和"提高质量"两方面对法治教育加以重点完善，这成为新时代法治教育建设的重点和亮点。

三、传统小学法治教育教学的局限

（一）传统小学法治教育的三种样态

我国现今的法治教育在性质上隶属于思想政治教育，是在学校德育的总体框架下实

---

① 栗战书. 习近平法治思想是全面依法治国的根本遵循和行动指南［J］. 中国人大，2021（2）：6-9.

施的。改革开放以来，在进入国家中小学课程方面，法治教育大概历经三种样态。

（1）思想品德（1981—2001年）：侧重于规则、纪律教育，涉及交通法规和未成年人保护法教育，可以把这个时期的法治教育称为点缀式法制启蒙教育。

（2）品德与生活、品德与社会（2002—2015年）：侧重于未成年人相关法律和交通法规教育，融入公民基本权利与义务及民主法制意识教育，扩展禁毒、消费者权益保护等生活中的法律法规教育，可以把这个时期的法治教育称为镶嵌式法制启蒙教育。

（3）道德与法治（2016年至今）：初步形成以规则为基础、以法治意识和精神为主导，以宪法及生活中的法律为主体、与道德教育协力的系统性法治教育体系，可以把这个时期的法治教育称为系统性法治启蒙教育。

其实在2011年8月，教育部就已经印发《全国教育系统法制宣传教育第六个五年规划》（简称《规划》），指导各地中小学校全面、规范地开展青少年法制教育，在中小学课程中有针对性地增加法制教育内容。文件对中小学法制教育的原则、目的、途径以及措施等都进行了详细规定，强调学校法制教育的各个阶段都要突出宪法教育，要使学生逐步理解和掌握宪法规定的公民权利和义务，增强宪法意识、爱国意识、公民意识和民主法制意识。从《规划》和前面提到的《意见》中不难发现，对学生法律"观念意识"的培养，是中国法制教育法定意义上的核心。我国的传统教育偏重伦理，讲究道德修养，比较忽视法制。2016年6月，为贯彻落实党的十八大和十八届三中、四中、五中全会精神，推动法治教育纳入国民教育体系，提高法治教育的系统化、科学化水平，由教育部、司法部、全国普法办于28日联合印发《青少年法治教育大纲》（简称《大纲》），这是当前及今后一个时期中小学进行法治教育的指导性文献。《大纲》旨在加强组织领导、做好条件保障，切实推进学校青少年法治教育工作；协调、组织政府各有关部门，构建政府、学校、社会、家庭共同参与的青少年法治教育新格局。各高等学校要组织力量，积极参与青少年法治教育工作，提供人才保障和智力支持。然而，观照传统的法治教育，与在理论和教学探索上都比较成熟的思想品德教育、政治教育相比，我国的中小学法治教育无论在教学活动还是在现实绩效上，都颇显不彰，亟待改进。

（二）传统的法治教育的局限

传统的法治课堂教学在教学模式上过于单一，往往采用"填鸭式"的教学方式，注重教师的讲授而忽视学生的参与。这种教学方式导致学生缺乏学习的兴趣和动力，难以主动参与到学习过程中来。同时，传统的法治课堂教学还缺乏实践性和创新性，无法让学生真正理解和掌握法律知识的运用方法。

1. 教学内容单一

在全面建设法治国家的大背景下，法治教育的地位日益凸显。中小学阶段是建构法律知识体系、提升法律运用能力、树立法治信仰的黄金时段，学生处于世界观、人生观和价值观形成的关键时期，具有较强的可塑性，而法治作为社会主义核心价值观的内核，要把"自觉守法、遇事找法、解决问题靠法"的法治教育目标传播到学生的内心深处进而上升至思维方式和行为习惯。

在现阶段的中小学，六年级和八年级都有法治专册，以普及宪法和简单的法律知识为主，如《中华人民共和国宪法》《中华人民共和国民法典》《中华人民共和国义务教育法》《中华人民共和国未成年人保护法》《中华人民共和国预防未成年人犯罪法》等。传统法治教育在教学过程中往往局限于理论教学，过于注重法律知识的传授，忽视了法治能力、法治思维和法治观念的培养，缺乏互动性和实践性，学生虽然掌握了一定的法律知识，但对法律的理解和应用能力不足，在实际应用中却往往缺乏法律意识和法律精神，无法真正做到依法行事，法治认识与法治实践不统一，使中小学生法治素养不高，法治实效性不强，未成年人违法犯罪事件时有发生。

2. 学校资源有限

在学校层面，学校法治资源有限，缺乏具有法律专门知识的教师力量，是制约法治教育高质量发展的主要因素。一方面，中小学缺乏专业的法治教师，中学有政治教师，但不一定是从法律相关的专业毕业，而在小学这一问题更为突出，2022年之前，国内法治教学基本是兼职教师任教，这些教师来自各个专业或学科，一个学校，可以由语文、数学、英语、美术、科学或体育等教师教授道德与法治课程，教师兼任多门学科教学工作，没有专业背景、任务重、研究时间少等多种原因，使教师对法治教育不够重视，这使得法治教育的质量难以保证。

（三）教学方法欠新

在道德与法治教学中，中小学教师常用的教学方法主要有（包含但不限于）以下几种。

（1）直接讲授：小学教材较少直接出示法治条文，因此教师在备课时通常把教材相关的法律知识以讲授法律条文、案例分析等方式，向学生传授法律的基本概念、原则和规范。以教师的灌输为主，学生被动接受，这种方法在小学法治教学中较为常见。

（2）讨论与辩论：针对教学内容涉及的法治知识点，教师在某个教学环节中设置相应的学习任务，通过引导学生参与讨论和辩论，激发学生的思考和争议，在师生、生生对话交流中加深对学习内容的了解，以此寻求突破教学重难点，培养学生的批判性思维和辩证思维能力。

（3）角色扮演：在小学法治教育中，角色扮演是一种增强学生法治体验的有效方式，教师通常通过模拟法庭、模拟法律案例、案例重演等形式让学生扮演不同的角色，亲身体验法律实践和决策的过程，从而培养学生的法治思维，提升法治的运用能力。

（4）案例分析：通过真实案例"以案析法"，内容鲜活，形式活泼，让学生了解真实社会生活，理解法律对社会的影响和作用，培养学生的法律意识和判断能力。

从上述教学方法来看，大部分教师都能根据课程需要设计一定的学生活动与实践，方式方法灵活丰富，比较适合当下的中小学生学习。但考虑到大部分中小学担任法治教学工作的教师缺乏专业法律知识的实际情况，课堂的广度与深度有限，而且为避免或减少在课堂上出现难以应对的教学问题，部分教师还会选择更为"稳妥"的处理方式——尽量以讲授教材为主，加以一定的书面考核。这样相对单一的教学方式与方法使大部分学生处于被动参与学习的状态，缺乏足够的互动与参与，虽有多媒体的辅助，但难以激发学生的学习兴趣和积极性。有时，教师还需要从大量案例中筛选出适合教学的案例，但由于时间和资源的限制，不可能将所有案例都纳入课堂讨论，这可能导致某些重要或典型的案例被忽略。同时，传统法治教学注重记忆和模仿，而忽略了思考和创新，这种教学模式不仅无法有效培养学生的批判性思维能力，还可能导致学生在面对复杂问题时缺乏独立判断和解决问题的能力。

（四）欠缺法治教育实践

当前的中小学法治教育往往侧重于法律知识的灌输和理论讲解，而忽视了法律知识的实践应用。学生虽然能够记住一些法律条文和基本概念，但缺乏在具体情境中运用法律知识解决问题的能力。部分学校由于经费、师资或场地等资源的限制，难以开展丰富多样的法治教育实践活动。例如，模拟法庭、法律讲座、实地考察法院或检察院等活动，需要学校投入较多的人力、物力和财力，一些地区或学校可能并不具备条件。教育评价体系往往侧重于对学生知识掌握程度的考查，而忽视了对学生法律素养、法律意识和法律实践能力的评价。众多因素导致目前的中小学法治教育缺乏互动、体验和实践的教学过程，使得学生难以深入理解法律知识的内涵和外延。

（五）忽视法律信仰的培养

法律只有受到信任，才是最有效的。依法治国，建立社会主义法治国家，首先要培养公民对于法律的信仰，这是法治本身的需要。建设法治国家，要激发起公众内心对法律信赖、信任和尊重的挚热情感，并进一步在无形中培养他们对法律的信仰，这种信仰会促成现代法治精神的形成，即将法律内化为一种民族的精神，从而加速建设法治社会的进程。

传统的法治教育往往忽视了法律信仰的塑造，未能将法律知识与法治精神有机结合。著名法学家江平先生指出，法律教学应着力培养学生的人格平等、自治自律的精神，培养学生作为一个法治社会公民的基本素质。然而，在实际教学中，这一目标并未得到充分体现，教师往往忽视对学生法律情感的培养，未能激发起他们对法律高度认同的热情，从而使学生在面对实际问题的时候缺乏内心原动力，难以运用所学法律知识合理解决问题。

（六）法治教育评价体系不够完善

法治教育评价体系不够完善是当前法治教育领域面临的一个重要问题。这一问题的存在，影响了法治教育的质量和效果，也阻碍了法治社会建设的进程。

第一，当前的法治教育评价体系往往侧重于法律知识的传授和记忆，而忽视了对学生法治思维、法律素养和法治实践能力的综合评价。第二，评价内容不全面：缺乏对学生法治价值观、法治信仰等深层次内容的评估，导致评价结果难以全面反映学生的法治素养水平。第三，评价方式单一：大多采用传统的卷面考试形式，以分数作为评价的主要依据，或以完成如案例分析、模拟法庭、社会实践等为评价标准，忽视了对学生学习过程、学习态度和实践能力的考查，难以全面评估学生的法治素养和综合能力。同时，缺乏对不同年级、不同学科、不同学生群体的差异化评价标准，难以体现评价的公平性和针对性。第四，评价主体单一：评价主体主要是学校和教师，缺乏学生、家长、社会等多元主体的参与和反馈，导致评价结果难以全面反映社会需求和期望。

《道德与法治》作为义务教育阶段系统推行道德教育与法治教育的必修课程，是中小学生系统学习法律知识并初步培育法治素养的重要渠道，它担负着法治知识宣传教育的使命，具有其他学科无法比拟的独特价值。在教育高质量发展的背景下，传统法治教育要适应新的时代要求，不断提高法治教育教学质量，以更好地培养学生的法治素养和法律实践能力，提高现代公民综合素养，为培育社会主义事业的接班人做好奠基工程。

第三节　走向"大教学"：小学法治教育改革的专业诉求

党的二十大报告指出，坚持全面依法治国，推进法治中国建设。党的十八大以来，以习近平同志为核心的党中央在领导全面依法治国，建设法治中国的伟大实践中，从历史和现实相贯通、国际和国内相关联、理论和实际相结合上，深刻回答了新时代为什么要实现全面依法治国、怎样实行全面依法治国等重大问题，提出了一系列全面依法治国新理念新思想新战略，创新形成了习近平法治思想。习近平法治思想涵盖了法治建设、法治工作、法治队伍、法治文化等多个方面，形成了一个系统完整、逻辑严密的理论体系。法治教育工作者是全面依法治国的重要力量，承担着培养法治人才、传播法治理念、弘扬法治精神的重要职责。在全面推进依法治国的时代背景下，法治教育工作者要深刻认识全面依法治国的重要性和紧迫性，准确把握习近平法治思想的核心要义，切实履行好自己的职责，积极投身到法治建设的伟大实践中，不断提高自身的法治素养和教学能力，积极探索符合时代特点和青少年成长规律的法治教育方式方法，努力培养更多具备法治思维和法治素养的高素质人才，为全面依法治国、建设法治中国贡献自己的力量。

一、时代呼唤高质量的法治教育

青少年是祖国的未来、民族的希望。加强青少年法治教育，使广大青少年学生从小树立法治观念，养成自觉守法、遇事找法、解决问题靠法的思维习惯和行为方式，是全面依法治国、加快建设社会主义法治国家的基础工程；是在青少年群体中深入开展社会主义核心价值观教育的重要途径；是全面贯彻党的教育方针，促进青少年健康成长、全面发展，培养社会主义合格公民的客观要求。

长期以来，各有关部门、各级各类学校通过多种途径开展了形式多样的青少年法治宣传教育，广大青少年法律素质明显提高。但从总体上看，青少年法治教育仍存在着如下问题：对其重要地位和作用认识不深刻、定位不够准确；法治教育缺乏整体规划，方式方法有待创新；学校法治教育的评价体系不健全，教育针对性和实效性不强；学校、社会、家庭多元参与的青少年法治教育网络还没有形成；师资、教育资源的保障机制尚不健全；等等。

建设社会主义法治国家的宏伟目标，对加强和改善青少年法治教育提出了现实而迫切的要求，当前和今后一段时间，要高度重视青少年法治教育工作，加快完成法治教育从一般的普法活动到学校教育的重要内容，从传授法律知识到培育法治观念、法律意识的转变，完善工作机制，加大工作力度，将法治教育全面纳入国民教育体系，创新青少年法治教育的形式与内容，着力提高系统化、科学化水平，切实增强教育的针对性与实效性。

二、法治教育供给侧必须进行改革和创新

当前，由于课程设置的局限，小学并未开设专门的法治课程，而是把小学法治教育纳入道德与法治课程，另外再辅以学校或社会组织法治教育活动作为教学的补充。既然把法治教育纳入小学思政课的范畴，我们就要密切关注国家对思政课的相关要求。近年来，习近平总书记非常关心思政课的建设，发表了不少重要讲话和作出重要批示。2019年3月18日，习近平总书记主持召开了学校思想政治理论课教师座谈会，在会议上发表重要讲话。此次会议从国家层面强调了思想政治理论课立德树人的重要价值。同年8月，为了贯彻和落实习近平总书记在会议上的重要讲话精神，中共中央办公厅、国务院办公厅印发了《关于深化新时代学校思想政治理论课改革创新的若干意见》（以下简称《意见》），明确提出从课程目标、课程体系、课程内容、教材体系几个维度着手，完善思想政治理论课程教材体系建设。习近平总书记重要讲话和《意见》凸显了思想政治理论课改革创新的方向性、时代性、艰巨性和紧迫性，这既是我国思政课改革发展的方向，同时也对思政课的开设和思政课教师提出了更高的要求。2021年3月6日，习近平总书记在看望参加全国政协会议的医药卫生界教育界委员时，强调要善用"大思政课"，将思政课与现实结合起来。2022年4月，习近平总书记在中国人民大学考察调研时指出：

"鼓励各地高校积极开展与中小学思政课共建，共同推动大中小学思政课一体化建设。"思政课是落实立德树人根本任务的关键课程，在小学、中学、大学循序渐进地开设思政课、上好思政课，是培养一代又一代社会主义建设者和接班人的重要保障。2022年7月25日，教育部等十部门关于印发《全面推进"大思政课"建设的工作方案》的通知，指出"大中小学思政课一体化建设亟需深化，有的学校第二课堂重活动轻引领，课程思政存在'硬融入''表面化'"等现象，提出要"坚持开门办思政课，强化问题意识、突出实践导向，充分调动全社会力量和资源，建设'大课堂'、搭建'大平台'、建好'大师资'"，"推动党的创新理论和历史融入各学段各门思政课"。

在教育高质量发展的背景下，为深入贯彻落实习近平总书记关于"大思政课"的重要指示批示和在中国人民大学考察时的重要讲话精神，适应党和国家对高质量法治教育需要和挑战，法治教育供给侧必须进行改革和创新。具体来说，小学法治教育改革的专业诉求主要包括以下几个方面。

（一）与时俱进的教学内容

当前，中小学道德与法治课程的法治教育主要以宪法和与学生生活相关联的一些法律内容为主，教学内容与学生的生活对接性不高，特别是与未成年人相关的法律知识的学习内容涉及较少，在普法和法治信仰方面的力度显得不够。因此，小学的法治教育应该注重传授新的法学知识、新的法律理论和新的实践成果，以提高学生的综合素质和实践能力。同时，还应该加强国际化教育，增加国际法等相关知识和技能，培养学生的国际视野和跨文化交际能力。

（二）符合时代的教学方法

随着时代的发展和社会的进步，中小学法治教育的方式方法也需要不断创新。中小学法治教育工作者要积极探索符合时代特点和青少年成长规律的法治教育方式方法，让学生在轻松愉快的氛围中接受法治教育。教学时，应该注重课堂互动和学生参与，如设计案例教学、模拟法庭、法治辩论等，倡导学生主动学习和合作学习。同时，还应该发挥信息技术的优势，以网络化、数字化、智能化为导向，加强法学知识和信息化技术的融合，提升教学效果。

（三）提供多元的实践活动

由于历史原因，小学法治教师存在兼职与专任并存的情况，兼职的情况较为普遍。

对于道德与法治这门一般不作纸笔考核的课程，教师在课堂往往重视理论知识的传授，而容易忽视学生的法治实践。学校应重视法治教育的实践教学，强化实践教学环节，通过与当地法院、检察院、律师事务所等机构合作，将模拟法庭、司法鉴定、调解、仲裁等实践活动纳入教学计划，为学生提供更多的实践机会。鼓励学生参与社区服务、法律援助等实践活动，让学生真正了解和掌握法律知识的运用方法，提高学生的实践操作能力和法律素养，增强他们的社会责任感和法治意识。

（四）开阔国际化法治教育的视野

在全球化的背景下，教育的国际交流与合作显得尤为重要。法治教育应该加强对国际法和国际经济法等国际化法学领域的培养，支持有条件的学校的教师和学生到国外学习、交流，提升师生的国际视野和交际能力。同时，还应该积极与国际接轨，引进国外先进的法学教育理念和教学方法，提高我国法治教育的国际竞争力。

三、走向"大教学"的法治教育

我国的法治教育研究经历了从法制教育朝着法治教育的方向转变，因此在过往的相关文献研究当中可以看出，主要是关于法制教育的研究，在党的十八届四中全会提出法治教育概念之后，法治教育在学术研究当中才逐渐受到关注。从 2015 年开始，有关法治教育方面的研究呈现逐年上涨趋势，最近几年更是成为研究的热点。

我们来看看当前国内学术界对小学法治教育的一些研究：

（1）有关小学法治教学的目标。在法治教育教学活动开展当中，首先需要明确清楚法治教育的目标。《义务教育道德与法治课程标准（2022 年版）》就课程目标提出应重点围绕核心素养体现课程性质，确立具体的目标，其中所提及的核心素养主要包括了政治认同、道德修养、法治观念、健全人格与责任意识。闫凤云（2024）认为在义务教育道德与法治教学中，还存在着衔接意识不够、衔接不准确、衔接不全面等问题，建议以课标为依据，通过对比不同学段的核心素养表现、学段目标、课程内容和学业质量要求并提出遵循课标设计思路、素养为重等衔接建议。

（2）有关小学法治教学的内容。冯丽娟（2020）提到，在小学阶段，低年级的教师可结合教材的内容，在教学中适当呈现隐藏于其背后的法律条文；而对于小学中段的学生而言，在教学的当中，可以更多地就我国所出台的正规法律条文进行教学；到了六年级后，则围绕法治专册进行专门的教学。金利（2019）认为小学法治教学的主要内容，可以分为两个方面。第一是法治意识，以规则纪律等为主要内容；第二是宪法教育，以突出国家与公民意识为主。陈桂萍（2024）则认为要突破课时教学的局限性，以学科大概念的高度和单元整体的站位，厘清课时知识模块和教学环节的教学逻辑起点和育人价值实现的目标终点，明确该内容的教学定位；同时要搭建课时内各知识点之间的逻辑关系，站在课、单元的更大视域上，基于学科大概念的逻辑结构，形成"单元学科大概念—本课核心概念—课时具体概念—教材各模块知识点"这样的结构化教学内容。

（3）有关小学法治教学模式的类型。吉洁（2024）提出生长课堂的课堂教学模式，以生为本，强调从学生生命高度来组织和认知课堂，从根本上促进学生可持续发展、全面发展。李月娥（2019）认为，在小学法治教学模式当中教师可引导学生运用案例分析、调查、探究等形式来进行教学。如"一体两翼"的教学模式（即以"课堂实践"教学为一体，"校园实践"和"社会实践"为两翼的教学模式），促使《道德与法治》从以"课堂实践"为中心，向"校园实践"和"社会实践"作深度延伸，最终，达到多元、高效育人的目的。如"三环四步活动式"教学模式（"三环"即活动准备、活动开展、活动实践三个环节，"四步"即情景导入、活动明理、反思导行和课堂小结），把学和做统一起来。温少云（2024）则谈到，"三元五学"在小学道德与法治教学中的有效策略，包括生活化教学内容设计、多样化教学方法应用、互动式学习模式构建以及多元化评价体系建立。

（4）有关小学法治教学的评价。吉洁（2024）提出生长课堂评价方法，灵活运用即时评价、差异化评价、多元评价等方式，为学生的学习和成长提供必要的帮助和支持。纪胜辉（2020）提到，教师可以在课后通过强化内容的方式设计专门的自律公约卡，记载学生在学校、家庭、社会等区域中的表现，并由学校家庭与社会共同对学生进行评价。

通过对国内法治教学模式以及大教学的相关文献研究可以得知，目前有关小学法治教学模式的研究并不十分丰富，当中的教学模式大多是个别教师依据自身的课堂教学展开探索，关于落实大思政课视域下法治教育提质增效的教学模式研究比较少。而大思政涵盖的不同课程、不同主体、不同学段、不同领域的目标必须具有一致性，要努力实现一脉相承和相互衔接。因此，必须要有一种新的教学模式与"大思政"相适应，实现小学法治教学在教材、教学、评价、实践、师资队伍等方面的全方位融通，而这恰好正是前文（第一章第三节）所提出的"大教学"的宗旨——打通传统学科教学的内容、资源、方法和场域的通道，构建融合物理空间、规则系统、活动程序和环节等元素的更广阔开远的教学时空，加强课堂内外的结合以及不同学科之间的交叉融合，以"大教学"建"大师资"、搭"大平台"、上"大课堂"，实现学段衔接、跨学科育人、课程整合背景下小学课堂教学改革，构建协同育人体系，在教育目标、教育场域、教学资源等多方面实现学校与社会的融通，坚持理论与实践的统一，实现对教材的整体感知与把握。

综上，从现有的国内小学法治教育研究的文献来看，可供借鉴的有效实现大思政视域下的法治"大教学"模式研究是几乎空白的。这促使我们找到研究探索的空间：第一，顺应时代的发展，以大思政视域下的"大教学"这一教学理念对小学道德与法治学科中的法治教育主题的教学目标和内容做适当调整，从而使法治教育的内容更加符合本国公民的发展需要，实现历史与时代的融通；第二，在教学方法上，要切实从学生的发展需要出发，更加地注重实践性教学，实现理论与实践的融通；第三，要做好整体规划，以"大教学"加强思政课一体化、跨学科育人、课程整合背景下小学法治教学目标建设，构建协同育人体系，丰富思政课内涵，在教学内容、教育场域、教学资源等多方面实现学校与社会的融通，切实发挥"大思政课"培根铸魂的作用，有效提高法治教学质量，促进学生的理想信念、政治意识、社会规范和个人修养的全面发展，着力培养担当民族复兴大任的时代新人。

第三章

小学法治"大教学"的改革探索

第一节 小学法治"大教学"的基本理念

一、什么是小学法治"大教学"

小学法治教育是道德与法治课程的重要主题。自2017年9月开始,新编教材将义务教育阶段原品德课调整为道德与法治,强调德法兼修,把小学六年级上册和初中八年级下册设置为法治教育专册,集中讲授宪法,强化系统性。在新教材中,小学涉及30多部法律法规,初中涉及50多部法律法规、6部条例和司法解释。课程当中以法治教育为主的教学不仅仅局限于法治常识、法治生活等法治范围,法治教育还与道德教育联系密切,涉及更广泛的法治文明、政治文明、社会文明以及个人道德、社会公德等广泛领域。由此可见,小学法治教育蕴含"大教育内涵",在实践中就是小学法治的"大教学"模式。

"大教学"的总体内容框架可以概括为"一根主线,两种需求,三个维度,四条路径,五大特征,六元评价",如图3-1所示。

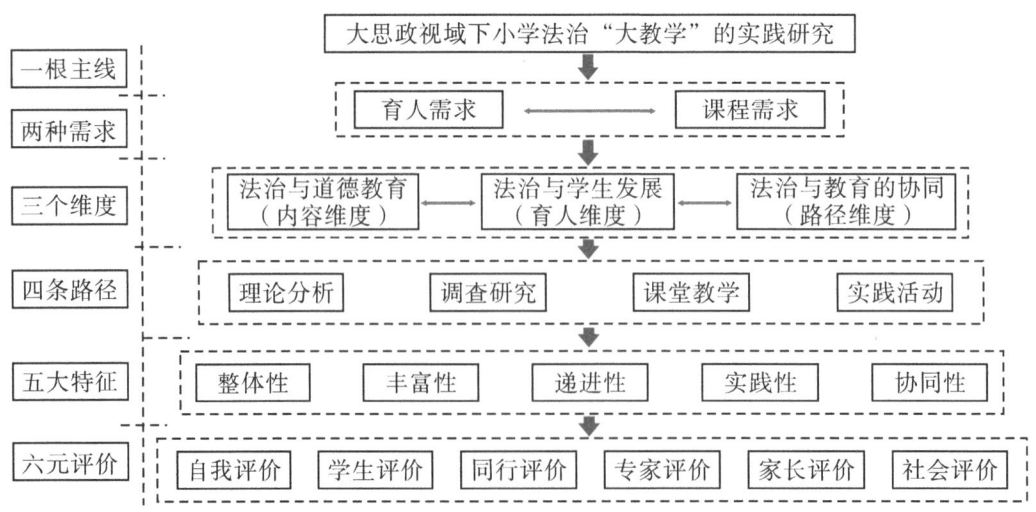

图3-1 大思政视域下小学法治"大教学"的实践研究总体框架图

1. 一根主线

一根主线就是"开展大思政视域下小学法治'大教学'实践研究，提升学生法治素养"。课题坚持系统思维，以法治教育为突破口，以"大教学"推动思政课建设内涵式发展，提升学生的法治素养，着力培养担当民族复兴大任的时代新人。

2. 两种需求

两种需求是国家的育人需求和课程需求的有机结合，体现了贯彻落实党的教育方针与群众对优质教育需求的有机对接和有机融合。提升学生的法治素养，实现人口高质量发展是始终贯穿于大思政视域下小学法治"大教学"的实践研究课题全过程的基本价值取向。

3. 三个维度

在内容维度上，实现不同学段法治与道德教育的融通，从规则意识、法治观念、契约精神等方面着力，培育现代公民意识和公共精神；在育人维度上，以法治教育促进学生发展，坚定理想信仰，提高政治意识、社会规范意识和个人修养；在路径维度上，通过理论分析、调查研究、课堂教学和实践活动实现学校与社会、理论与实践和知信行的融通。

三个维度教育导向明确，以"大教学"打通教育场域，串联教育内容，让思政课与时代同向、与现实同频、与实践同行，真正发挥法治教育培根铸魂、启智润心的作用。

4. 四条路径

研究的四条路径分别为理论分析、调查研究、课堂教学、实践活动。首先，采取问卷、访谈、典型考察等形式进行实证调查，摸清小学法治教育的现状和需求情况；其次，对调查所取得的数据、资料进行理论分析；最后，参照国内外经验，制订实施方案，并通过课堂教学和实践活动最终形成稳定的、可推广的小学法治教学模式。

5. 五大特征

五大特征分别是整体性、丰富性、递进性、实践性和协同性。

（1）整体性。运用系统思维对大思政课各方面、各层次进行整体规划、统筹安排、系统推进，构建稳定有效、有推广价值的"大教学"模式。

（2）丰富性。结合小学生的年龄、认知等特点和社会生活实际，充实教学内容，运用丰富多彩的教学方法和课内外活动跨越课本、跨越课堂、跨越学科、跨越学校。

（3）递进性。课题将立足学生的终身发展，遵循学生成长规律和受教育规律，做到循序渐进。

（4）实践性。坚持素养导向，强化学科实践，将大概念、大主题蕴含在真实情境与任务中，以"大教学"模式考查学生在解决真实问题、完成真实任务时整体地综合运用知识、体现能力与情感态度的水平，注重知行合一。

（5）协同性。一是增强思政课程与其他学科课程的协同。深入挖掘班会课、队活动课、语文课等各类课程和教学内容中蕴含的思政教育资源，最大限度发挥其育人功能，呈协同效应。二是增强思政课与育人资源的协同。立足校本文化这一特色载体、优质资源，依托图书资料、丰富的校园特色活动等开展思政育人教学工作，协同博物馆、纪念馆、革命遗址等建设大思政课教学实践基地。

6. 六元评价

六元评价是指自我评价、学生评价、同行评价、专家评价、家长评价和社会评价，建立多方协同的评价机制，充分发挥教师、家长、学生、专家等多元主体的评价作用。

由此可见，小学法治"大教学"与当下的大思政的"大"有高度的相对应性。当前国内学术界对大思政的"大"有不同的理解与表述，普遍受到认可的观点认为"大思政"教育的内涵体现在四个方面：一是大课程，以思政课程为主干，将思政教育渗透和落实到学科课程、文化课程、实践课程等各门课程，形成全课程育人的整体效应；二是大主体，形成父母、教师、公众人物、学生自身、学生同伴等参与的育人合力；三是大过程，观照人的成长阶段和历程，构建幼儿、小学、中学、大学等全过程育人体系；四是大领域，构建覆盖学校、家庭、社会、网络等全领域的育人体系。在教育高质量发展的背景下，我们顺应时代的发展，以"大教学"的五大特色支撑"大思政课"的开展，以一种新的教学理念与模式拓宽常规教学的宽度、广度与深度，打通小学法治教学的内容、资源、方法和场域的通道，以"大教学"建"大师资"、搭"大平台"、上"大课堂"，加强思政课一体化、跨学科育人、课程整合背景下小学法治教学目标建设，构建协同育人体系，在教育目标、教育场域、教学资源等多方面实现学校与社会的融通，坚持理论与实践的统一，从而使法治教育更加符合本国公民的发展需要，切实发挥"大思政课"培根铸魂的作用。

二、小学法治"大教学"的基本理念

（一）彰显国家意识形态，以立德树人为根本任务，发挥课程的思想引领作用

小学法治"大教学"全面贯彻党的二十大精神，以习近平新时代中国特色社会主义思想为指导，全面贯彻党的教育方针，必须集中体现国家意志、反映主流文化、遵循课程标准，以育人为最终要求，它始终以传递党和国家的教育思想和核心价值观为主要内容，以培养适合党和国家发展需要的人才为主要任务，让学生坚定理想信念，厚植爱国主义情怀。在运用小学法治"大教学"的模式进行课堂教学革新的过程中，要始终坚持课程的思想与价值引领，发挥法治教育在落实立德树人根本任务中的关键作用，以国家教材和国家允许进入学校的相关学生法治读本为教学资源主体，辅以使用本研究团队等开发的提高法治教育质量的电子版、纸质版课程资源，将培养德智体美劳全面发展的社会主义建设者和接班人作为小学法治"大教学"的方向和终极使命，彰显鲜明的国家意识形态属性。

（二）立足学生核心素养，以社会发展和学生生活为基础，构建综合性课程

小学法治"大教学"立足于发展学生核心素养，这一理念强调通过综合性的课程设计，不仅传授知识，更注重培养学生的思维能力、情感态度以及价值观，以帮助他们在学习和生活中逐步理解和践行道德与法律的基本规范。教学内容应紧密围绕学生的日常生活和社会热点，选取贴近学生实际的案例和话题进行讨论，通过模拟法庭、角色扮演等活动，让学生在参与中体验法律程序，学会独立思考，培养批判性思维，理解法律如何保护个人权益、维护社会秩序，从生活视角感受法律与规则系统如何调节人们的社会关系。甚至还可以拓展学习的物理空间和法治学习活动程序，走出学校，进入社会大课堂，参与社区服务、法律宣传等实践活动。这些活动不仅能增强学生的社会责任感，还能让他们在实践中感受法律的威严与公正，学会用法律手段解决生活中的问题。同时，法治教育还要融合多学科知识。法治教育不是孤立存在的，教师在教学过程中应与其他学科如语文、历史、社会、心理等相融合，形成跨学科的学习体验。例如，通过历史故事讲解古代法治思想，或在语文课程中分析法律相关的文学作品，让学生在多样化的学习情境中感受法治的力量和价值。

（三）利用信息技术赋能，综合运用多种评价方式，构建生态型学习评价范式

在小学法治"大教学"的教学改革实践中，我们引入布鲁诺·拉图尔（Bruno Latour）的"事物为本哲学"及"行动者网络理论"，利用信息技术赋能，并综合运用多种评价方式，构建生态型学习评价范式。这种范式强调了世界的多元性和互动性，超越了传统"人类中心主义"的局限，为小学法治教育提供了新的视角和框架，是一种创新且富有前瞻性的教育实践。

布鲁诺·拉图尔认为：凡是存在的万事万物都是行动者，不能将行动者割裂为人类与非人类，世界上有人类、自然/环境、技术及观念/理论四类行动者，世界实际上就是行动者相互作用着的网络。我们将"行动者网络理论"应用于学习物理空间的构建，使虚拟与现实得以整合，这意味着不仅学生、教师是人类行动者，而且信息技术、法律文本、法律案例、教学材料、教室环境、法律观念乃至社会文化背景等非人类行动者也同样重要。这些行动者相互交织、影响，共同构成了一个复杂而动态的学习网络。例如，利用信息技术创建虚拟法庭、在线法律资源库、互动法律游戏等，这些技术行动者不仅提供了丰富的学习资源，还促进了学生与教师、学生与学生之间的交流与互动。同时，法律文本、案例等作为观念/理论行动者，引导学生深入理解法律原则和规则。

"大教学"的核心是"多维交流"，在教学过程中，教师应积极利用评价促进各类行动者之间的交流、互动与协作。例如，通过组织小组讨论、角色扮演、模拟法庭等活动，让学生与自然/环境（如社区、法庭等实地参观）、技术（如使用法律数据库、在线法律咨询服务等）、观念/理论（如法律原则、法律理论等）进行深入的互动。同时，教师还应引导学生认识到自己是这个网络中一个重要的行动者，他们的言行举止、学习态度、价值观等都会对整个网络产生影响。这种认识有助于培养学生的责任感和公民意识，构建一个以"行动者网络理论"为基础的生态型学习评价范式。

在评价方式上，我们通过信息技术的赋能和多种评价方式的综合运用，更好地捕捉和记录学生在行动者网络中的表现和成长轨迹，为他们提供更加个性化、全面化、动态化的学习评价服务。除了传统的笔试评价外，我们借助信息技术探索出纸笔测试、项目评价、观察评价、学生成长记录袋、日常行为表现记录卡等多种评价方式，坚持自我评价、同伴评价、家长评价、社会评价等多种评价方式，改进结果评价，强化过程评价，探索增值评价。在教学实践中设计一些基于行动者网络理论的评价任务，如要求学生分

析一个法律案例时，不仅要考虑法律条文和法官的判决，还要考虑社会环境、技术条件、公众舆论等多个行动者的影响，并通过学习生态评价范式进行综合反馈，调整教学行为，促进知信行合一。这样的评价范式不仅关注学生的学习成果，还关注他们的学习过程、学习态度以及与他人合作的能力，不再是对学生学习成果的简单评判，而是对整个学习过程和学习生态的审视和反思，从生命有机体的角度观照学习评估，赋予学生学习生命持续发展的能力，不仅能够更全面地考查学生的综合能力和素养，促进学生的全面发展，还能够为法治教育的持续改进和创新提供有力的支持。

三、小学法治"大教学"的基本原则

青少年法治教育，要高举中国特色社会主义伟大旗帜，全面贯彻党的教育方针，深入贯彻党的二十大精神，贯彻落实习近平总书记系列重要讲话精神，以培育和践行社会主义核心价值观为主线，以宪法教育为核心，把法治教育融入学校教育的各个阶段，全面提高青少年法治观念和法律意识，使尊法学法守法用法成为青少年的共同追求和自觉行动。

小学法治"大教学"旨在构建一个全面覆盖、系统深入、富有实践性且塑造正确价值观的法治教育新模式。这一理念强调法治教育不仅仅是对法律知识的简单传授，更重要的是对学生法治思维的培养、法治能力的锻炼以及法治价值观的塑造。主要遵循以下四个原则。

（一）全面覆盖与校本特色相统一原则

法治教育应全面覆盖法律的各个领域，包括但不限于宪法、民法、刑法、行政法等，确保学生能够对法律体系有一个整体的认识和了解。

中国在中小学法治教育方面还没有形成完备的社会一体化参与体系。小学还没有与立法机构、司法机构和社会团体等形成稳固、常态化的合作机制，政府机关参与中小学法治教育的程度有待加强；社区等团体组织中小学生开展法治教育实践活动较为有限，还不能常态化提供足够多的法治教育实践机会和条件；法律业务人员提供法律专业服务和法治教育实践的机会和时间有限，无法实现这些活动的常态化；对中小学生网络活动的安全管理还不完善，缺乏针对青少年网络活动安全管理的完备法律法规，而网络活动安全监管也存在监管重叠、监管不力等问题；在中小学法治教育活动中家庭参与和家校

合作不够深入,借鉴国外广泛动员各种社会力量深入参与中小学公民教育和法治教育的做法,中国的中小学法治教育有必要完善和健全社会参与体系。为此,中国的中小学法治教育首先要充分发挥学校主导作用,每间学校都有其独特的校园文化,在法治教育中拓宽教育途径,将学校、家庭、社会相结合,让校园文化与家庭文化、社会文化密切融合,创新教育方法,形成"一校一特色"的法治教育样态,实现全员、全程、全方位育人,形成教育合力。家庭应营造良好的法治氛围,父母要以身作则,成为孩子学习法律的榜样;学校应加强法治课程建设,提升教师法治素养,创新教学方法;社会应提供丰富的法治教育资源和实践平台,支持青少年法治教育工作的开展。同时,各地也要在党委和政府的统一领导下,建立由教育部门牵头,司法部门、共青团和有关部门、组织等共同参与、互相协调的中小学法治教育工作机制,形成以学校为主、以家庭和社会为依托、校内校外密切配合的法治教育运行机制,联合制订中小学法治教育工作规划,明确责任分工,确定工作步骤,协同推进中小学法治教育。

（二）法治学理与情感启蒙相统一的原则

尽管小学六年级才有了法治专册（《道德与法治》六年级上册）,但一至六年级的法治教育从始至终从未间断。例如,针对学生的规则教育:在低年级学生中培养交通、校园、家庭、游戏中的规则,在中年级学生中培养出行、交往、邻里、社会生活中的规则,在高年级学生中培养班级选举、家庭民主、公共生活、法律、科技、国际等不同领域的规则等,在每个年级都有相关内容的设计。并且,在前五个年级对法治的分散教育的基础上,再通过法治专册的集中教育,使小学生在初学法律阶段便可对法治形成相对系统的认知。在法治"大教学"中,教师可以引导学生探讨法律背后的基本原则,如公平正义、人权保障、法治精神等,理解这些原则如何指导法律制定和实施,并尝试通过分析具体案例,初步引导学生运用法律思维逻辑进行推理,以体验、探究、议题和项目学习等方式,让学生扮演法官、律师、当事人等角色,或者走进法院、司法所、律师事务所等大场域,亲身体验法律程序,锻炼法律实务能力和团队合作精神。在生活大情境中对小学生进行情感的启蒙,突出依法、守法、爱国的品格培育,培养批判性思维和解决问题的能力,进一步筑牢法治思维、法治意识和法治精神的基础,增强对中国特色社会主义法治体系的认同,提升学生的法治意识和道德自觉,为成为合格公民打下情感基础。

（三）理论与实践相统一的原则

法治教育应强调实践的重要性，通过案例分析、模拟法庭、法律实践活动等形式，让学生亲身体验法律的实际应用，增强他们的法治意识和实践能力。

小学生作为处于心理和生理成长期的未成年人，普遍好奇、敏感，喜欢冒险、逞强，喜欢模仿，可塑性强而辨别能力比较弱，社会阅历少，对于自己与家庭、学校、社会和国家的关系认识模糊，自我保护和防范意识不足，往往很难控制和调节自己的行为。对于处在这个阶段的未成年人，要引导其了解不同年龄在法律上的意义，知道自己的法律身份，初步了解未成年人的民事权利和行为能力界限，让学生认识自我，体会自己作为未成年的特殊之处。通过学习和理解我国保护未成年人的专门法律，一方面培养学生的学法、知法和守法观念，通过社会实践，鼓励学生参与社区服务、法律援助等实践活动，了解社会现实，增强法治实践能力和社会责任感；另一方面增强学生分辨是非的能力，让学生有能力积极预防犯罪，避免在生活中受到不法伤害。让学生感受来自家庭、学校、社会和司法对未成年人的关爱和保护，了解法律关系中权利和义务相辅相成，珍爱生命，热爱生活，对习近平法治思想产生更深的认同，突出爱国、守法的品格培育，形成良好的社会责任感。

（四）价值性与成长性相统一的原则

法治教育的最终目标是塑造学生的法治价值观，强调法治精神、公平正义等核心价值观的培养，使学生成为具有法治意识、法治思维、法治能力的现代公民。

法治教育实现价值性与成长性相统一的原则，是确保青少年在成长过程中掌握法律知识、形成正确的法律价值观，促进其全面发展和培养其社会责任感的重要基石。学生是不断成长的个体，根据青少年的年龄、心理发展特点和认知水平，遵循青少年成长规律，设计分层次、有针对性的法治教育内容和方式，融价值观教育于法治教育中，确保法治教育既符合青少年的接受能力，又能激发他们的学习兴趣，促进其在成长过程中逐步深化对法治的理解和认同。在教授法律知识的过程中，注重培养青少年的法治信仰、公平正义观念、权利义务意识等核心价值观，通过案例分析、角色扮演、模拟法庭等互动式教学方法，让青少年在实践中感受和理解法律背后的价值追求。同时，也要关注个体差异，实施个性化教育，针对不同性格、兴趣和背景的青少年，采取个性化的教育策略。对于有特殊需要的青少年，如留守儿童、困境儿童等，应给予更多的关爱和支持，确保他们也能享受到优质的法治教育。

法治教育的最终目标远超过单纯的知识传授或技能培养，它深刻地触及学生价值观的塑造与形成。小学法治"大教学"将致力于构建一个多层次、多维度的法治教育体系，为学生提供全面、系统、深入的法治教育，为他们的健康成长和全面发展奠定坚实的基础。通过不断创新教育方法和手段，加强家校社协同育人机制建设，营造良好的法治教育环境，促进青少年在法治的阳光下健康成长。在这一过程中，法治精神、公平正义等核心价值观的培养被置于核心地位，旨在引导学生成为具有法治意识、法治思维及法治能力的现代公民，而这，需要学校、家庭、社会和个体共同的努力和持续探索。

第二节 小学法治"大教学"的基本任务

一、小学法治"大教学"的主要目标

习近平总书记强调，"普法工作要在针对性和实效性上下功夫，特别是要加强青少年法治教育，不断提升全体公民法治意识和法治素养"，"要坚持法治教育从娃娃抓起，把法治教育纳入国民教育体系和精神文明创建内容"。法治化是国家治理现代化的题中应有之义，青少年群体的法治素养是衡量一个国家社会文明程度和法治建设进程的重要指标。在全面推进依法治国的工作格局中，青少年法治教育工作发挥着基础性、先导性作用。新征程上，要坚持以习近平法治思想为指导，不断提升青少年群体的法治素养。[1]

作为道德与法治课程重要的主题，小学法治"大教学"参照《义务教育道德与法治课程标准（2022年版）》，围绕政治认同、道德修养、法治观念、健全人格和责任意识等学科核心素养，突出依法、守法、爱国的品格培育，体现道德与法治学科的课程性质与课程理念，结合其主要教学目标，运用"大教学"的理念优化构建小学法治教育教学模式，通过教育部颁发的《中小学德育工作指南》提出的"六个育人"（课程育人、文化

---

[1] 钟守权. 传承与发展：道德与法治课程教学初论 [M]. 广州：广东高等教育出版社，2018.

育人、活动育人、实践育人、管理育人、协同育人）实现思政课一体化、跨学科育人及课程整合背景下小学法治教学目标、理论与实践和知信行的一体化，以求成功破解目前我国小学法治教育存在的"教师欠专业知识而畏难""教学拘泥课本而狭隘""学生知行脱节而低效"三大教学难题，整体带动小学法治教学工作上水平、上层次、上台阶，全面提高小学法治的教学质量与效率，推动小学法治教育教学的高质量发展，为学生奠定坚实的法治基础，培养他们成为具备法治素养的现代公民。具体目标分解如下。

（一）从"法治与道德教育、法治与学生发展、法治与教育协同"三个维度实现大思政视域下小学法治教学资源融通、教育场域融通、教学方式融通，实现新课标背景下的法治教育的提质增效

1. 教学资源融通

在大思政视域下，以"大教学"串联小学与初中教材的法治教育内容，整合法治与道德教育，突出公民意识教育和国家意识教育，加强法治教育，更好地培养学生的政治认同、道德修养、法治观念。

2. 教育场域融通

以"大教学"充分调动全社会力量和资源，把法治副校长、律师、法官、检察官等专业人士联合起来，协同教育集团、姐妹学校、教育帮扶学校等，加强思政课一体化建设，构建协同育人体系，建设"大课堂"、搭建"大平台"、建好"大师资"，善用"大思政课"铸魂育人。

3. 教学方式融通

联合班队会、主题活动和相关学科课程，以多元教学方式方法串起课堂教学和生活实践，实现思政小课堂同社会大课堂的同频共振。

（二）以立德树人为核心目标，以大思政视域下小学法治"大教学"的实践研究引导学生在日常学习生活与社会实践中实现知、信、行的融通，增强学生对中国特色社会主义法治体系的认同和自信

1. 知

通过"大教学"实现小学法治教育提质增效，引导学生初步感受生活中的规则意识和宪法法律，了解宪法的地位与内容，认识公民身份和国家机构，更清晰了解自己的法

律身份,初步了解未成年人的民事权利和行为能力界限,增加对法治的认知和理解。

2. 信

注重培养学生的政治认同、道德修养、法治观念、健全人格和责任意识等核心素养,突出依法、守法、爱国的品格培育,让学生坚定理想信念,提升作为社会成员的法治意识和道德自觉。

3. 行

以"大教学"促进小学法治教学提质增效,引导学生在生活中知法、用法、守法,加强学生的实践能力,增强学生分辨是非的能力,让学生有能力积极地遵守规则和宪法法律,有意识地预防犯罪,避免受到不法伤害。使学生树立法治观念,养成自觉守法、遇事找法、解决问题靠法的思维习惯和行为方式,提升个体对参与建设法治国家的责任感,为初中阶段的深入学习奠定基础。

二、小学法治"大教学"的基本任务

习近平总书记指出:"要健全全员育人、全过程育人、全方位育人的体制机制,不断培养一代又一代社会主义建设者和接班人。"法治教育要向下扎根,必须要仰赖较高法治素养的学校教师在日常活动中给予引导。法律人士蜻蜓点水式的法治教育可以作为校内法治教育的有效力量,成为大教学的"大师资",但不能取代学校的法治教育。

小学法治"大教学"的研究要顺应时代的发展,要以习近平新时代中国特色社会主义思想为指导,全面贯彻党的二十大精神,从宏观上开展法治教学活动,并对法治教学方法策略进行探索,把握小学法治教学活动整体及各要素之间的关系和功能,开展大思政视域下小学法治的"大教学"的实践研究,通过教育内容、教学资源、教育场域的"连通上下、融合左右",实现教育目标、理论与实践和知、信、行的融通,全面提高小学法治教学的质量和效率,推动大思政背景下小学思政教育的高质量发展。其基本任务如下。

(一)小学法治"大教学"的理论探索

在教育高质量发展的背景下,"大思政课"对思政教育的教学理念、教学资源、教学途径和方法提出更高要求。当下的大思政课建设强调加强思政课一体化建设,构建协同育人体系，建设"大课堂"、搭建"大平台"、建好"大师资"，但未从"大教学"的视角对不同学段的思政课教育教学进行理解，国内外对法治教育"大教学模式"的理论研究成果非常少。国内目前对小学法治教学模式的研究大多是个别教师依据自身的课堂教学展开探索，数量少，质量不高，缺乏相对稳定有效的小学法治教学模式的研究和理论成果，而提出实现教育场域、教育内容、教育资源等多元素融通"大教学"的观点更少，可供借鉴的有效实现法治教育"大教学"模式的研究几乎是空白的。为破解小学道德与法治学科实际教学背后隐含的理论难题，本书以小学法治教学为突破口，对小学法治"大教学"相关的序列及其方法策略以及"大教学"如何促进小学法治教学质量的提高进行理论探究。

（二）小学法治"大教学"的实践探索

从我们目前的调研情况来看，广东省内大部分的小学是兼职、非专业的教师负责道德与法治的教学。这些教师缺乏专业背景知识，还需要在校内承担其他科目的教学工作，教学难度大、任务重、压力大。根据广东省教育厅思想政治教育处相关调查的数据（2022），全省小学学段有专业背景的专职思政教师占比不到6%。在教师层面，一方面，在教育高质量发展的背景下，国家对小学法治教育的教学理念、教学资源、教学途径和方法提出更高要求，需要教师夯实业务能力，提高法治教育教学质量；另一方面，老师缺乏专业背景、专业研究时间少，拘泥于课本开展法治教学，课堂教学与现实结合不紧密，对实践教学重视不够，普遍对法治教学内容特别是对六年级的法治专册产生"畏难"情绪。在学生层面，缺少生活经验，认为法律知识枯燥、难以理解，学习兴趣不高，法治认识与实际行为脱节，学习效果不理想。多方面的因素，导致小学法治教育出现"教师欠专业知识而畏难""教学拘泥课本而狭隘""学生知行脱节而低效"三大问题，小学法治教学质量不高。

为解决上述实际问题，我们组将把小学六个年级分成低（1~2年级）、中（3~4年级）、高（5~6年级）三个学段开展"大思政视域下小学法治'大教学'的实践研究"。基本环节为"资源准备、课前小测、组织教学、导入新课、多维交流、模拟实践、布置作业、课后践行"八大部分，包括课前预习、课中学习、社会实践三个环节，实现四个跨越：跨越课本、跨越课堂、跨越学科、跨越学校。具体的操作方法：对低、中年段学生，开展以规则为主的前法治教育"大教学"实践，立足《道德与法治》课堂教学，联通高年段的教学目标，结合中、低年段的班队活动、班会课，增加了培正学校富有特色的"法治在线"主题活动，还增加了参观青少年法庭、法官讲法律小故事等活动，联合培正教育集团、姐妹学校举办法律论坛等，扩大从课堂理论学习到课外实践的半径，培育学生的法治种子。在高年段，重点优化六年级法治专册教材体系，拓展课堂教学内容，通过增设法律活动课、"法治在线"、建立网络资源库、法官律师进课堂等策略实现教学内容、教学资源的融通；以培正教育集团、培正同门学校、教育帮扶学校的中小衔接课堂实现初中与小学教学目标、教学内容的融通；以法院模拟法庭、司法所参观、旁听少年代理律师案例、宪法日专题展览等方式拓展法治教育场域，达到在中、低年段的基础上进一步增强学生的法治意识、树立法治信仰、规范日常行为的育人目标。研究探索以"八环四跨越"的"大教学"的模式上好"大思政课"，坚持"六个育人"，降低小学法治教学特别是法治专册"教"与"学"的"坡度"，做好中小衔接，全面提高小学法治教学的质量和效率，填补国内目前缺乏稳定有效的小学法治教学模式的空白，推动大思政视域下小学法治教育教学的高质量发展，切实发挥"大思政课"培根铸魂的作用。

第三节　小学法治"大教学"的价值意蕴

青少年能否认同法治、信仰法治、践行法治，长远来看决定了一个国家法治化水平的高低，也是一个国家能否在国际竞争中保持核心竞争力的重要因素。培养具备法治知识、法治意识和用法能力的青少年，既是实现个体全面发展、健康成长的需要，也是加快建设社会主义法治国家的必然要求。[①] 小学法治"大教学"的价值意蕴深远而广泛，它不仅关系到学生的个人成长，更对社会的法治建设和长远发展具有重要意义。以下是几个方面的价值体现。

---

① 马长山，李金枝. 青少年法治教育中的公民性塑造［J］. 上海师范大学学报（哲学社会科学版），2018，47（4）：88-97.

一、小学法治"大教学"促进学生全面发展

马克思关于人的全面而自由发展理论蕴含着丰富的个体发展的思想和智慧,对我们在法治教育实施过程中有效推进个人发展主题教育有着诸多启示意义。他在《1844年经济学哲学手稿》一书中认为,"人的类特性恰恰是自由的自觉的活动","已经产生的社会,创造着具有人的本质的这种全部丰富的人,创造着具有丰富的、全面而深刻的感觉的人作为这个社会的恒久的现实"。这段论述精辟地阐述了"全部丰富的人"产生于"自由的自觉的活动",社会创造人等思想。学校作为培养人的主阵地,显然不能违逆人的"自由的自觉的活动"特性,不能陷入限定的课程、课本、考纲而脱离"已经产生的社会"。在《共产党宣言》中,马克思提出共产主义社会"将是这样一个联合体,在那里,每个人的自由发展是一切人的自由发展的条件"。马克思将人的全面而自由的发展与共产主义的终极价值目标联系在一起,自由的发展是其思想的主体。在《德意志意识形态》一书中,马克思、恩格斯考察了钳制个体自由发展的根源:"就个人自身来考察个人,个人是受分工支配的,分工使他变成片面的人,使他畸形发展,使他受到限制。"在《政治经济学手稿》一书中,马克思进一步阐述了人的全面发展观,"个人的全面性不是想象的或设想的全面性,而是他的现实关系和观念关系的全面性"。这里,马克思辩证地阐明了"人的全面性"的科学内涵,迁移到学生发展方面,全面性并不等于什么都要学,什么都要会,关键是个体与"现实关系和观念关系的全面性",说到底,全面性离不开个性化,离不开个体的主体性发展。由此可见,个性化学习发展模式,是个体最根本的、永恒的学习发展方式,也是终身学习、学无止境的理论支点,是马克思主义关于人的全面而自由发展理论的教育思想和实践演绎。[①]

小学法治"大教学"作为一种前瞻性且全面性的教育理念与模式,它超越了单纯法律知识的传授范畴,更加注重对学生法治思维、法律素养和法治价值观的深层次培养。这种全面的教育模式有助于促进学生的全面发展,使他们既具备扎实的学科知识,又具备良好的法治素养和道德品质。"大教学"模式坚持全面覆盖与校本特色相统一原则、系统性与深入性相统一的原则,将学校、家庭、社会形成法治教育合力,让校园文化与

---

① 陈春勇. 中小学法治教育:来自国外的启示[M]. 重庆:西南师范大学出版社,2018.

家庭文化、社会文化密切融合，打造了一个全员参与、全程贯穿、全方位覆盖的法治教育朋友圈。在这个朋友圈中，每一个成员都是法治教育的参与者和推动者，他们共同为学生的法治教育贡献力量，通过这种全方位的浸润式教育，学生能够在潜移默化中接受法治的熏陶和感染，形成正确的法治观念和行为习惯，为未来的学习和生活奠定坚实的基础，对于促进学生的全面发展具有深远意义。

二、小学法治"大教学"促进公民素养的提升

"公民"不仅是现代生活中的一种政治和法律身份，也是一种权利资格和价值精神。它是共同体生活中伦理、政治和法律价值的总体呈现。因此，世界各国都会通过公民科或者社会科的形式，将道德、政治和法律元素纳入公民教育之中，只不过它们更偏重道德和法律（法治）教育，以培养具有公民德性和法治素养的合格公民，进而适应现实中的民主和法治生活。[①] 在新时代新征程上，提升公民法治素养，是中国全面推进依法治国、构建法治社会、促进社会和谐与进步的关键举措。现代公民是法治社会的重要基石，他们具备高度的法治意识、强烈的责任感与使命感、良好的道德素养与行为习惯。在开展小学法治"大教学"过程中，我们要将培养现代公民作为最终目标，通过全面的教育内容与科学的教学方法，使学生不仅在知识上掌握法律知识、在技能上具备法律能力，更在价值观上形成对法治的认同与追求。只有这样，我们才能培养出更多具有法治意识、法治思维、法治能力的现代公民，为法治社会的建设与发展贡献力量。

法治素养是学生核心素养的重要构成因素，与培养学生的文化底蕴、科学精神、健康生活、自主学习能力、责任担当和实践创新能力等基本素养息息相关。法治教育是培育学生"公民主体性"的重要侧面。通过"大教学"的法治教育，学生能够在现实生活情境中深入了解法律的基本原理和实践应用，在基于生活德育与现实法治的情境中形成对法律的敬畏和信仰。他们将更好地链接宪法法律与生活，将教材与学材融合于现实生活。"大教学"所提倡的法治实践并不是对法治理论知识的否定和取代，而是体现学生对法治学习理解的进一步深化，是一种自我认识的内化与升华，本质上也是一种新的认知与探索，是一种将间接经验变为直接经验的过程。"大教学"充分调动全社会力量和

---

① 鲁篱，郭子圣. 不断提升青少年群体的法治素养［N］. 光明日报，2024-03-23.

资源，把法治副校长、律师、法官、检察官等专业人士联合起来，协同教育集团、姐妹学校、教育帮扶学校等营造法治大教育场域，协同育人体系的建立，使学生处在社会大背景下以"公民"的角色观照现实生活，更好地明确自己的权利和义务，增强主体意识、权利意识、义务意识和自由意识，从而在日常生活中更好地运用法律知识保护自己，为成为合格的公民奠定基础。

（一）深化法治理解与认知

小学生年龄小，对法律的认识表面而浅显，讲多了，觉得枯燥无味，讲深了，又听不懂，很考验教师的教学智慧和教学创造性。通过"大教学"的课堂教学、课外活动、法治讲座等多种形式进行系统的法治教育，学生不仅能够初步了解法律的基本概念、作用和适用范围，还能理解法律背后的价值观和社会功能，如公平正义、人权保障等。除了学习法律基本原理，通过结合具体案例，让学生看到法律在实际生活中的应用，了解法律如何调节社会关系、解决矛盾冲突，感受到法律在日常生活和社会运行中的重要性，从而深化法治理解与认知。

（二）培养法律信仰与敬畏

法治精神是法治社会的灵魂，它体现了对法律的尊重与信仰，对法治原则的坚守与践行。法治教育不仅仅是知识的传授，更是法治精神的培育。通过法治教育，让学生认识到法律是维护社会秩序、保障公民权利的重要工具，从而产生对法律的信仰和敬畏之心。在法治"大教学"中，通过讲述法治历史、分析法治案例、探讨法治理论等方式，让学生深刻理解法治精神的内涵与价值，认识到法治在维护社会秩序、保障公民权利、促进公平正义等方面的重要作用。通过长期的熏陶与引导，使学生逐渐树立起对法治的坚定信念与崇高追求，引导学生将法律要求内化为自身的道德准则，形成守法光荣、违法可耻的社会氛围，使法律与道德内化融合。

（三）强化遵纪守法意识

法治意识是指公民对法治的认知与认同程度，法治思维则是指运用法治理念、原则、方法来分析问题、解决问题的思维方式。法治能力则是指公民在实际生活中运用法律知识、法律技能来维护自身权益、参与社会管理的实际能力。在法治"大教学"中，注重培养学生的法治意识、法治思维与法治能力，使他们能够在日常生活中自觉遵守法律、维护法律尊严、运用法律手段解决问题。①重视行为规范引导：通过普及法治常识和宣传法律知识，明确告知学生哪些行为是合法的，哪些行为是违法的，以及违法行为的后果，引导学生自觉遵守法律法规，抵制不良诱惑，远离违法犯罪，从根本上预防和减少未成年人违法犯罪行为的发生。②重视责任意识培养：教育学生认识到个人行为不仅关乎自身利益，也影响社会整体利益，培养其作为社会成员的责任感，主动维护法律尊严和社会秩序。

（四）塑造公正诚信品质

公平正义是法治的核心价值之一，也是人类社会追求的共同理想。在法治"大教学"中，我们引导学生正确认识公平正义的含义与标准，了解公平正义在法律制定、实施、监督等各个环节中的体现与要求。通过案例分析、角色扮演等教学方式，让学生亲身体验公平正义的实现过程，培养他们的正义感与同情心，学会在复杂的社会环境中坚持原则、明辨是非、维护正义，培养学生公正看待问题、公正处理事务的能力，并弘扬诚信价值，抵制任何形式的偏见和歧视，鼓励学生诚实守信、言行一致，为构建诚信社会贡献力量。

三、小学法治"大教学"推动法治社会建设

培养小学生的法治精神是一个长期且重要的任务，小学法治"大教学"的开展，有助于在全社会范围内普及法律知识，提升公民的法治意识和法治素养。这将为法治社会建设奠定坚实基础，推动社会各项事业在法治轨道上运行。同时，法治教育还能培养学生的法治精神和法治信仰，使学生成为懂法、信法、守法、用法的公民，成为法治社会建设的积极参与者和推动者。

（一）促进社会和谐稳定

1. 矛盾纠纷化解

具备法治素养的公民能够运用法律手段解决矛盾纠纷，减少暴力冲突和非法行为的发生，从而维护社会稳定。

法治素养的核心在于尊重法律、信仰法律，并愿意在法律框架内寻求问题的解决之道。在构建和谐社会的过程中，矛盾纠纷的化解是至关重要的一环。而具备法治素养的

公民群体，无疑是这一环节中不可或缺的力量。他们不仅深刻理解法律的精神与原则，还能够在日常生活中灵活运用法律手段，有效应对和处理各类矛盾纠纷，从而为社会的和谐稳定奠定坚实的基础。以"大教学"模式从小学开始进行公民的法治教育，当公民之间出现矛盾或纠纷时，具备法治素养的个体首先会想到通过法律途径来寻求公正和合理的解决方案。这种选择不仅体现了对法律的信任，也避免了因私力救济或非法手段可能导致的暴力冲突和不良后果。

2. 利于维护社会稳定

社会稳定是经济发展和社会进步的前提条件。而社会稳定离不开一个公平、公正、有序的法治环境。具备法治素养的公民群体，能够积极参与社会治理，用法律手段来维护社会秩序和公共利益。他们的行为不仅有利于个人的合法权益得到保障，也有利于整个社会的和谐稳定与可持续发展。另外，公民法治素养的提升有助于增强公民对公共利益的关注和维护，促进社会资源的合理分配和公共服务的有效供给。

（二）推动社会平稳进步

小学法治"大教学"直面当下小学法治教育的痛点和难点，在内容维度上，实现不同学段法治与道德教育的融通，从规则意识、法治观念、契约精神等方面着力，培育现代公民意识和公共精神；在育人维度上，以法治促进学生发展，坚定理想信仰，提高政治意识、社会规范意识和个人修养，当法治教育深入人心，他们将逐渐建立起对法律的信仰。这种信仰是法治社会最宝贵的财富，它能够激发公民积极参与法治建设，共同维护社会的和谐稳定。当学生从小接受科学鲜活的法治教育，普遍接受并内化法治教育的内容，形成高度的法治素养时，成年后步入社会，整个社会将弥漫着一股崇尚法治、尊重法律的良好风尚。这种风尚的形成，不仅为法治国家的建设提供了强大的精神动力，也为其奠定了坚实的群众基础。而在法治的保障下，公民的创新创造精神得到充分激发，社会活力和创造力得到释放，推动经济社会持续健康发展、不断进步。

四、小学法治"大教学"有助于实现教育公平

法治教育强调公平正义的价值观，注重保障每个学生的合法权益。在小学法治"大教学"中，我们注重平等对待每个学生，为他们提供平等的教育机会和资源。这将有助

于消除教育中的不公平现象,实现教育公平的目标。同时,法治教育还能培养学生的平等意识和公正精神,使他们在未来的学习和生活中能够秉持公平正义的原则行事。

总之,小学法治"大教学"的价值意蕴深远而广泛。它不仅关系到学生的个人成长和全面发展,更对社会的法治建设和长远发展具有重要意义。因此,我们应该高度重视小学法治"大教学"的开展,不断创新教育方式和方法,为学生的成长和社会的进步作出积极贡献。

第四章

小学法治"大教学"的课程设计

法治教育作为道德与法治学科的重要主题，对学生的成长发展发挥着不可替代的作用。教师首先要明确小学阶段法治教育的定位。法治教育在小学阶段的定位是着重普及宪法常识，让学生感知生活中的法、身边的法，培育学生的国家观念、规则意识、诚信观念和遵纪守法的行为习惯，是大众化的、普及性的法治教育。做好教材的衔接研究，以"大教学"创设大课堂、大师资、大平台，以系统的思维统筹教学全资源、全过程、全方位，更有利于法治课堂教学的有效开展。

从 2024 年秋季学期起，义务教育小学、初中国家课程各科目起始年级使用新教材，三年之内完成新旧教材替换。此前，义务教育教科书道德与法治是基于《义务教育品德与生活课程标准（2011 年版）》与《义务教育品德与社会课程标准（2011 年版）》编写的，《义务教育道德与法治课程标准（2022 年版）》对教育目标、教育内容和教学方式提出了新要求，因此需要新教材。从整体上看，新教材编写的逻辑结构没有大的变化，以"成长中的我"为原点，将学生不断扩大的生活与交往范围作为课程构建的基础，依据我与自身，我与自然、家庭、他人、社会，我与国家、人类文明的逻辑关系来编写教材。从目前更换的新教材来看，教学内容有不少变化：突出了学科核心素养导向，注意培养学生思维品质，关注社会实践，进一步调整知识结构，进一步增加了教材的容量，既体现了对旧教材的传承，又有所创新。

而在法治教育板块，《义务教育道德与法治课程标准（2022 年版）》明确指出，小学阶段从了解校园规则、社会规则逐步过渡到知道常见法律的作用，感受宪法的重要性等。初中阶段需要了解宪法及常见法律的本质及作用，理解法治的本质，开始涉及法的价值层面。高中思想政治学科核心素养包括政治认同、科学精神、法治意识和公共参与，其中法治意识强调尊法、学法、守法、用法，自觉参加社会主义法治国家建设。义务教育阶段道德与法治课的法治教育内容在分散嵌入相关专题的同时，又以法治专册的方式呈现。高中思想政治的法治教育内容既有专题呈现，也有多册融合的特点。随着学段的提升，法治教育的内容逐渐增多，涉及的范围更加广泛。小学低年级围绕小学生的身份认知、游戏规则和班级规则的感知等；小学中、高年级涉及班级规则的制定和修改，以及社区公共生活、网络生活、购物等社会生活及国家层面的环境保护等。初中阶段虽然也是从家庭生活、校园生活过渡到社会生活、国家生活，但在小学阶段，诚信、孝亲敬长、节约粮食、环境保护等内容大多只在道德层面探讨。六年级下学期及初中阶段，在此基础之上增加法治视角，对每个公民而言，这些行为既是道德规范又是法定义务。[①] 修订后的新教材，主题设计的深刻变革是一大亮点，告别了单一聚焦于个人生活的视角，转而拥抱更加广阔的生活画卷，这也刚好与笔者提倡的小学法治"大教学"理念所追求的"立意广、范围大、视野阔"相吻合，为学生的法治学习打开了一扇通往未来的大门，让法治的种子更好地在他们心中生根发芽，茁壮成长。

小学一至六年级法治教育起步于规则教育，着力于社会生活中常见、常用的规则和法律常识教育，逐步提升到宪法和国家法治理念、意识教育，强调学法、知法、懂法、守法、尊法初步教育。在运用"大教学"理念进行小学法治教育教学设计时，要在确保内容符合学生的年龄特点和认知水平的前提下，适时引入社会法治资源与专业法治师资（如律师、法官、司法所工作人员、法治副校长等），既能补齐现在小学法治教师专业化薄弱、法治知识不全面、重知识轻实践等短板，又能有效地传达法治精神和价值观。

根据学段的不同，小学道德与法治教材中的法治教育内容设置也不一样。日常生活中的法律常识、法治常识教育在小学低年级至高年级的呈现，表现为与专题课相结合、交错布局的特点；小学六年级设置法治教育专册，专册的内容聚焦宪法教育。根据教材的编写特点，可以按法治主题内容把小学的法治教育大体分为三种情形。

一是前法治教育阶段：小学一、二年级，规则教育是法治教育的基础，是小学中低年段法治教育的内容主体。

二是融合法治教育阶段：小学三至五年级，从三年级开始，教材聚集儿童的生活与成长，开始出示法律条文，并将其融合到各主题教育之中，从而使教材的"教育律"与"内容律"有机融合。

三是集中法治教育阶段：从小学六年级开始为集中法治教育阶段，直接对学生进行法治教育，体现为将道德与法治六年级上册设置为法治教育专册。

本章将根据上述三种情形，按"前法治教育阶段""融合法治教育阶段""集中法治教育阶段"三大板块分享一些以"大教学"为统领的具体课程设计思路，力求在教学过程中贯彻一体化建设思路，从整体到部分、从全学段到任教学段把握教材和教学内容，

[①] 中华人民共和国教育部. 义务教育道德与法治课程标准（2022年版）[M]. 北京：北京师范大学出版社，2022.

找到中小学法治教育在教材中的衔接点，对提升法治教育教学的质量和水平有重要价值。

第一节　前法治教育阶段：课堂内外与生活交融

在小学 1~2 年级，法治教育主要侧重于规则养成，帮助学生初步建立国家、国籍、公民的概念，了解基本的法律常识和生活中的规则。这一阶段的教育内容包括认知国家象征及标志，初步建立对家庭关系的法律认识，了解消防安全知识和基本交通规则等（表 4-1），我们且将这一阶段称为"前法治教育阶段"。

表 4-1　《义务教育道德与法治课程标准（2022 年版）》关于 1~2 年级法治教育的内容要求

学习主题	内容要求	教学提示
法治教育	知道学校生活有规则，树立规则意识 讲信用，守约定，承诺的事情要做到 懂得爱护国旗、国徽，知道法律不允许毁损、涂划国旗、国徽	了解《中小学生守则》，知道学校规则的由来，懂得遵守规则的重要性，自觉遵守校园规则 开展"诚实守信"故事会活动，懂得做人要讲信用，不失信于人 观看升旗仪式，了解悬挂国旗、国徽，奏唱国歌的有关规定

一、低年段的法治教育要体现幼小过渡与衔接

《义务教育道德与法治课程标准（2022 年版）》加强了学段衔接，注重幼小衔接，基于对学生在健康、语言、社会、科学、艺术领域发展水平的评估，合理设计小学一至六年级课程，注重活动化、游戏化、生活化的学习设计。一、二年级的小学生处在从幼儿期转入学龄期过渡的时期，从幼儿园的保育式教育转向小学的正规学习，孩子们需要适应幼小过渡一系列新的挑战和变化，这一转变不仅体现在生活、学习的环境上，更在心理、行为和学习方式等多方面发生了显著变化。

1. 学习环境的变化

幼儿园通常以游戏和活动为主，环境布置温馨、色彩丰富，充满童趣。而小学则更

加注重学习氛围的营造，教室布置更加简洁、有序，桌椅排列更为规整，孩子们需要适应这种更为严肃和专注的学习环境。

2. 作息时间的调整

幼儿园通常没有严格的上下课时间，活动安排相对灵活。进入小学后，孩子们需要严格遵守学校的作息时间，包括上下学时间、课间休息时间、午餐时间等，这对他们的时间管理能力提出了新的要求。

3. 学习方式的转变

幼儿园的学习多以游戏、故事、音乐、美术等形式进行，注重培养孩子的兴趣和感知能力。小学则开始系统学习各科知识，如语文、数学、英语等，需要孩子们具备一定的集中注意力能力和逻辑思维能力，同时也需要掌握一定的学习方法，如预习、复习、做笔记等。

4. 社交关系的重构

在幼儿园，孩子们通常与熟悉的老师和同学相处，社交圈子相对较小且固定。进入小学后，孩子们会接触到更多的新同学和老师，需要学会与新朋友建立关系，处理人际关系中的冲突与合作，这对他们的社交能力提出了更高的要求。

5. 自我管理的提升

在幼儿园，孩子们的生活和学习多由老师和家长协助完成。而在小学，孩子们需要逐渐学会自己整理书包、管理学习用品、独立完成作业等，这要求他们具备更强的自我管理能力。

小学1~2年级学生的年龄、心理和知识水平决定了这一阶段法治教育的形式与方法，需要教师更多地关注孩子的情绪变化，及时与他们沟通，了解他们的困难和需求，并给予必要的帮助和鼓励。引导孩子制订学习计划，合理安排时间，培养预习、复习和做笔记的习惯，通过日常生活中的小事，如整理房间、收拾书包等，锻炼孩子的自我管理能力。用心鼓励孩子参加集体活动、与不同性格的同学交往，学会分享、合作和解决问题，并与家长保持密切沟通、联系，共同关注孩子的成长，及时发现并解决问题，帮助学生尽快适应小学的学习与生活。

二、低年段的法治教育教学设计要源于生活、高于生活

对一、二年级的学生而言，由于年龄小，其语言表达能力和抽象思维能力都很有限，因此活动设计对他们的道德与法治的发展起着重要的作用。根据学生的实际情况，小学道德与法治教材的设计有不少帮助学生适应校园新生活的主题教育内容，并针对这一阶段学生在发展中存在的突出现实问题，如习惯的养成、规则的概念等精心设置教学环节，利用"活动栏""辨析栏""绘本故事"等引导学生在生活中学习、在活动中领悟、向榜样学习，以此引导学生养成良好的生活习惯和学习习惯，初步培养遵守规则的意识。这一阶段的法治教育具有具象化、活动化、生活化等特征，教师在课堂中引导学生回忆整理已有的生活经验，通过现场的活动体验（如游戏、表演、制作、律动等）用心体会内在的道德意蕴与法治情感，可以说是源于生活又高于生活。以下是一些具体的教学策略。

（一）以简单的生活日常实例，直观感受法治教育

小学低阶段的法治教育侧重于习惯养成教育，法治教育更加贴近生活，从学生生活实例引入，使用贴近学生日常生活的法治小故事或案例，如交通规则、校园安全等，帮助学生初步理解法治的概念。组织简单的实践活动，如校园垃圾分类、文明用餐等，这样的生活实例贴近学生的校园生活，能够让他们更加直观地理解法治的概念，并在日常生活中自觉践行法治精神。

（二）发挥榜样引领作用，在模仿生活角色中体验法治

低年级学生的特点是处在形象思维阶段，模仿力强，但逻辑思维能力较差，对于这个年龄阶段的孩子，采取空洞说教的教育方式效果是不佳的，而榜样的作用显得尤为突出。除了社会上的英雄、名人等榜样，在班级生活中每个学生接触最多的就是自己的老师和同伴，因此班级中师生、同伴之间的相互影响对学生习惯的养成作用也是不容忽视的。低年级孩子内心深处都有强烈的表现欲，受表扬的学生会得到更多同伴的亲近和羡慕，从而使更多的学生受到正面的影响，达到以点带面的教育效果。我们可以充分利用低年段学生的向师性、慕强性的心理特点，在模仿生活角色中体验规则，培养规则意识。如在学《大家一起排好队》，可以出示一段军人在过马路、出勤排队的视频，再出示高年级哥哥姐姐们出操、春游的图片，感受不同社会角色排队的井然秩序，然后再设计模

拟场景如过马路、购物等，让学生在模仿生活角色中体验规则的"利己""利他"与"互惠"，从中感悟在不同情境中遵守规则的重要性。

（三）利用儿歌与绘本阅读，从趣味学习中启蒙法治情感

绘本故事中，图画作为重要的叙事要素，不仅直观展示着故事发生的时间和地点，也可以简明地烘托故事气氛，表现人物的活动与感受及故事发展逻辑等，因此绘本成为近些年来深受中国儿童甚至成人喜欢的图文结合的叙事文体。小学低年段的道德与法治教材就有不少图文兼备、以图为叙事主体的绘本，可以降低识字量有限的小学低年段学生阅读理解的难度，适合他们学习。在"大教学"中，教师利用朗朗上口的儿歌和有趣的绘本，激发学生对法治学习的兴趣，创设生活情境与学习小任务，将规则还原成以儿童为主体的兴趣和需要，激发儿童对规则的认识并加深对规则的记忆，使他们感受到对规则的内在需要并体验到满足的快乐。

三、低年段的法治教育教学设计要注重法治知识与行为实践相结合

儿童只有体验到规则或纪律给自己带来乐趣并觉得它们对自己有用时，才能将规则与纪律视为自己的内在需要。当规则成为儿童的需要时，一切外在的纪律控制就纯属多余了。

《义务教育道德与法治课程标准（2022年版）》出台两年，依据其编写的新教材于2024年秋季开始在初始年级使用。新修订的教材一方面注意学生思维品质的培养，另一方面，注重学生的实际行动，实践性更为明显。在低年段（如小学1~2年级）进行法治教育教学设计时，需要特别注重将法治知识与学生的日常生活行为紧密结合，以增强学生的法治意识，培养其成为遵守法律、尊重规则的公民。在实际教学中，可以引导不同年龄段的学生，通过讨论，共同制订公共场所的排队、游戏等规则，然后在实际行动中体验规则。通过学生采访学校负责保洁工作的人员，以图文的形式制订值日班级公约，落实值日生的具体责任，或通过组织管理员整理图书，学会爱护图书等。如果在实践中有违反规则的情况出现，那么就按大家共同约定的方式来处理，引导学生遵守共同的约定。通过行为实践，学生的法治（规则）知识能够落地，并在一次又一次的实践中提高了遵守规则的能力，为中高年级的规则及宪法知识的学习打下良好基础。

下面以人民教育出版社出版的《义务教育教科书　道德与法治　二年级　下册》第

二单元"我们好好玩"第5课《健康游戏我常玩》第一课时为例，感受低年段法治教育的特点。

课例

《健康游戏我常玩》 教学设计

广州市越秀区东山培正小学 罗笑

一、教材分析

《健康游戏我常玩》是人民教育出版社出版的《义务教育教科书 道德与法治 二年级 下册》第二单元"我们好好玩"第5课《健康游戏我常玩》的第一课时。本课三个主题分别有不同的教学侧重点。"什么游戏我常玩"旨在引导学生调动生活经验，交流常玩的游戏有哪些；"游戏诊断会"，承接上文，旨在引导学生对自己及小伙伴常玩的游戏进行反思与辨析，明确哪些游戏是有益健康的，哪些是不利于身心健康的。"选个游戏玩一玩"是本课的实践环节，旨在通过实践，加深学生对前面所学内容的体会。教师不仅要让学生知道哪些游戏是健康的，而且还要让他们能够基于不同的游戏环境和条件，合理地、有节制地选择与开展适合自己玩耍的游戏。在游戏时，做到不伤己、不伤人、守规则、健身心。

二、设计理念

道德与法治课程以"成长中的我"为原点，将学生不断扩大的生活和交往范围作为建构课程的基础。健康、安全是儿童生活的前提和基础，课程设计旨在使儿童从小知道珍爱生命，养成良好的生活习惯，获得基本的健康意识和生活能力，初步了解环境与人的生存之间的关系，为其一生身心健康的发展打下基础。本课教学设计遵循学生身心发展特点和成长规律，突出问题导向，以社会发展和学生生活为基础，立足于发展学生核心素养创设情境，从活动中引导学生学习和掌握道德与规则，增进对道德与规则的体验，提升生命安全与健康教育意识，增强教学内容的针对性和现实性，初步培养学生基本的规则意识和安全意识。

三、学情分析

爱玩游戏是儿童的天性，二年级学生的自控能力、判断能力都处于正在发展的阶段。

他们对许多游戏的性质缺少正确认识,但在玩游戏的时候常常会忘乎所以,不能判断哪些游戏是健康的,哪些游戏适合在什么时间玩、玩多长时间等,需要家长和教师不断指导、提醒与敦促。学习这一课,有助于学生分辨游戏的利弊,并根据时间、场地、伙伴等情况来选择健康游戏,帮助学生在按规则进行健康游戏的过程中获得成长。

四、教学目标

(1) 能根据自己的情况及游戏环境、小伙伴的游戏水平等具体情况,选择合适的游戏,从而玩得健康、有益、开心。

(2) 学习辨别有益于健康的游戏,初步培养基本的规则意识和安全意识。

五、教学重难点

教学重点:学会选择健康、合适的游戏,激发乐于参与有意义的游戏活动的情感,培养热爱生活、健康生活的积极态度。

教学难点:学会根据自己的情况选择合适的游戏,辨别什么样的环境适合什么样的游戏,初步培养基本的规则意识和安全意识。

六、教学过程

教学环节	教师活动	学生活动	设计意图
(一) 导入新课	1. 导语:同学们,今天老师带来了两位小朋友和我们一起学习,他们就是培正红宝和蓝宝,我们来和他们打个招呼吧。(课件出示:红宝和蓝宝)红宝和蓝宝特别喜欢玩游戏,让我们去看看他们和小伙伴们在玩什么呢 2. 出示任务:观看弹弹珠、滚铁环、斗鸡、跳房子、编花篮的视频 3. 小结:跳房子是我们常玩的一个游戏,我们班的小朋友也喜欢玩游戏,今天我们就来聊一聊大家常玩的游戏。请大家齐读课题(板书:健康游戏我常玩)	1. 看一看:播放PPT,勾起自己开心的回忆 2. 想一想:他们正在玩什么 3. 说一说:他们玩得怎么样?你从哪里看出来的	创设情景:回忆开心、有趣的游戏,引出本课的主题

续上表

教学环节	教师活动	学生活动	设计意图
（二）游戏盘点	1. 师：红宝、蓝宝和小伙伴玩的游戏可多了，不信咱们去看看吧。（出示教材中第18页的四幅图）出示任务：观察图片，说说他们在玩什么 2. 反馈指导：你玩过这些游戏吗？选择一个说说你是怎么玩的 3. 师：这么多游戏，我们有的玩过，有的没玩过，我们做个游戏大宝库。出示任务：让学生小组合作，分三个范围（<u>家里的、学校的、社区及户外的</u>）制作游戏大宝库 4. 这么多游戏，是不是都有利于我们的身心健康呢	1. 观看图片，并汇报（你玩过这<u>些</u>游戏吗？选择一个说说你是怎么玩的） 2. 小组合作，在卡片纸上写出游戏的名字。选出一名代表向全班同学介绍游戏大宝库 3. 班级交流：每组派一名代表向全班同学汇报	在活动交流中，让孩子从户外和室内，或者益智、趣味、刺激的游戏中，自由地表达，旨在引导学生从不同的角度说出个人的分析与评论
（三）游戏诊断	教师创设大情境 1. <u>第一层</u>：家里个人游戏。小明是个不折不扣的"小网虫"，自从家里买了电脑，他几乎天天都要到网上漫游一番。可是有一天，他不小心点开一个页面，屏幕上出现了非常可怕的画面，他被吓哭了 教师小结：个人游戏注意事项，指引学生玩健康的游戏（归纳游戏宝库中适合个人玩的游戏） 2. <u>第二层</u>：播放校内视频。在厕所前奔跑（公共场所注意安全，遵守《中小学生守则》，渗透规则教育） 教师小结：说明校内游戏注意事项，指出哪些是健康游戏（归纳游戏宝库中适合在校内玩的游戏） 3. <u>第三层</u>：户外游戏。展示图片（在马路上踢足球、在健身器材区玩耍等） 教师小结：社区和户外游戏注意事项，要遵守相关的规则和法规，指出哪些是健康游戏（归纳游戏宝库中适合在学校户外玩的游戏） 情景一，玩游戏要根据自己的身体状况等，选择适当的时间、地点	1. 想一想第19页的四类游戏图片下方的问题 2. 学生分小组讨论，结合《中小学生守则》和校规相关内容，发表自己的见解 3. 观看网络警察叔叔小微课	诊断会承接上文，引导学生反思与辨析自己与小伙伴常玩的游戏（运动类、益智类、创意类） 邀请网络警察叔叔建立"大师资"，开展"大教学"

续上表

教学环节	教师活动	学生活动	设计意图
（三）游戏诊断	情景二，玩电脑游戏要适度，要注意自我保护，不健康的网站不能上 4. 观看网络警察叔叔小微课 5. 小结：玩游戏也要遵守法律和规则的规定，我们要根据具体的情况选择适当的游戏，玩耍要适度，要注意安全，懂得自我保护，这样的游戏才对健康有益 6. 辨一辨：下面的小朋友做到健康游戏我常玩了吗？ （1）学生表演情景； （2）出示图片，学生抢答		
（四）游戏齐玩	1. 广东经常下雨，下课后同学们因为大雨无法在外面玩耍，我们设计一些健康安全又适合雨天在室内玩的游戏 2. 出示要求：教师带学生读，明白要求 3. 学生汇报，教师指导提升，在玩中选出最佳游戏：麻鹰捉小鸡，并播放广东音乐。教师查看，指导同学们遵守游戏规则（使用剪刀石头布） 4. 分小组玩游戏，汇报感受：遵守规则，玩健康安全的游戏才更开心	1. 分小组设计游戏，遵守规则开展游戏 2. 汇报设计的游戏，选择出最健康、好玩、安全的游戏 3. 玩一玩	二年级学生的自控能力、判断能力都处于不断发展的阶段，从实际出发，把健康游戏的意识推向一个高潮，做课堂延伸
（五）小结	1. 小结：游戏是同学们学习之余必不可少的一项活动，能给我们带来许多快乐。玩健康的游戏，遵守规则、注意安全，利于我们健康成长 2. 课后实践：下课后，请同学们把今天课堂设计的游戏玩一玩	1. 与红宝和蓝宝齐唱《健康歌》 2. 下课后把今天课堂设计的游戏玩一玩	回归主题：把健康游戏真正贯彻到生活中

七、板书设计

健康游戏我常玩

家里

有益身心　　　学校

（规则、健康、安全）　　社区、户外

评析

《义务教育道德与法治课程标准（2022年版）》指出："道德与法治课程立足于发展学生核心素养，以引导学生学习和掌握道德与法律的基本规范，提升思想政治素质、道德修养、法治素养和人格修养为主旨，坚持学科逻辑与生活逻辑相统一，主题学习与学生生活相结合。"从学生实际出发，将学生的生活作为课程建设与实施的基础；注重与社会实践的联系，引导学生自主参与丰富多样的活动，在认识、体验与践行的过程中促进正确思想观念和良好道德品质的形成。因此，教师要通过各种途径引导学生参与丰富多样的学校活动，尽可能多地参与学校公共生活，通过社会实践了解社会，凸显道德与法治课程的实践性。而道德与法治的观念就蕴含在日常的每一件小事中，与每个人都息息相关。

1. 以人为本，凸显课程对成长中的人的关怀

法治观念包括生命安全意识和自我保护能力，让学生了解和识别可能危害自身安全的行为，具备自我保护意识，掌握基本的自我保护方法，预防和远离伤害。大多数游戏规则是可接受性规则，即为儿童可以理解的规则，注重兴趣与体验。在教学中，教师通过示范游戏导入新课，以学生课间常玩的游戏的视频为切入点，引导学生分享游戏的有趣体验，并将游戏穿插在课堂教学中，活跃了课堂气氛，激发了学生参与活动的热情。同时，教师通过提问深化学生的游戏体验，让学生更深入地了解这些游戏的特点、规则与安全要求，引导学生发现游戏与自身成长的内在关系，为之后的"游戏诊断会"环节做铺垫。接下来，从学生的情感偏好出发，先讨论各类游戏的优点，再深入讨论健康游戏的标准，进而上升到遵守游戏规则，问题设计有层次、有梯度，活动类型也适合二年级学生。

2. 注重参与，助力学生适应学校公共生活

校园氛围和谐，学校教育的价值才能得到彰显。思政课教师应带头致力于学校公共生活的构建。在本课例中，教师以学生学习为中心，以游戏为载体，在大活动情境中激发学生的参与热情，创设"回忆生活—盘点游戏—辨析游戏—明理践行"等教学环节，通过现场的活动体验（如游戏、表演、制作、律动等），激发学生的道德意识与法治情感，引导学生培养责任意识和规则意识，共同维护学校的良好秩序与氛围。

3. 开展大教学，调动多层面的教育资源

"水常无华，相荡成涟漪；石本无火，相激而发灵光。"一方面，法治教师的专业素养是培养学生法治素养的先决条件，是法治教师专业发展的基本要求，直接影响法治教育在课堂的转化效率。大部分的小学法治教师缺乏法学专业背景，其法治知识、法治精神及法治实践经验等方面难以满足法治教育对小学法治教师的教学现实需要。[①] 另一方面，一、二年级学生的自控能力、判断能力都处于不断发展的阶段，个人自我意识较强，规则、法治意识很薄弱。课例中，教师从实际出发，以"大教学"的理念把健康游戏延伸到课外，创设多样化的活动情境，并在教学过程中邀请网络警察叔叔讲授网络游戏的法律法规知识。开展"大教学"，打破专业与非专业之间的教学资源壁垒，让法治小课堂与社会大课堂有效链接，课堂活动规则认知与课后游戏实践相贯通，调动多层面的教育资源。

第二节 融合法治教育阶段：道法结合与内生外显

在小学 3~5 年级，学生的公共生活空间在不断拓展，按照学生认知发展的规律，根据学生的认知水平和年龄特征，采用分散教育为主的方式落实法治教育，以纪律、规则为主要内容，帮助学生在高年段初步建立国家、国籍、公民的概念做前期的学习准备。这一阶段的教育内容包括：了解制定规则要遵循一定的程序，树立参与意识和规则意识，积极参与民主管理，在集体生活中平等待人；了解道路交通、环境保护、消防安全、消费者权益保护和食品安全等生活中常用的法律，知道法律能够保护我们的生活，初步学会运用法律维护自己的合法权益；初步了解国家统一和民族团结的重要性，树立维护国家统一和民族团结的意识（表 4-2）。我们将这一阶段称为"融合法治教育阶段"。

[①] 李梦，李畅，徐治. 中小学开展法治教育的意义、困境与对策 [J]. 中国德育，2023（4）：27-31.

表4-2 《义务教育道德与法治课程标准（2022年版）》关于3～5年级法治教育的内容要求

学习主题	内容要求	教学提示
法治教育	了解制定规则要遵循一定的程序，树立参与意识和规则意识 知道法律能够保护我们的生活，了解道路交通、环境保护、消防安全等生活中常用的法律 树立民主、平等观念，积极参与民主管理，在集体生活中平等待人 初步了解国家统一和民族团结的重要性，树立维护国家统一和民族团结的意识 认识民主、自由、平等、公正对社会生活的意义，初步具备民主参与、责任担当意识 了解消费者权益保护、食品安全等法律常识，初步学会运用法律维护自己的合法权益	结合公共生活中制定规则的事例，感知制定规则需要遵循一定的程序，也可以小组、班级活动的形式，模拟制定规则的流程 利用全国中小学生安全教育日、全国消防日、全国交通安全日等，开展走进消防队、警营等社会实践活动，请法治副校长讲课，普及有关生命安全、交通安全、消防安全等生活中常用的法律知识 通过学校和班级等集体生活，体会民主、平等在学校生活中的意义；分析班级民主参与和管理的现状，提出建议 结合国情教育主题中有关国家领土内容的学习，了解宪法中有关国家统一和民族团结的规定 通过实例观察民主、平等在学校生活中的表现，体会公共参与在社会生活中的重要性，在参与集体生活中承担责任 结合身边发生的消费者权益被侵害和食品安全方面的案例，了解消费者的权益和食品安全规定，知道合法权益受损后应如何维权

一、以"大教学"将法治教育与德育活动相结合

法治教育与道德教育相融合，即把法律的约束力量、底线意识与道德教育的感化力量、提升精神紧密结合，简称"道法结合"。法治与道德有相通的一面，道德与法治课程可以利用这一相通性，运用"大教学"的理念将道德教育与法治教育很好地结合起来，通过内化道德观念和外显法治行为，共同促进学生的全面发展。

中国古代社会一直重视道德的教化作用，并将刑罚作为道德教化的辅助手段，在道德教化不能发挥作用的时候才采取刑罚，使道德与法律并重成为调整社会的规范。中国古代思想家们经过长期的思考与实践，选择了以德法同治、德主刑辅的方式进行社会治理，从而形成了独具特色的传统法律文化。虽然，在一定意义上，法律的国家特征和强制性使法律具有一定的权威，对社会有震慑作用，但其真正的权威和有效性还是来自法律的影响，这恰恰是道德的内在约束作用。法律只是作为硬性的外在调节方式来发挥作

用,而道德则是内在的调节方式,重视道德的调节作用能够使社会形成良好的人际关系,减少内耗,也能更好地促进中国式现代化法治社会的建设。迈入新时代,中国古代社会"德法兼治"的社会治理模式仍然值得我们传承与发展,法治中国要建设好必须坚持依法治国和以德治国相结合,使法治和德治在国家治理中相互补充、相互促进、相得益彰,推进国家治理体系和治理能力现代化。坚持依法治国和以德治国相结合,就要发挥道德的教化作用,提高全社会文明程度,为全面依法治国创造良好的人文环境。要在道德教育中突出法治内涵,注重培育人们的法律信仰、法治观念、规则意识,引导人们自觉履行法定义务、社会责任、家庭责任,营造全社会都讲法治、守法治的文化环境。①

儿童法治教育的开展绝不能仅仅限于课堂教学。涂尔干曾指出,"我们不能如此僵硬地把道德教育范围局限于教室中的课时:它不是某时某刻的事情,而是每时每刻的事情"。比如,道德与法治三年级上册第10课《爱心传递者》,举办义卖活动是"大教学"模式的一大亮点,科学设置项目,让学生参与调查市场需要、设计广告、合理定价、把关商品食品的数量与质量、诚信交易、不做虚假宣传、假币的处理等实践活动,让学生的契约精神、规则意识得到培养,让学生将商品经济知识和法律知识等进行有机的融合,并运用创新方法进行创造性的思考,实现法治理论与法治实践结合、知信行统一,使道法结合,内生外显,实现跨越课本、跨越课堂、跨越学科的学习,培养学生的思维品质和关键能力。

二、立足中华优秀传统文化,为法治教育提供文化支持

党的二十大报告指出,加快建设法治社会的具体路径在于"弘扬社会主义法治精神,传承中华优秀传统法律文化,引导全体人民做社会主义法治的忠实崇尚者、自觉遵守者、坚定捍卫者"。青年兴则国家兴,青年强则国家强。弘扬社会主义法治精神,传承中华优秀传统法律文化理应成为对青少年进行宪法法治教育的重要内容。② 小学道德与法治教材中有不少中华优秀传统文化的课文,其中五年级上册第四单元为中华优秀传统文化教育主题单元,集中对学生进行文化认同教育。这些课文通过故事、活动和讨论等形式,引

---

① 黑静洁. 青少年法治教育培训读本［M］. 北京:中国政法大学出版社,2019:52.
② 贾德忠. 学习贯彻党的二十大精神 努力开创青少年宪法法治教育的新局面［J］. 青少年法治教育,2023(1):2-5.

领学生在对中华优秀传统文化的了解与体悟中涵养德性,感受中华民族的文化魅力,增强文化自信,不仅让学生了解中华优秀传统文化的核心思想,还通过具体事例和实践活动,引导学生深入理解和体会中华优秀传统文化的精神内涵,从而培养学生的文化认同感和家国情怀(表4-3)。

表4-3 小学1~6年级涉及中华优秀传统文化的课文

年级	课文
一年级	《大家一起过春节》
二年级	《团团圆圆过中秋》
三年级	《请到我的家乡来》
四年级	《我们当地的风俗》 《多姿多彩的民间艺术》
五年级	《中华民族一家亲》 《美丽文字　文化瑰宝》 《古代科技　耀我中华》 《传统美德　源远流长》 《弘扬优秀家风》
六年级	《探访古代文明》

教师遵循"大教学"的理念,着力推动法治教育与中华优秀传统文化相结合,以丰富的活动带领学生学习中华优秀传统文化中民为邦本的民本主义、礼法结合的礼治文化、德法互补的治国要略、法情允协的司法原则、天人合一的和谐观念、良法善治的法治追求等精髓,在各类活动中挖掘中华优秀传统法律文化的精神与内涵,推动中华优秀传统法律文化在青少年宪法法治教育中创造性转化。如组织学生开展主题活动演讲比赛,以新时代新儿童的视角讲述"不以规矩,不成方圆""立善法于天下,则天下治;立善法于一国,则一国治"等丰富的中华优秀传统法律文化内容;参加全国"学宪法讲宪法"活动、演讲比赛和知识竞赛;走进各地的法治教育实践示范基地……

三、加强法治教育一体化建设,形成育人合力

(一)加强法治教育与其他课程的同向而行

法治教育不应仅限于法治知识的传授,而应与其他学科课程如语文、班队活动、音

乐、综合实践等进行整合，从多角度、多维度解析法律现象和法治精神。在"大教学"的理念下，深入挖掘小学各类课程和教学内容中蕴含的法治教育资源，把法治教育融入每门课程，实现法治教育与其他课程的同向而行，最大限度发挥其育人功能，形成协同效应，着力提升现代公民的综合素养。

（二）积极探索思政社会大课堂大教学的策略

"大教学"模式让法治教育贯穿整个学习过程，以创新的理念丰富思政课堂教学的内涵，从学校顶层开展规划，把立德树人与学校文化相互融合，与"社会大课堂"和"网络云课堂"相链接，让小学法治教学不仅仅局限于课堂、课本的法治常识学习，还把教学延伸到法治生活、个人道德、社会公德以及更广泛的法治文明、政治文明、社会文明等领域，以实践来联系课本，以"大教学"使学生始终处在思政社会大课堂来进行法治学习，突出思政课与社会相应、与时代相融，更有利于探索、推进"大思政课"的方略。

（三）以大师资互补协作打造教育共同体

道德教育和法治教育不仅要在学校中进行，还要延伸到家庭和社会，学校应积极整合社会资源、家庭资源，邀请法律专家建立"大师资"，进校园开展法治讲座、模拟法庭等活动，并组织宪法宣传日、社区法律咨询、采访法院工作人员、参观各级法院的少年庭等司法体验活动与社会法治实践活动，以"大教学"延伸法治学习的时间和空间，学生亲身感受法律的权威与公正，丰富学生的法治学习体验，从而激发学生对法律学习的兴趣和积极性。家庭作为道德教育的第一课堂，家长也应注重培养孩子的道德品质和法治意识，如家长营造积极健康的家庭氛围，以身作则，遵守法律、尊重法律、维护法律，引导孩子形成良好的行为习惯和品格，如诚实守信、尊重他人、爱护公物等，这些习惯与品格是法治精神的重要组成部分。可见，打造学校、家庭和社会的法治教育共体，通过有效的沟通、尊重差异、联合制定教育目标、互补协作、营造积极健康法治教育氛围，建立多元化的评价体系，可以内生外显，共同促进孩子的法治素养发展，增加法治实践能力，为社会的和谐稳定作出积极贡献。

第三节　集中法治教育阶段：法理结合与发展思维

六年级是小学的高年级段，延续小学低、中年级段，与初中阶段相衔接。本学段学生的生活范围不断扩大，具备一定的道德是非判断能力。六年级道德与法治课程中的法治教育与前五年的法治分散教育的方式不同，学生将学习法治专册教材，教材以"知识生活化、道德法治相融合"为出发点，通过简洁易懂的语言将宪法的根本法地位、公民的基本权利义务、国家公权力的来源及行使等基础法律问题（表4-4）循序渐进地讲述出来，帮助学生切实感受生活中的法律，认知必要的法律规范，了解法律在保护未成年人健康成长过程中发挥的作用，有利于学生层层渐进地理解，使其在初学法律阶段便形成体系化认知。[①]

这一阶段，教材开始直接明示相关法律条文，逐步引导学生了解宪法的根本法地位以及法律维护生活秩序的作用，教育内容更加丰富，涵盖了家庭生活、学校生活、社会生活等多个方面，以生动案例的形式进行法制启蒙教育，树立学生的法律意识，养成遵纪守法的行为习惯。这一阶段的教育内容更加系统化和深入，重点介绍未成年人保护法，让学生掌握正确维权的方法。通过这些课程，学生能够初步树立法治意识，养成自觉守法、遇事找法、解决问题靠法的思维习惯和行为方式。我们可把这一阶段称为"集中法治教育阶段"。

[①] 人民教育出版社课程教材研究所，小学德育课程教材研究开发中心. 义务教育教科书　教师教学用书　道德与法治　六年级　上册［M］. 北京：人民教育出版社，2022.

表4-4 《义务教育道德与法治课程标准（2022年版）》关于6年级法治教育的内容要求

学习主题	内容要求	教学提示
法治教育	初步认识法律的概念及特征，感受法律对个人生活和公共生活的重要性，养成自觉守法、遇事找法、解决问题靠法的思维习惯和行为方式 初步了解宪法的主要内容，知道宪法是国家根本法、社会主义制度是中华人民共和国的根本制度 认识公民的内涵，了解公民的权利和义务，树立法律面前人人平等的观念 认识民主、自由、平等、公正对社会生活的意义，初步具备民主参与、责任担当意识 了解未成年人的权利，增强自我保护的意识；学会自我保护 认识未成年人不良行为的危害，知道违法要承担法律责任，自觉抵制不良行为，主动预防未成年人犯罪，初步了解危害国家安全特别是社会安全的行为及防范措施	结合身边的案例，感受良好的社会秩序既需要道德的滋养，也需要法律的规范；讨论我们为什么需要法律，法律对我们意味着什么，在生活中怎样做到遵纪守法，怎样借助法律解决问题 结合"12·4"国家宪法日，组织学宪法、讲宪法等活动 结合真实案例，了解公民的权利和义务；通过角色扮演，学习行使公民权利、履行公民义务的方式和途径 通过实例观察民主、平等在学校生活中的表现，体会公共参与在社会生活中的重要性，在参与集体生活中承担责任 结合身边的案例，学习法律知识，掌握运用法律维护自身合法权益的途径。结合《中华人民共和国未成年人保护法》及相关案例，了解未成年人的家庭保护、学校保护、社会保护、网络保护等相关规定 结合《中华人民共和国预防未成年人犯罪法》分析未成年人违法犯罪案例，认识违法犯罪的特点、危害和法律后果，培育和提高防范遭受侵害的意识和能力 通过典型案例，认识社会安全对于国家安全的重要性，了解维护社会安全的意义，初步掌握维护社会安全的技能

六年级的法治专册共有四个单元，分别是"我们的守护者""我们是公民""我们的国家机构""法律保护我们健康成长"。这四个单元以"我们和法律"为轨迹，是学生进行自主探索时逐步指向的问题域。主要涉及的法律有《中华人民共和国宪法》《中华人民共和国民法典》《中华人民共和国义务教育法》《中华人民共和国未成年人保护法》《中华人民共和国预防未成年人犯罪法》等。八年级下册的框架编排与小学法治专册基本相同，同样有四个单元，分别是"坚持宪法至上""理解权利义务""人民当家作主""崇尚法治精神"（表4-5）。

表4-5 六年级上册（法治专册）与八年级下册（法治专册）内容

六年级上册（法治专册）		八年级下册（法治专册）	
第一单元 我们的守护者	1. 感受生活中的法律 2. 宪法是根本法	第一单元 坚持宪法至上	1. 维护宪法权威 2. 保障宪法实施
第二单元 我们是公民	3. 公民意味着什么 4. 公民的基本权利和义务	第二单元 理解权利义务	3. 公民权利 4. 公民义务
第三单元 我们的国家机构	5. 国家机构有哪些 6. 人大代表为人民 7. 权力受到制约和监督	第三单元 人民当家作主	5. 我国基本制度 6. 我国国家机构
第四单元 法律保护我们健康成长	8. 我们受特殊保护 9. 知法守法 依法维权	第四单元 崇尚法治精神	7. 尊重自由平等 8. 维护公平正义

从表4-5可以看出，六年级和八年级的法治专册框架总体一致，都是以宪法为主要学习内容，以宪法精神为主线，突出国家意识和公民意识教育。相对来说，小学阶段的学习内容更加简明、概括，而中学阶段的学习内容更加细致全面，更能激发学生对法治的理性思考。小学法治专册是法治教育教学的基础，初中法治专册是对小学阶段学习内容的进一步深化和提升。

一、把法治语言变为"童言童语"

法治语言是法治教育的课堂基调，是开展法治教育的主要依据，是凸显法治教育功能的重要因素。在对小学生进行法治教育时，教师要注意平衡法治语言与学生日常用语两者之间的关系，既要体现法治精神、理念、原则，力求法律知识的准确性，又要充分考虑并体现学生的年龄特点，采用学生可以理解的语言开展法治教学，避免法治教育的生硬和僵化。[①]

《义务教育教科书 道德与法治 六年级 上册》中，出现频率最高的栏目是"活动园"，该栏目以丰富多样的形式承载了不同的活动，让教材内容的呈现更加灵活，更贴合该阶段学生的心理特征。出现频率第二高的是"知识窗"栏目（表4-6），该栏目在

---

① 李梦，李畅，徐治. 中小学开展法治教育的意义、困境与对策［J］. 中国德育，2023（4）：27-31.

必要的地方对知识做一定的总结和规整，帮助学生对不明晰或易曲解的知识建立更加清晰的认识，使得法治教育虽严肃严谨但不固态刻板。虽然"活动园""知识窗"等栏目的设置为学生的法治学习提供较好的学习支架，但宪法法治的专业词对小学生来说太生疏、难以理解，因而产生距离感，觉得法治难以亲近。

表4-6 《义务教育教科书 道德与法治 六年级 上册》教学栏目概况

教学栏目	设置情况
活动园	全书出现63次；以活动为主，包括情境分析、思考探究、观点辨析等，以连线、提问、填序号、判断等形式呈现
知识窗	全书出现17次；主要是对"活动园"所提问题的归纳、总结或对教材正文的补充说明
阅读角	全书出现13次；以例明理，通过历史故事、法律规定、名人语录及典型案例等形式，围绕当课主题拓展阅读
相关链接	全书出现6次；拓宽学生的知识面，也是常识教育的展示窗口，帮助学生了解与当课主题相关的法律常识
小贴士	全书出现3次；三处小贴士均与其前面的"活动园"内容相关，针对"活动园"贴出小提示

根本法
- 序言：总体说明国家从哪来、到哪去、如何去
- 总纲（32条）：规定国体、人民、民族、法治、经济、科教文、社会、国防等
- 公民基本权利与义务（23条）：公民、选举权、自由权、劳动权、受教育权及义务等
- 国家机构（8节84条）：全国人民代表大会、中华人民共和国主席、国务院、中央军事委员会、地方各级人民代表大会和地方各级人民政府、民族自治地方的自治机关、监察委员会、人民法院和人民检察院
- 国家象征与标志（3条）：国旗、国歌、国徽、首都

图4-1 小学生宪法学习通俗图

我们在尊重法律知识准确性的基础上，将"法言法语"转化为"童言童语"，用学生听得懂的、生动的语言讲述宪法法治的概念、条文，制作简洁、清晰的思维导图（图4-1），设计降低学生学习法治专册的"坡度"。例如，道德与法治六年级上册第二单元第三课《公民意味着什么》中，"公民"一词对于六年级学生来说较为陌生，因此教材

从不同肤色、不同国家的人着手,让学生思考如何理解不同国籍的人的身份。为了帮助学生进一步了解公民身份,又引入了《居民身份证》一课,引导学生仔细观察这一生活中的常见物品,进而思考:居民身份证上有哪些信息?居民身份证上的专属数字都有什么含义?教师在教学中用通俗易懂的语言来讲解,将情境和问题的设置贴合学生的生活实际,将"法言法语"转化为"童言童语",既符合学生当前的心理认知,又不过分强化知识的理解和运用;既保护了学生的学习兴趣,又体现了法治教育的生活化。

二、从生活现象激发多维思辨

法治教育本质上是一种实践教育,我们从生活出发,观照生活,从生活现象出发来激发多维思辨。在小学法治"大教学"中,以活动为载体,用"趣味学法"串起整个课堂,让法律学习贯穿学生学习、生活全过程,用鲜活的思政素材启蒙小学生的道德情感,从生活现象激发多维思辨,以打造高质量的法治教育。这种策略不仅有助于学生深刻理解法治的内涵,还能培养他们在实际生活中运用法治思维解决问题的能力,引导学生在日常学习生活与社会实践中实现知、信、行的融通,进而增强对中国特色社会主义法治体系的认同和自信。如针对小学网络充值、直播打赏等问题,教师可以真实的典型案例开设模拟法庭,让学生从家长、网络公司、学生个人、审判员、律师等多角度分析各自的立场,反思这一生活现象背后牵涉的法理,从生活出发,上升到法理,再回归生活实践,引导学生辩证、多角度思考,能帮助学生形成正确的价值观,涵养必备品格,提升关键能力,使他们在感悟生活中认识社会,学会做事,学会做人,更好地加强学生的法治实践能力,增强学生分辨是非的能力,让学生有能力积极地遵守规则和宪法法律,把道德与法治教育的思想引领和学生发展有机统一起来。

三、从表象到法理,发展思维

中国特色社会主义法治体系,是扎根中国文化、立足中国国情、解决中国问题的法治体系。党的二十大报告明确提出到2035年要"基本建成法治国家、法治政府、法治社会"的总体发展目标。青少年法治教育应立足新时代的历史方位,牢牢把握正确方向,坚持以习近平法治思想为引领,将党的法治理论创新成果融入学校教育,引导青少年学习领悟我国社会主义法治道路的本质特征,树牢主人翁意识,坚定建设社会主义法治国家的信心决心。如教学时选择与学生生活紧密相关的真实案例，如校园欺凌、网络安全、消费者保护等，通过案例分析和讨论，让学生明白法治是如何在现实生活中发挥作用的；还可以设计模拟法庭、角色扮演等互动活动，举办法治知识竞赛和辩论，让学生亲身体验法律程序，理解法律规则的运用和遵守法律的重要性，激发学生对法律学习的热情，由表及里，进一步认同自己中国公民的身份，在知法、尊法的基础上，初步培养以辩证的法治思维参与社会生活的意识，并以作为共同参与建设法治中国的小公民而自豪。

法治教育是深化依法治国实践、推进建设法治国家的重要途径，需要中小学法治教育工作者共同努力，不断提高法治课程教学质量，不仅让学生掌握法律知识，而且让学生形成法治意识，成为具有法治理念的有责任担当的新时代公民。在设计小学法治"大教学"的课程时，应注重内容的层次性和递进性，确保不同年段的学生都能获得相应的法治知识和能力。同时，要关注学生的生活经验和实际需求，将法治教育与日常生活紧密结合，让学生在实践中感受法治的力量和价值。

未来，中国的法治教育将继续深化法治理念的普及和法治精神的弘扬，注重公民学法尊法守法用法的能力培养，通过全面提高公民的法治观念，为建设社会主义法治国家奠定坚实基础。

第五章

小学法治"大教学"的典型案例

第一节　小学法治"大教学"的课程教学典型案例

随着法治社会建设的推进，法治教育已经成为思政教育的重要组成部分，从小学到大学的法治教育循序渐进地开展。当前，中国的中小学法治教育正处于改革创新阶段。不少一线的中小学法治教师基于国情与学情，借鉴西方法学教育的案例教学、诊所教学和模拟法庭教学等方法，进行了不少法治课堂教学改革创新的尝试，并将课堂上的法治教育与课后的法律实践紧密结合起来，改变传统法治教育教学活动中让学生始终处于被动接受知识的地位的做法，注重激发学生的学习兴趣和积极性，鼓励他们积极独立地思考，自觉树立法治意识，以提高学生的专业基础和实践能力。

在小学阶段，法治教育不仅是知识的传授，更是价值观的塑造和行为习惯的培养。在本节，笔者将分享带领教学团队在开展小学法治"大教学"实践研究中的典型案例，当中分别使用近年来教育部主办的全国中小学思政课教师基本功交流展示活动和广州市教育研究院思政课新结构教学评范式等两个教学设计模板，模板不同，格式、要求有一定的区别，笔者也结合教学实情对两个模板进行了微调整。

本节呈现的两个典型案例主要集中在六年级法治专册，两个案例将尽可能展现教师如何运用"大教学"的理念与教学模式，引导学生将所学法律理论知识融入日常生活中，让学生认识到"法就在身边"，提高学生的学习兴趣和学习成效，培养学生的法治意识，从而增强中小学法治教育的有效性。希望通过小学法治"大教学"的典型案例，为中小学法治工作者、研究者、一线法治教师提供在课程教学中落实法治教育的新理念与新策略，为推动小学法治教育的创新和发展尽微薄之力。

一、六年级上册第二单元"我们是公民"单元整体教学设计与评析

六年级上册第二单元"我们是公民"单元整体教学设计是2021年全国中小学思政课教师基本功交流展示活动的"全国典型教学经验"，包含了整个单元三个课时的教学设计和评析。

 案例

"我们是公民" 单元整体教学设计

广州市越秀区东山培正小学 罗笑

一、单元教学设计说明

(一) 单元学习对学生核心素养发展的价值

核心素养是课程育人价值的集中表现,《义务教育教科书 道德与法治 六年级 上册》全面贯彻社会主义核心价值观,以宪法和法律精神为主线,树立宪法至上的观念,以《义务教育道德与法治课程标准(2022年版)》和《青少年法治教育大纲》为依据,以增强规则意识、程序意识、诚信意识、责任意识为重点,以实现了解法律知识、理解法律功能、树立法治理念、引导行为选择、提高道德修养的育人目标。

道德修养是立身成人之本,法治观念是行为的指引,责任意识是担当民族复兴大任的时代新人的内在要求。本单元"我们是公民"作为法治专册的第二单元,包括《公民意味着什么》和《公民的基本权利和义务》两篇课文,旨在从宪法和法律精神与学生生活的链接、法治意识和爱国精神的链接等方面引导学生认同中国公民的身份,热爱自己的祖国,懂得依据宪法、法律办事,初步理解公民拥有的基本权利和义务,知道法律保护公民的基本权利,同时要求公民履行义务。整个单元注重培育学生的政治认同、法治观念、道德修养与责任意识,充分落实社会主义核心价值观教育,有助于学生坚定正确的政治方向,形成法治信仰和责任意识,为培养担当民族复兴大任的建设者和接班人做好奠基工程。

(二) 教学设计与实践的理论基础

2020年12月,中共中央宣传部、教育部印发《新时代学校思想政治理论课改革创新实施方案》(以下简称《方案》)。《方案》要求:小学阶段重在培养学生的道德情感。具体要求有:培养学生对习近平新时代中国特色社会主义思想的情感认同;知道社会主义核心价值观,初步形成规则意识,知道宪法有关常识,初步具有依据法律维护自身权益的意识;讲礼貌、守纪律、知对错;形成爱党、爱国、爱社会主义、爱人民、爱集体的情感,具有做社会主义建设者和接班人的美好愿望。

本单元的教学设计将全面贯彻党的教育方针，贯彻落实习近平新时代中国特色社会主义思想和党的二十大精神，贯彻落实习近平总书记在学校思想政治理论课教师座谈会上的重要讲话精神，基于现代人本德育、生活德育、实践德育等理论，落实立德树人根本任务，实现新时代思政课堂教学的改革创新，努力培养担当民族复兴大任的时代新人。在单元教学中，立足"政治观念""法治观念""道德修养""责任意识"等学科核心素养，以教材内容为主线，以学生的生活和社会发展实际为教学"大情境"，从宪法和法律精神与学生生活的链接、法治意识和责任担当的链接两个维度引导学生了解中国公民在法律上的意义，立足"教—学—评"一体化引领下的思政课新结构范式，科学合理地构建整体单元教学的思路，加强教学联动，为深化思政教育教学改革提供持续动力。

二、单元目标

（一）单元学习目标

（1）知道宪法确定的公民身份内涵和宪法规定的中国公民享有的基本权利和承担的基本义务，知道我国政府在尊重和保障人权方面的努力和取得的成就。

（2）依法维护公民的基本权利，培养自觉履行基本义务的意识，进一步奠基法治思维、法治意识和法治精神的基础。

（3）通过对中国公民身份的确立，增加国家认同、民族认同和文化认同，树立自觉维护国家形象的意识，培养建设法治中国的公民责任感和自豪感。

（二）单元教学重点

明确并认同中国公民身份，初步了解中国公民享有的基本权利和承担的基本义务，培育公民的法治意识、爱国情怀和责任担当意识。

（三）单元教学难点

为自己是中国公民身份而感到自豪，树立自觉维护国家形象的意识，积极为建设法治中国作出应有的贡献。

三、单元教学内容分析

本单元的编写依据是《义务教育品德与社会课程标准（2011年版）》中"我的国家"的第13条"知道自己是中华人民共和国的公民，初步了解自己拥有的基本权利和义务"和《青少年法治教育大纲》中小学高年级（3~6年级）的教学内容与要求，聚焦宪法确立的"公民身份"和"公民的基本权利和义务"(图5-1)。第3课《公民意味着什么》,有"公民身份何处来""认识居民身份证""我是中国公民"三个主题,从"公民身份的基本内涵—国内公民身份证件—国际身份认同"层层推进,引导学生多维度地认识自己的中国公民身份,感受公民个体与国家之间密不可分的关系。第4课《公民的基本权利和义务》包含"公民的基本权利""公民的基本义务""国家尊重和保障人权"三部分,引导学生学习宪法确定的中国公民的身份含义、中国公民享有的基本权利、承担的基本义务,向学生介绍我国政府在尊重和保障人权方面的努力和取得的成就,进一步启蒙宪法、法治意识,激发爱国情感。

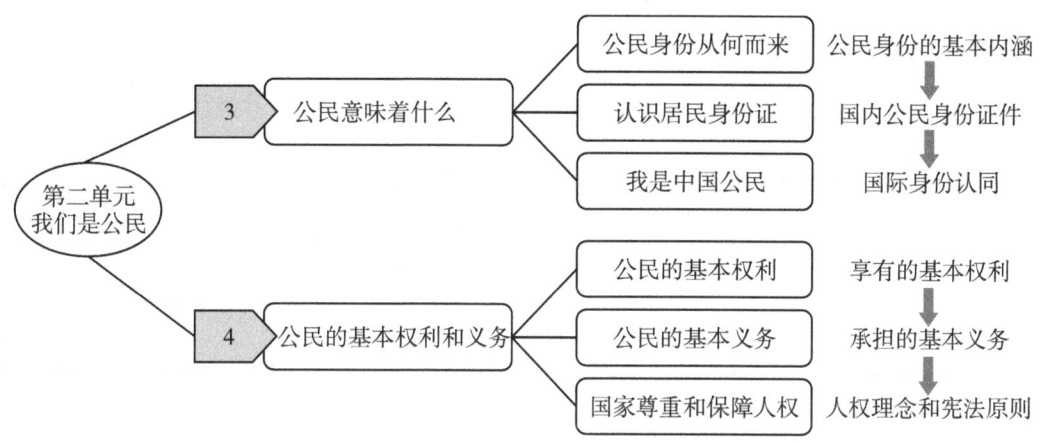

图5-1 "我们是公民"单元整体教学内容

四、单元整体教学思路

现阶段,小学六年级每周有2节道德与法治课,本单元有《公民意味着什么》和《公民基本权利和义务》两篇课文,每篇课文各有3个话题,每个话题1课时,共安排6课时(表5-1)。单元整体教学实施的思路如图5-2所示。

表 5-1 六年级上册第二单元任务框架

单元主题情境	单元任务	学习活动	课时安排
我是新时代的中国小公民	任务一：如何获得中国公民的身份	活动一：课本剧《公民身份从何而来》 活动二：公民与国籍的关系及国籍的取得与丧失	1
	任务二：怎样更好地使用居民身份证	活动一：说说生活中身份证的用处 活动二：演演如何保护个人信息安全	1
	任务三：如何维护中国公民的形象与声誉（项目式主题活动）	活动一：《中国故事会》汇报中国近十年取得的成就 活动二：说说如何打造中国名片	1
	任务四：知晓中国公民享有的基本权利	活动一：《今日法治讲坛》中国公民享有哪些基本权利 活动二：《小小模拟法庭》	1
	任务五：知晓中国公民需要履行的基本义务	活动一：《法治显微镜》中国公民履行的基本义务知多少 活动二：《中国少年说》论坛主题：权利与义务为什么具有一致性	1
	任务六：进一步认可中国公民的身份	活动一：《法治在线》主题活动 活动二：链接热线：了解我国在人权事业方面取得的成就（"大师资"）	1

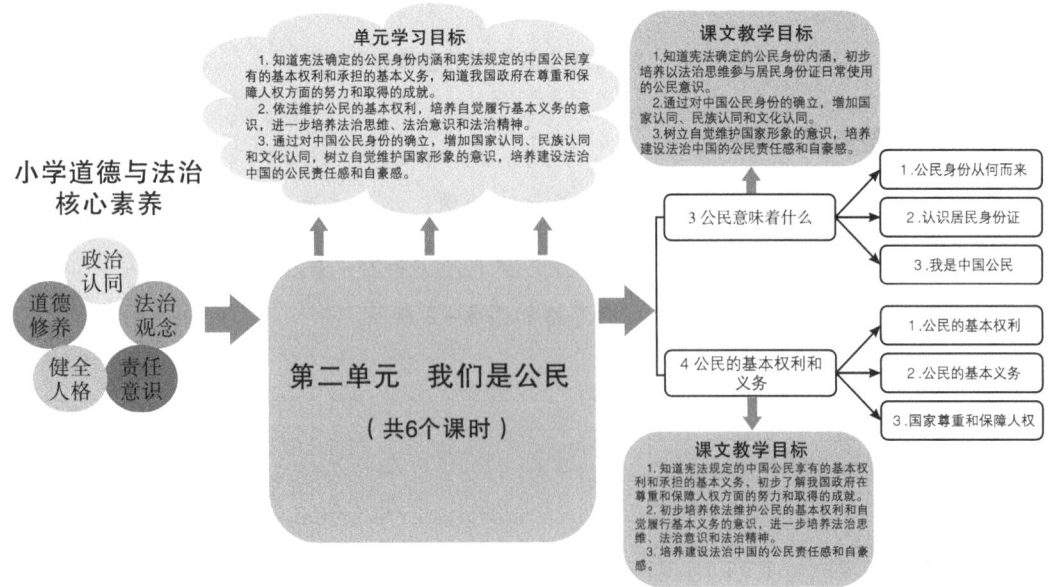

图 5-2 "我们是公民"单元整体教学实施的思路图

单元整体教学思路基于单元学习目标，创设合适的单元学习主题情境，保持生活情境和学习情境的协调，遵循认知逻辑、学习逻辑、生活逻辑、情感逻辑，紧扣"公民"与"生活"这两个大概念，创设"我是新时代的中国小公民"这一单元主题情境，让学生按照"认识公民的概念—了解内涵—认同身份"的逻辑循序渐进地完成单元学习任务。

设计亮点：整个单元教学设计以习近平新时代中国特色社会主义思想为指导，落实立德树人的根本任务，以单元为整体对教材进行创造性的处理，深入浅出，以评促教，把艰涩难懂的法律知识与实际生活高度进行关联，"趣味学法"串起整个课堂，把懂法的专业人员（如法官、律师等）请进课堂，拓宽学生学习视野，让法律学习渗透到学生学习、生活全过程，用鲜活的思政课启蒙小学生的道德情感，全力打造高质量的法治教育。

1. 突出价值引领

把社会主义核心价值观贯穿教育全过程，全面推动习近平新时代中国特色社会主义思想进教材、进课堂、进学生头脑，使中国特色社会主义的种子能在学生中生根发芽，解决好培养什么人、怎样培养人、为谁培养人这个根本问题。

2. 注重必备品格

加强与八年级法治专册的联系，注重培养学生的政治认同、道德修养、法治观念、健全人格和责任意识等核心素养，突出依法、守法、爱国的品格培育，提升社会成员的法治意识和道德自觉。

3. 发展关键能力

以"辩论""论坛"等教学方法培养学生的法治思维、辩证思维和判断思维，加强实践的能力，培养明辨是非和创新的品质，以实现理论与实践的统一。

五、单元学习评价设计

（一）单元学习的过程性评价

关注到学生主体的个性与差异性，有助于区别不同学生的发展需要和水平，更能激发学生的学习愿望和动力。（如课内的小测试、习题、人机/师生互评等）

（二）关键活动的嵌入式评价

在"教—学—评"一致性理念下，在关键性的学习活动中嵌入必要的评价，发挥评价在促进学生学习和改进教学方面的独特价值，变"评价教学"为"为学习的评价"与"作为学习的评价"。在重要的学习活动中嵌入评价以推进教学走高、走深、走心。（提前预设、随机点评、生生互评、小习题等，语言、动作、纸笔、智能多样化）

（三）单元学习的阶段式评价

单元主题不同，学习目标也不同，在完成一个单元教学后进行单元阶段式的评价。如课后拓展延伸的分层作业、学生评价表等。

第一课时　《公民身份从何而来》

一、学情分析

本课教学内容是公民意识教育，是本单元的起点。对于六年级的小学生来讲，对他们进行权利和义务的教育，对培养青少年的健全的人格、使其成为合格的公民，是很有必要的。学生在日常的生活经验和社会经验中，可能通过阅读、大众传媒或与成年人的谈话，已接触过"公民"一词，但在认知上一般倾向于"人"的说法，未能从法律上、权利与义务的角度了解公民的含义。学生当中有较多的独生子女，而且六年级学生正处于青春前期，在情感和理性方面的发展尚不平衡，社会责任意识、义务意识较为淡薄，普遍存在缺乏公民身份认同和缺失公民意识等问题，关于公民义务的道理可能对部分学生来说会难以理解。

二、课时目标

（1）知道公民身份的基本内涵，理解公民与国籍之间的关系。

（2）了解国籍的两种取得方式，能够根据所了解的法律知识，简单分析一些与公民身份有关的问题。

（3）珍惜自己中国公民的身份，初步树立中国公民的认同感和责任感。

三、教学重难点

教学重点：知道公民身份的基本内涵，理解公民与国籍之间的关系。

教学难点：初步树立公民意识，增加对中国公民身份的认同感和责任感。

四、教学评过程

环节一：设疑·引入新课		
教师活动	学生活动	评价活动
1. 教师播放新闻报道：某口岸设置"中国公民专用通道"和"外国人"通道，不同国家公民按类别排队入境 2. 为什么中国边检要设置"中国公民"通道和"外国人"通道？说着中国话，长着黑头发、黑眼睛、黄皮肤的，就一定是中国公民吗？金发碧眼的外国友人，就不是中国公民吗 3. 引出课题：今天我们来学习第 3 课第一课时《公民身份从何而来》	1. 学生根据图片回忆生活情境，结合自己的生活经验回答问题 2. 明确本课的学习任务	前测：根据学生回答问题的情况，判断学生是否明白"公民"身份内涵
设计意图：创设不同的情景，引发兴趣，引导学生结合自身生活经验和情景，初步感知自己的身份，能让学生在疑问中对"公民"起源及含义产生探究的兴趣，从而引出课题		

环节二：研讨·初识概念		
教师活动	学生活动	评价活动
1. 要探究"公民"的含义，我们就要先去两千多年前的古希腊找找线索。我们一起观看微课《古希腊的公民》 2. 师：看了微课，我们知道"公民"一词的来源经历了三个时期，从部分人能成为公民到自由人能成为公民，到近代，我国用法律的形式对"公民"的概念进一步阐述，可以看到社会在不断地进步发展 3. 引导各学习小组结合书本知识填写学习单并汇报	1. 观看微课，汇报：在古希腊时期，哪些人不是公民？成为公民能享有什么权利和承担什么义务 2. 小组合作学习，填写学习单（表格）：古罗马时期，能成为公民的是什么人？分类填入表格相应位置 3. 各小组派代表汇报	1. 过程性评价：观看微课的问答反馈 2. 中测：以学习单的形式检测学生对"公民"的认知
设计意图：以微课的形式帮助学生了解公民的缘起与发展历史，提高学生对公民的认知，引发学生对"公民"内涵产生新的探究兴趣，为后续的活动环节打下情感基础		

续上表

环节三：探究·了解内涵		
教师活动	学生活动	评价活动
1. 我们了解了古代"公民"的含义，那么现代公民的含义又是怎样的呢？小组合作，在学习资源包的协助下完成学习单，出示相关宪法法律条文 （1）什么是公民 定义：公民是指具有一国国籍，并根据该国法律规定享有权利和承担义务的人 （2）什么是"中国公民"？怎样才能成为中华人民共和国公民 （3）什么是国籍？怎样才能取中国国籍 定义：国籍是一个人属于某个国家的一种法律上的身份 2. 师小结：我们通常把具有中国国籍的人，也就是中国公民，称为"中国人"。由此可见，公民身份与国籍有关，与性别、财产、年龄等无关 3. 开展《话说中国国籍》栏目，播放采访视频：国外友人、留学生、涉外家庭子女、公安局出入境管理部门工作人员等。看后汇报 4. 情境任务：龙龙的表哥是中国公民，在北京成家后，赴法国访学，在法国生下了龙龙的小侄子 思考题一：龙龙的小侄子拥有哪个国家的国籍 思考题二：能不能同时拥有中国和其他国家的国籍 5. 生活在海外的中国人，我们又有哪些称呼呢？你们能区分这些称呼有什么不一样吗？引导学生理解华人、华侨、华裔的区别。根据相关案例，辨析中国公民、华侨、华人等身份 6. 判断题 ①出国的人就不是中国公民了（ ） ②小兰没有户口，因此她不是公民（ ） ③外籍华人不是中国公民（ ） ④犯罪后被判刑，就失去公民身份了（ ）	1. 小组讨论，探究中国国籍取得的方式，完成学习单 2. 学生汇报分享预设 ①父母双方或一方为中国公民，本人出生在中国，具有中国国籍（比如我们） ②父母双方或一方为中国公民，本人出生在国外，具有中国国籍；但父母双方或一方为中国公民并定居在外国，本人出生时即具有外国国籍，不具有中国国籍 ③父母无国籍或者国籍不明，定居在中国，本人出生在中国，具有中国国籍 ④通过加入取得，即通过婚姻关系、收养关系、自愿申请等方式而取得某国国籍 3. 观看《话说中国国籍》栏目采访视频，发表感想 4. 情境任务活动，根据学习资源包提供的法律条文，找出相关的法律依据来说明观点 双重国籍：《中华人民共和国国籍法》还规定，父母双方或一方为中国公民并定居在外国，本人出生时即具有外国国籍的，不具有中国国籍。因为我国法律不承认公民具有双重国籍 5. 根据相关案例辨析中国公民、华侨、华人等身份 6. 完成判断题并汇报	1. 过程性评价：学习单的检测 2. 关键环节嵌入式评价：学生结合访谈观后感表达个人见解，老师及时引导并评价 3. 过程性评价：以案例辨析培养学生的逻辑思维和批判性思维，培养法治意识 4. 中测：智慧学习系统网络测试，学生答题后实时反馈数据，考查运用知识和解决问题的能力，以检测教学重难点的突破

续上表

| 设计意图：通过访谈、情境任务等学习方式，以大概念统领单元整体教学，以问题链引导学生自己探究中国国籍的取得方式，并通过案例的延伸以及《中华人民共和国国籍法》的相关规定，引导学生理解"中国公民"的内涵，认可自己的中国公民身份，珍惜中国国籍 |||

环节四：自豪·认同身份

教师活动	学生活动	评价活动
1. 师：随着我国综合国力的提升，国家强大起来了，中国的吸引力越来越强，越来越多的外国人想要申请加入中国国籍。观看视频《申请中国国籍有多难》，激发学生珍惜中国公民身份的自豪感 2. 出示相关资料：哪些名人加入中国国籍，感受中国国籍的含金量。师：要申请加入中国国籍要求还是比较严格的，作为中国公民，既骄傲又自豪，也要珍惜中国公民身份。我们之所以会因为拥有中国国籍而感到骄傲、感到自豪，最根本的原因是我们身后强大的祖国 3. 观看视频《强大的祖国》，学生发表感受。师小结：古话说"有国才有家"，国家的强盛与每个公民有密不可分的关系，国家强盛了，每个公民才能够安居乐业，过上幸福平安的生活。同时，国家的繁荣昌盛，要靠每一个公民的努力奋斗，为国家的发展出一份力	1. 观看视频，感受申请加入中国国籍的严格 2. 了解、汇报哪些名人加入中国国籍，感受中国国籍的含金量 3. 观看视频，知道祖国的伟大成就的取得离不开每个中国公民的共同努力，感受国家与公民个体之间的密切关系	1. 过程性评价：以师生、生生互评的方式考核关于国籍的法律知识关键点，认同中国公民的身份，培养法治意识 2. 过程性评价：教师对学生的知识生成情况进行及时口头评价，加深学生对中国公民身份的认可，体会中华人民共和国取得的成就，增加自豪感
设计意图：通过阶梯式的学习任务设计，由表及里地了解公民与国籍的双向连接关系，知道申请加入中国国籍的严格与中国国籍的含金量，明白祖国的伟大成就的取得离不开每个中国公民的共同努力，感受国家与公民个体之间的密切关系，学会珍惜中国国籍，进而提升对中国公民身份的认同		

环节五：行动·公民责任

教师活动	学生活动	评价活动
1. 作为中国公民，我们在平等地享有公民权利的同时也要平等地履行义务。出示《中华人民共和国宪法》第三十三条，我们要平等地履行公民的义务，承担属于公民的责任，做合格公民 2. 齐唱歌曲：《我的中国心》，布置课后实践作业	1. 齐读《中华人民共和国宪法》第三十三条 2. 学生齐唱歌曲。完成课后实践作业	后测：Class-in网络测试，学生答题后反馈数据

续上表

设计意图：以歌曲激发学生的爱国情感，引起学生的共鸣——珍惜中国公民身份，在享受公民权利的同时，更要在行动中积极履行好自己的义务

五、板书设计

<h3 style="text-align:center">公民身份从何而来</h3>

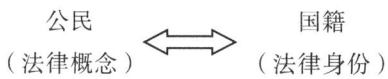

公民　　　　　　国籍
（法律概念）　　（法律身份）

中国公民——自豪、责任

六、作业与拓展学习设计

（1）结合本课学习内容，尝试用不同方式（小歌谣、小视频、宣传画、海报等）与身边的亲友分享中国国籍获得的途径。

（2）想一想，公民身份来之不易，我们能够从哪些方面提高自身素质？

结合本课的重点难点，在课后主要布置的是具有思辨性和实践性的作业，让学生在学法的同时进行角色转换，以普法者的角色推进对本课学习内容的深入理解。同时，引导学生在生活中互相交流、分享，在法治实践中激发学生传递法治知识的热情，进一步丰富法治教育的渠道、形式和内容，提升学生的政治认同、法治素养，增加爱国主义情感的培育，从而更好地帮助学生提升核心素养，促进学生全面发展。

七、课时学习评价设计

填写学生学习评价表（表5-1），完成评价。

表5-1　学生学习评价表

班别：_____　　　名字：_____　　　日期：_____年_____月_____日

项目	指标	课堂行为表现	自评	组员评	师评
知识	学科素养	对学习内容掌握较好，能运用课堂知识技能去解决相关的学习或生活问题			
方法	学习方法	开动脑筋，在课堂中积极发言，认真倾听、独立思考，认真完成课堂练习，对于课堂上不明白的问题，能主动向老师请教			

续上表

项目	指标	课堂行为表现	自评	组员评	师评
态度	乐于参与	主动参与学习活动,注重与同学、老师的多向交流			
	价值观念	热爱祖国,践行社会主义核心价值观,愿意为实现中华民族伟大复兴的中国梦奋斗			
能力	合作能力	愿意与同学共同完成学习任务、听取别人意见,乐于给别人提供帮助,愿意向他人寻求帮助			
	创新能力	敢于质疑,能提出与别人不同的想法,想法/作品/学习成果有一定的新意			

备注:评价分 A、B、C、D 四个等级,根据实际情况填写。

第二课时 《认识居民身份证》

一、学情分析

六年级的学生作为小学高年段的学生,即将踏入初中的大门。其学习任务与社会活动范围的广度与深度都比中、低年级的学生有了较高的提升,开始逐步形成个人的社会角色认知。本班学生参与社会实践较多,每位学生都在日常生活中或多或少地使用过居民身份证,对其用途有一定了解,但仅停留在居民身份证使用的社会功能方面,对于宪法确定的公民身份内涵的认识非常表面,基于宪法意识的中国公民身份的认同感较薄弱。本课的教学针对学生的实情,在教学中设置微课"身份证大探秘""法官讲法""案例分析"等环节,在引导学生学会在生活中更好地使用身份证的同时,进一步认同自己中国公民的身份,在知法、尊法的基础上,初步培养学生以法治思维参与身份证日常使用的公民意识,并以作为共同参与建设法治中国的小公民而自豪。

二、课时目标

(1)初步了解居民身份证使用的基本权利和义务,学会更好地使用身份证。

(2)增强对中国公民身份的认同感,初步培养以法治思维参与居民身份证日常使用的公民意识。

(3)能以作为共同参与建设法治中国的小公民而自豪。

三、教学重难点

教学重点：学会在生活中更好地使用居民身份证，初步培养以法治思维参与身份证日常使用的公民意识。

教学难点：激发作为共同参与建设法治中国的小公民的自豪感。

四、教学评过程

环节一：设疑·奇妙号码		
教师活动	学生活动	评价活动
1. 游戏导入：这是一个公民身份证号码，请你读一读，再试着根据号码判断它的主人是男性还是女性 2. 问：你怎么判断？看身份证号码就能知道性别，真神奇！一起学习新课（揭题）	1. 学生用学习机、平板电脑网上完成检测题 2. 明确本课的学习任务	前测：Class–in 网络测试，学生答题后实时反馈数据
设计意图：引发学生关注公民身份证号码设置的特点，激发兴趣又指向课程要点，以疑问驱动学生学习动机		
环节二：探秘·前世今生		
教师活动	学生活动	评价活动
1. 出示图片及宪法规定，引导学生了解宪法确定的公民身份内涵 2. 小组研讨：居民身份证的秘密，师巡视，引导学生发现 3. 学生汇报，教师归纳总结，并引导学生用排列规律分析自己的身份证号码 4. 播放微课视频。引导学生发现并总结：中华人民共和国成立以后人民当家作主，国家对每一个公民的尊重和保护	1. 学生读《中华人民共和国宪法》相关法律条文 2. 小组研讨：居民身份证的秘密 3. 汇报，总结规律 4. 汇报观看微课的感受	1. 过程性评价：口头说法，初步认识中国公民身份 2. 过程性评价：教师对学生的研讨情况进行及时口头评价，加深学生对传统文化及居民身份证的认可，体会中国特色社会主义的优越性
设计意图：通过探究活动，学生学会居民身份证相关的基本常识，培养学生的学习思维，从中华优秀传统文化中汲取精华丰富课堂，增强对中国公民身份的认同		

续上表

环节三：探究·用之有法		
教师活动	学生活动	评价活动
1. 分享：你或身边的人在生活中用居民身份证办过哪些事情呢 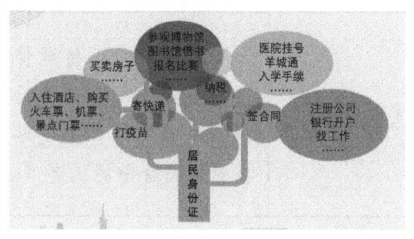 2. 身份证用处这么大，我们可得依法使用它。听法官讲一讲《中华人民共和国居民身份证法》的相关法律 3. 汇报：提炼关键词，写在卡纸上，贴到黑板上的法治树上。师小结：把这些法律牢记于心，并落实到行动中，我们就是守法的好公民 4. 考考大家：以下行为是依法使用身份证吗（发送判断题到学生电脑） 5. 根据现场实时网络数据进行难点讲评。小结：法治社会，我们知法，更要守法，共同维护法律，我们的社会自然会更和谐	1. 同桌之间互相分享交流 2. 汇报，提炼关键法律知识点并汇总在黑板上的法治树上  3. 通过学习机完成判断题，并说明理由	1. 过程性评价：以法律树的趣味评价方式考查学生在观看《法官讲法》后，是否掌握法律知识关键点，认同中国公民尊法、守法的责任，培养法治意识 2. 中测：智慧学习系统网络测试，学生答题后实时反馈数据，考查学生运用知识和解决问题的能力，以检测教学重难点的突破
设计意图：加强宪法、法律与学生生活的链接，把法官请进课堂，以多种方式实现"趣味学法"，在学生了解居民身份证的使用基本权利和义务的基础上，注重学生的法治观念、责任意识和道德修养的培育，初步培养学生以法治思维参与身份证日常使用的公民意识		
环节四：拓展·行之有道		
教师活动	学生活动	评价活动
1. 出示案例，体会不注意保护个人信息给自身带来的损失。思考：我们要怎样好好保护自己的信息，更好地保障自身合法的公民权益 2. 小结，点出合法维护权益 3. 结合P27和生活经验，小组合作演一演、说一说："爸爸的好朋友说借你的身份证去办点事，应该怎么做？" 4. 小结，出示《习近平新时代中国特色社会主义思想学生读本》相关内容，看视频《法治中国》，激发学生参与建设法治中国的自豪感和责任感	1. 看案例，思考问题：如何更好地保护个人信息安全 2. 汇报分享 3. 营造情境，小组合作演一演 4. 观看视频，发表感受	过程性评价：创设情境，让学生进行社会角色体验，以实践检验解决实际问题的能力，认定中国公民身份，实现理论与实践的统一

续上表

设计意图：培养学生合法维护自身权益的意识、明辨是非和创新的品质，突出依法、守法、爱国的品格培育，提升社会成员的法治意识和道德自觉，激发其共同参与建设法治中国的公民自豪感和责任感		
环节五：行动·法治有我		
教师活动	学生活动	评价活动
1. 小结：法治在公民的心里，让我们一起学法、知法、守法、用法，一起为建设法治中国而奋斗！让我们一起唱响《我和我的祖国》 2. 布置课后分层作业	1. 齐唱歌曲 2. 学生完成课后实践作业	实践性评价：将延伸性社会实践作业作为后测，以日常行动深化学生对公民身份的认定
设计意图：课后作业落实"双减"政策，引导学生继续在实践中学法、普法，突出国家意识教育，激发其热爱祖国的美好情感		

五、板书设计

公民意味着什么

六、作业与拓展学习

本课作业与拓展设计包括两部分：第一部分是比较简单的选择题，直接关联课堂教学重点，预计学生用5分钟完成；第二部分为课后拓展题，完成时间为一周，目的是让学生在活动中进行探究、合作、知识迁移，提高合作、思辨、实践等能力。学生应注意完成时间的控制。整个设计既有巩固课堂知识点的选择题，又有小组合作的开放性综合实践活动，梯度设计由易到难，体现分层照顾差异，落实教育部"双减"的精神，进一步链接宪法和法律精神与学生的生活，树立法治理念、引导行为选择，以达到提高道德修养的育人目标。

附：

1. 选择题（必做）：

（1）公民应当向（　　）的公安机关申领居民身份证。

A. 常住户口所在地　　B. 居住地　　C. 暂住地　　D. 经常居住地

（2）未满十六周岁的公民，由（　　）申请领取居民身份证。

A. 本人　　　　　B. 父母　　　　　C. 监护人　　　　　D. 亲人

（3）伪造、变造居民身份证的，应当（　　）。

A. 警告处罚　　　　　　　　　　B. 给予行政处

C. 给予治安处罚　　　　　　　　D. 依法追究刑事责任

（4）人民警察依法执行职务，遇有（　　），经出示执法证件，可以查验居民身份证。（多项选择题）

A. 对有违法犯罪的嫌疑人员，需要查明身份的

B. 依法实施现场管制时，需要查明有关人员身份的

C. 发生严重危害社会治安突发事件时，需要查明现场有关人员身份的

D. 法律规定需要查明身份的其他情形

2. 继续学习《中华人民共和国居民身份证法》，小组合作制作一份普法的手抄报或剪贴报。（选做）

七、教学流程图（图5-4）

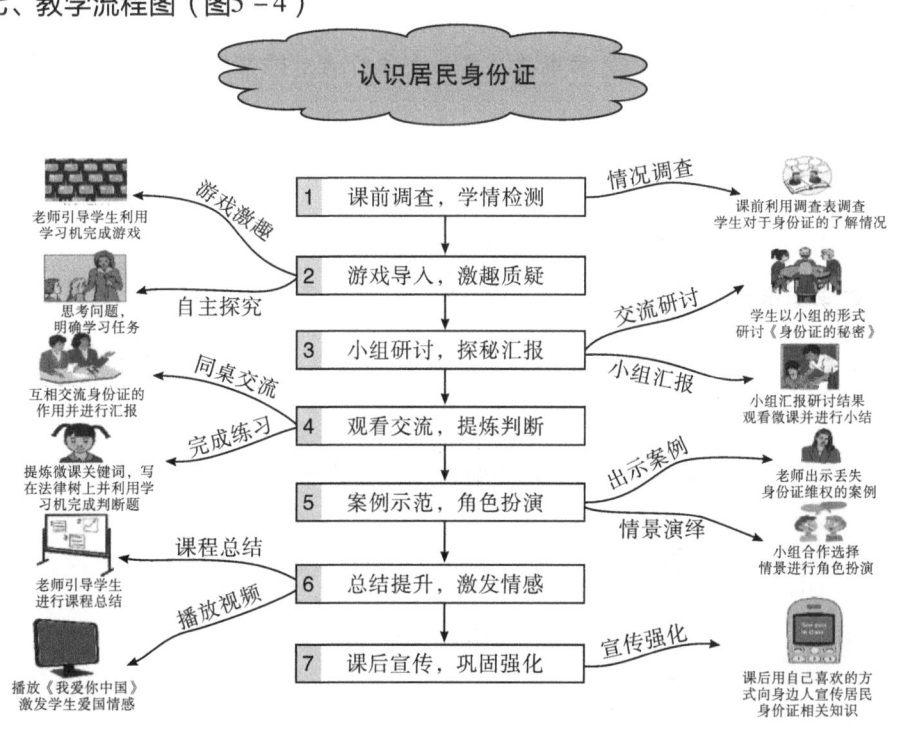

图5-4　教学流程图

第三课时 《我是中国公民》

一、学情分析

本课《我是中国公民》在《认识居民身份证》基础上进一步加深对中国公民身份的认同,以护照作为导入,进一步加深学生对中国公民身份的认识。通过了解中国近年来在社会主义现代化建设中取得的成就和在国际上日渐强大的影响力,增强学生作为中国公民的荣誉感和责任感,体会国家对公民的保护,感知个体行为对国家的影响,自觉维护中国公民的声誉和国家形象。经过前面的学习,学生普遍对"公民"的来源、对自身的公民身份有一定的认识,对国家的认同感比较质朴、诚挚,但是对于作为中国公民的自豪感和使命感的认识则比较表浅。基于以上学情,需要通过具体情境和典型生动的事例来链接学生的现实生活,激发学生的爱国情感,渗透社会主义核心价值观的培育,引导学生树立良好的公民意识,体会国家对公民的保护,感知个体行为对国家的影响,自觉维护国家形象。

二、课时目标

(1) 初步了解护照使用的注意事项,感知个体行为对国家的影响,进一步增强对中国公民身份的认同。

(2) 了解国家建设取得的伟大成就,增强学生作为中国公民的荣誉感。

(3) 产生自觉维护国家形象的责任感。

三、教学重难点

教学重点:了解国家建设取得的伟大成就,增强学生作为中国公民的荣誉感和责任感。

教学难点:感知个体行为对国家的影响,产生自觉维护国家形象的责任感。

四、教学评过程

环节一：温故知新揭课题		
教师活动	学生活动	评价活动
1. 经过上一节课的学习，我们知道居民身份证是中国公民身份标志之一，还有一个证件也是我们的公民身份标志之一，你知道是什么吗 2. 揭题	1. 学生进行Class-in网络测试回答 2. 明确本课的学习任务	前测：Class-in网络测试，学生答题后实时反馈数据
设计意图：关注学生的生活经验，以单元知识关联引出新问题，以疑问驱动学生学习动机，体现单元整体教学问题解决的内在契合性		

环节二：公民知识齐知晓		
教师活动	学生活动	评价活动
1. 护照是我们在海外证明中国国籍和中国公民身份的证件，你知道护照上有哪些重要的信息吗（出示护照样本） 2. 学生小组研讨，教师巡视 师：居民身份证和护照都能够证明中国公民的身份，相比之下，居民身份证更多是在境内使用，而在国际上我们需要用护照来证明自己的中国国籍和中国公民身份。如果在外国不小心丢失护照，应迅速向当地警察局报案，同时尽快到我国驻使（领）馆办理挂失登记手续，并提出申请中国旅行证件 3. 请判断以下关于中国公民的几个说法（出示题目）。学生完成判断题练习，派代表汇报，教师补充相关的法律条文 （1）犯罪后被判刑，就失去公民身份了 （2）外籍华人不是中国公民 （3）只有年满18周岁，才是公民	1. 学生小组探究：护照上有哪些重要的信息 2. 学生汇报 3. 学生完成判断题练习，代表汇报	1. 过程性评价：教师对学生的研讨情况进行及时口头评价，增强其对中国公民身份的认同感 2. 中测：智慧学习系统网络测试，学生答题后实时反馈数据，考查学生运用知识和解决问题的能力，以检测教学重难点的突破
设计意图：以护照作为导入，进一步加深学生对中国公民身份的认识。以判断题扩充课堂容量，夯实关于公民的概念，补充相应的法律条文和规定，使学生树立尊法、守法的公民法治意识，提高学生的法治素养		

续上表

环节三：中国名片护国民		
教师活动	学生活动	评价活动
1. 出示也门撤侨小故事，思考：为什么持有中国护照的中国公民或侨民在危急情况下能够快速地撤离呢 2. 观看微课：《神奇的12308》，听警察叔叔讲"12308"外交部全球领事保护与服务应急呼叫中心的相关知识，感受国家对公民个体的保护 3. 观看撤侨视频，开展模拟体验活动 教师小结：公民身份与国家息息相关，国家是公民身份存在的前提。中国是世界上侨民最多的国家，侨民散布于全球各地，保护侨民的人身和财产安全，是国家和政府的责任之一。我们国家在短短几天内，以最快的速度撤侨，堪称"中国速度"，而这样的中国速度、这样的中国力度、这样的中国保护力正是因为我们国家有着强大的综合实力和国际影响力。中华人民共和国成立以来，我国经济、科技、环保、乡村振兴、文化等各个领域都取得了举世瞩目的成就，而这些成就的取得离不开每个中国公民的共同努力 4. 课前，同学们收集了资料，我们一起来交流分享一下 5. 学生汇报 （1）我国在社会主义现代化建设中取得的巨大成就 （2）中国的国际影响力 教师小结：中华民族是智慧勤劳勇敢的民族，中国社会主义现代化建设的成就举世瞩目，中华民族正在一步步走向富强。在国家建设取得伟大成就的同时，中国不忘履行在国际上的责任和担当，让中国名片享誉世界，让我们中国公民感到自豪和骄傲	1. 学生同桌讨论：为什么持有中国护照的中国公民或侨民在危急情况下能够快速地撤离呢 2. 观看视频 3. 模拟体验活动：你在撤离前心里想什么？快速平安脱离险境后最想说什么 4. 学生交流分享课前收集的资料 5. 学生汇报 （1）我国在社会主义现代化建设中取得的巨大成就 （2）中国的国际影响力	1. 过程性评价：以知识竞赛抢答的趣味评价方式考核学生观看微课的效果 2. 过程性评价：教师对学生的知识生成情况进行及时口头评价，加深学生对中国公民身份的认可，体会中华人民共和国取得的建设成就，增强自豪感

续上表

设计意图：引入警察等课外师资补充法治教学力量，构建大师资，并结合学校的跨学科德育课程开展法治"大教学"，让学生充分体会国家对公民的保护，了解中国近年来在社会主义现代化建设中取得的成就和日渐强大的国际影响力，增强作为中国公民的荣誉感和责任感		

环节四：国家形象我维护

教师活动	学生活动	评价活动
1. 师：可是，有个别人在国外旅行或工作的时候却有这样的行为，让我们的中国名片受损（出示案例及图片） 2. 走出国门，每个人都代表中国，都是中国的名片，对于这种不良行为，你有什么看法呢 教师小结：随着中国经济社会的快速发展，到海外留学、务工和执行公务的人员越来越多，但是无论在哪一个国家，我们都应该遵守当地的法律，尊重当地的风俗习惯 3. 出示学校接待南非"汉语桥"活动的报道截图，请参与活动的学生代表分享个人感受 4. 说一说作为小学生的"我"，可以为打造中国名片做些什么	1. 学生阅读案例 2. 学生谈自己的看法 3. 学生代表分享个人感受 4. 学生谈为打造中国名片可以做些什么	过程性评价：教师对学生的知识生成情况进行及时口头评价，加深学生对中国公民身份的认可，体会中华人民共和国取得的建设成就，增强自豪感

设计意图：解决教学难点，通过案例分析，及联系学生生活经验，引导学生感知个体行为与国家形象的紧密关系，培养其维护中国公民声誉和国家形象的自觉性，并产生以实际行动自觉维护国家形象的责任感，增强法治意识，厚植爱国主义情怀		

环节五：励志故事伴我行

教师活动	学生活动	评价活动
1. 带动唱：《我和我的祖国》 师：我和祖国密不可分，国家保护每个公民，每个公民也有义务维护国家的形象。为国家富强民族复兴做出自己的贡献，是我们作为中国公民的使命。让我们为实现中华民族的伟大复兴一起努力 2. 作业：收集中国人在海外取得科技、商业等方面成就的励志故事	1. 齐唱歌曲 2. 学生完成课后实践作业	升华情感，树立榜样，并落实到今后行动中

设计意图：开展跨学科的法治实践作业，以歌曲升华小公民热爱祖国的美好情感，突出国家意识教育		

五、板书设计

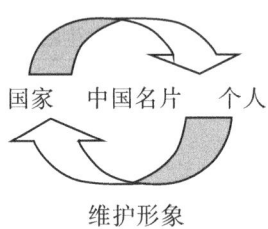

我是中国公民

六、单元整体教学反思

"我们是公民"单元整体教学设计全面贯彻《新时代学校思想政治理论课改革创新实施方案》的精神,从宪法和法律精神与学生生活的链接、法治意识和爱国精神的链接两方面引导学生认同中国公民的身份,热爱自己的祖国,懂得依法办事。

1. 立德树人,突出国家意识和公民意识的教育

立德树人是发展中国特色社会主义教育事业的核心所在。整个单元教学设计中创新丰富了原有教材内容,融入了"法官讲法""建设法治中国"等自主创新开发的内容,体现了以"个人—社会—国家"为课堂情感轴线,拔节孕穗,增强学生对中国公民身份的认同感,培养初步的法治精神,激发学生作为共同参与建设法治中国的小公民的自豪感和责任感,培育学生社会主义核心价值观。

2. 关注生成,回归法治意识生成的本源

关注课堂生成,着力于培养学生适应终身发展和社会发展需要的必备品格和关键能力,直指课程核心——"法治中国",引领学生崇尚法治精神,使青少年学生树立法治观念,养成自觉守法、遇事找法、解决问题靠法的思维习惯和行为方式,提升个体对参与建设法治国家的责任感。

3. 趣味学法,信息技术助力深度学习

在小学法治大教学的教学改革实践中,我们引入布鲁诺·拉图尔的"事物为本哲学"及其"行动者网络理论",利用信息技术赋能,并综合运用多种评价方式,构建生态型学习评价范式(图5-5)。课堂利用信息技术手段创设"模拟生活",合理植入《身

份证大探秘》《法官讲法律》《神奇的12308》等微课,拉近法与人的关系,并把课堂学习的内容延伸到课后的实践,多样化的教学方法让法治教育"活""趣""鲜",把课堂变成生活与学习融为一体的深度学习之旅。

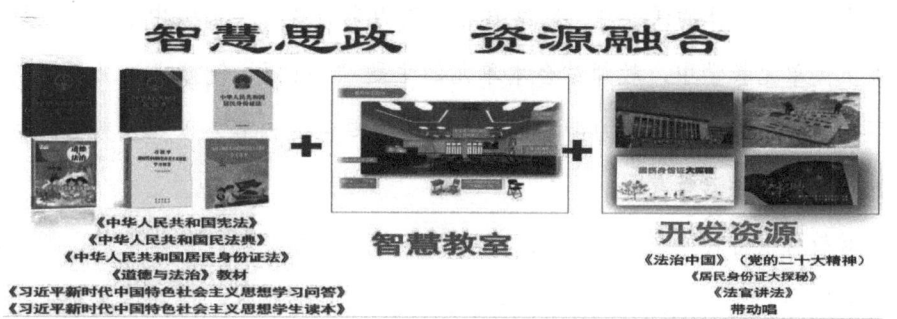

图5-5 生态型学习

当然,任何课堂都不是完美的。本节课,我们清晰地看到学生法治思维成长的过程,也引发新的思考:六年级上册法治教材的理论性较强,如何让教材、课堂更多与学生的生活实际发生链接,引发学生从法治角度对当下生活更多的思考?尚需不断探索,以精益求精。

评析

1. 思想引领,新政新成果落地

道德与法治课要坚持课程的思想与价值引领,发挥课程在落实立德树人根本任务的关键作用。要围绕课程内容体系,及时跟进社会发展进程,结合国内外影响较大的时事进行讲解。要将党和国家的重大实践和理论新成果引入课堂,充分体现马克思主义中国化最新成果。也就是说,单元整体教学要有富有时代气息的鲜活内容。

"我们是公民"单元整体教学深入贯彻党的二十大精神,以习近平新时代中国特色社会主义思想为指导,密切关注党和国家的新政策,以技术赋能思政进行资源融合,将党和国家的最新理论成果有机融入课程,增强思想引领,如党的二十大精神、《中华人民共和国民法典》《中华人民共和国家庭教育促进法》等,将直播、微课、带动唱、模拟法庭和学生论坛等学生喜闻乐见的形式带入课堂,用新知识、新技术、新范式培养学生适应未来发展的正确价值观、必备品格和关键能力,增强思政课的时效性、生动性和新颖性,打破思政课在学生心中说教、乏味的刻板印象,引导学生明确人生发展方向,成为德智体美劳全面发展的社会主义建设者和接班人。

2. 协同育人，中小思政妙链接

学生的成长是连贯的，为更好地整体、系统性育人，思政教师要有"大思政"视野，要有大局观和整体的课程观，联结好各方面力量与资源，加强中小学思政课一体化建设。在上述单元教学中，教师结合本单元的主题"公民"，链接八年级下册的法治专册，加强小学、初中两个学段的衔接，以宪法为主要学习内容，以宪法精神为主线，突出国家意识和公民意识教育。

教师对教材吃得较"透"。其实，小学法治专册教育内容的整体设计，四个单元按"常识—公民—国家—儿童"的逻辑编排教学内容，层次分明。再看单元构成，第二单元"我们是公民"两篇课文，分别是《公民意味着什么》和《公民的基本权利和义务》。其中第3课《公民意味着什么》，有"公民身份何处来""认识居民身份证""我是中国公民"三个主题，从"公民身份的基本内涵—国内公民身份证件—国际身份认同"层层推进，引导学生多维度地认识自己的中国公民身份，感受公民个体与国家之间密不可分的关系。第4课《公民的基本权利和义务》包含"公民的基本权利""公民的基本义务""国家尊重和保障人权"三部分，引导学生学习宪法确定的中国公民的身份含义、中国公民享有基本权利、承担的基本义务，向学生介绍我国政府在尊重和保障人权方面的努力和取得的成就。像这样的单元整体教学设计，通过中小衔接、小学法治专册全册和单元内部构成三层的分析，从纵横两个维度把教材读准、读深、读透，再联合法治副校长、法官、律师等专业力量建立大师资协同育人，能进一步启蒙学生的法治意识，激发爱国情感。

3. 立体对话，建单元主题情境

在课堂教学中，"大教学"以面向核心素养的多向交流为核心，立足于"破"。"大教学"突破常规课堂教学时间，使学习发生在课堂前、中、后，甚至延伸到其他的时间段。教学前，教师能进行教学思考，深入学生的生活，摸准学生的学习难点与盲点。小学六年级的学生，学习任务与社会活动范围的广度与深度都比中、低年级有了较高的提升，开始逐步形成个人的社会角色认知。对于学生来说，他们可能只了解学生、少先队员等社会角色，"公民"这一概念实在距离学生的日常生活有点远。教师根据学情、教材编写特点和课时安排，以问题为导向，从学生的学习需求出发，让学生带着"问号"

进课堂，通过前置预习，课前小调查、小测试摸查学情，课堂创设跨学科的任务情境，紧扣"公民"与"生活"这两个关键词，遵循认知逻辑、学习逻辑、生活逻辑、情感逻辑，科学创设"我是新时代的中国小公民"这一单元主题情境，让学生按照"认识公民的概念—了解内涵—认可身份—认同身份"的逻辑循序渐进地沉浸在结构化的单元生活情境中，成功把"问号"变为"叹号"。在这个过程中，教师作为情感价值观的引领者与提升者，始终以敏锐的视角感知教学现场的最新动向，立足时代，观照现实，积极培养以正确价值观为引领的思政学科思维品质和关键能力，坚持守正与创新的统一，既体现单元整体的宏观视野，又关注课时的微观状态。

4. 多维交流，凸显"大教学"的开阔视野

"大教学"的核心是"多维交流"，在本节课教学过程中，教师积极利用评价促进各类行动者之间的交流、互动与协作。例如，通过组织小组讨论、角色扮演、模拟法庭等活动，让学生与自然/环境（如社区、法庭等实地参观）、技术（如使用法律数据库、在线法律咨询服务等）、观念/理论（如法律原则、法律理论等）进行开阔而深入的互动。像这样的教学，基于单元学习目标，创设适合单元学习的主题情境，广联学校、家庭、社会的教育资源扩充课堂容量，以生活为逻辑建构单元整体教学的结构和内容，保持生活情境和学习情境的协调，能使学生的理论学习与现实生活的社会实践融为一体，能使单元、目标、任务等设计更加和谐和自然，突显学生的思想的深层变化与探索轨迹，更好地感受思政学科对个人成长的启慧性、引领性、科学性、人本性，体现广东思政人在革新课堂的新思考与新探索。

二、六年级上册第四单元"法律保护我们健康成长"单元整体教学设计与评析

六年级上册第四单元"法律保护我们健康成长"单元整体教学设计，包含整个单元教学设计说明和一个典型课时的教学设计与评析。

案例

"法律保护我们健康成长" 单元整体教学设计

广州市越秀区东山培正小学　罗笑

一、单元教学设计说明

本单元"法律保护我们健康成长"是六年级法治专册的最后一个单元,包含第8课《我们受特殊保护》和第9课《知法守法　依法维权》两课,聚焦宪法确立的"未成年人的法律身份"和"公民的基本权利和义务"。《义务教育小学道德与法治课程标准(2022年版)》中,第三学段(5~6年级)相对应的学段目标是"了解公民的基本权利和义务,树立权利和义务相统一的观念。知道民法典,了解未成年人的权利,树立用法律保护个人生命财产安全的意识,知道违法要承担责任,形成守法意识"。

1. 单元学习对学生核心素养发展的价值

单元设计全面贯彻党的二十大精神,弘扬社会主义法治精神,传承中华优秀传统法律文化,把社会主义核心价值观贯穿教育全过程,全面推动习近平法治思想进教材、进课堂、进学生头脑,增强学生对中国特色社会主义法治体系的认同,使中国特色社会主义的种子在学生心中生根发芽,解决好培养什么人、怎样培养人、为谁培养人这个根本问题。

2. 教学设计与实践的理论基础

全面贯彻党的教育方针,贯彻落实习近平新时代中国特色社会主义思想和党的二十大精神,弘扬社会主义法治精神,传承中华优秀传统法律文化,贯彻落实习近平总书记在学校思想政治理论课教师座谈会上的重要讲话精神,深入学习《关于深化新时代学校思想政治理论课改革创新的若干意见》《新时代学校思想政治理论课改革创新实施方案》和《全面推进"大思政课"建设的工作方案》精神,依据现代人本德育、生活德育、实践德育等理论,落实立德树人根本任务,实现"双减""双新"背景下的思政课堂教学评范式的改革创新,努力培养担当民族复兴大任的时代新人。

二、单元目标和重难点确定

1. 单元学习目标

（1）知道自己的法律身份，初步了解未成年人的民事权利和行为能力界限。

（2）学习我国与未成年人相关的法律规则，感受法律对未成年人的特别保护，体会学校、家庭、社会对未成年人的关爱和保护。

（3）知道依法维护自身权益的途径，树立做守法公民的意识，进一步培养法治思维、法治意识和法治精神，增强对中国特色社会主义法治体系的认同。

2. 单元教学重点

了解不同年龄在法律上的意义，学习我国与未成年人相关的法律规则，知道依法维护自身权益的途径，感受法律对未成年人的特别保护，体会学校、家庭、社会对未成年人的关爱和保护。

3. 单元教学难点

感受法律对未成年人的特别保护，体会学校、家庭、社会对未成年人的关爱和保护，树立做守法公民的意识，增强学生对中国特色社会主义法治体系的认同。

三、单元教学内容分析

1. 单元内容编写依据

本单元的编写依据是《义务教育品德与社会课程标准（2011年版）》中"我的国家"的第13条"知道自己是中华人民共和国的公民，初步了解自己拥有的基本权利和义务。知道我国颁布的与少年儿童有关的法律法规，学会运用法律保护自己，形成初步的民主与法制意识"、第2条"初步了解公民的基本权利和义务，简要认知重要民事权利，了解法律对未成年人的特定保护，初步理解权利行使规则，树立依法维权的意识，树立有权利就有义务的观念，建立对校园欺凌行为的认知和防范意识"、第3条"了解制定规则要遵守一定的程序，进一步树立规则意识，遵守公共生活规则，初步了解合同及合同的履行，理解诚实守信和友善的价值与意义"、第5条"初步认识未成年人能够理解和常见的违法和犯罪行为及其危害和要承担的法律责任"、第6条"初步了解司法制度，了解法院、检察院、律师的功能与作用"和第7条"知道我国加入的一些重要的国际组织和国际公约"。

2. 单元主题价值分析

本单元是六年级上册的最后一个单元，也是法治教育的落脚点，政治认同、法治、道德修养和责任意识的培养是本单元的出发点。在此前的阶段，学生逐步学习了"有哪些法律规定"和"法律为什么这样规定"的相关内容，初步感受生活中的法律，了解宪法的地位与内容，认识公民身份和国家机构。本单元更加重视法律的实际应用，内容聚焦宪法确立的"未成年人的法律身份"和"公民的基本权利和义务"，主要通过三大板块进行呈现：①通过阐述重要的民事权利，让学生感知生活中的法、身边的法，了解法律对未成年人的特别保护；②具备一定运用法律知识辨别是非、维护自身合法权益的能力，初步理解权利行使规则，依法维权和滥用权力的区别，学习依法维权的基本途径，树立依法维权的意识，形成对校园欺凌行为的认知和防范意识；③认知常见的违法和犯罪行为，意识到其危害，了解违法要担责。整个单元循序渐进，从不同角度了解与未成年人相关法律法规，养成学法、用法、尊法、守法的行为习惯，进一步了解中国特色社会主义法治体系的运行机制，从而对依法治国、对习近平法治思想产生更深的认同，突出爱国、守法的品格培育，培养法治意识、加深法治思维的底色，助力学生成长为新时代公民。

四、单元教学评思路

1. 单元教学设计设想

本单元"法律保护我们健康成长"有《我们受特殊保护》和《知法守法 依法维权》两篇课文，每篇课文各有3个话题，单元的教学设计全面贯彻党的二十大精神，弘扬社会主义法治精神，传承中华优秀传统法律文化，落实"双减""双新"的要求，从"人本"的角度组织教学，以"政治观念""法治观念""道德修养""责任意识"等大概念构建整体单元教学，从宪法、法律与学生生活的链接、法治意识和责任担当的链接两个维度引导学生了解不同年龄在法律上的意义，学习和理解我国保护未成年人的专门法律和依法维权的途径，引导学生认识自我，增强学生分辨是非的能力，让学生有能力积极地预防犯罪，保护自我，依法维权，避免受到不法伤害。单元整体教学实施的思路如图5-6所示。

2. 单元设计亮点

整个单元教学设计以习近平新时代中国特色社会主义思想为指导，落实立德树人的

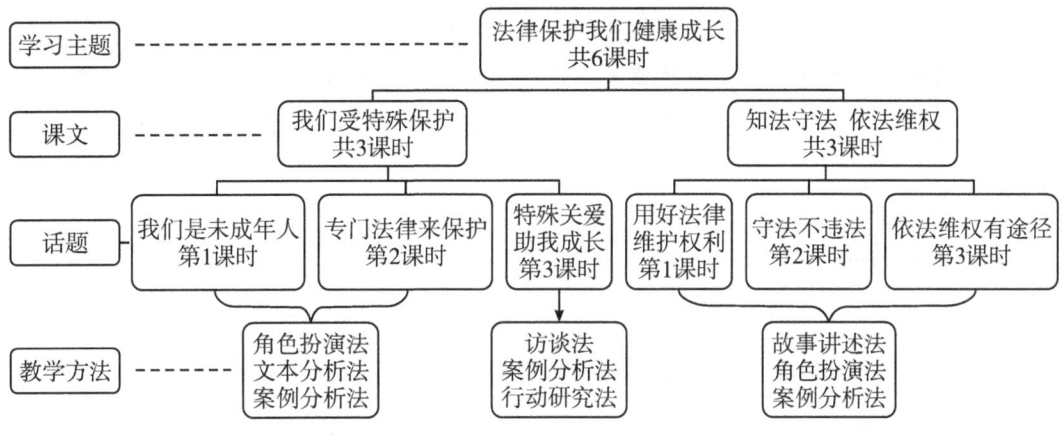

图 5-6　单元整体教学实施思路

根本任务，全力打造高质量的法治教育。以单元为整体对教材进行创造性的处理，用"3+5+N"的模式推进教学评范式的改革创新，建立"四维一体"的学习框架，以评促教，把艰涩难懂的法律知识与学生实际生活进行高度关联，"趣味学法"串起整个课堂，重视过程性评价，深入浅出，让法律学习渗透到学生学习、生活全过程，用鲜活的思政课启蒙小学生的道德情感，引导学生知晓法律、学好法律、用好法律，充分体会中国特色社会主义法治的良法善治，落实社会主义核心价值观教育，为培养担当民族复兴大任的建设者和接班人做好奠基工程。

第一课时　《我们是未成年人》

一、学情分析

小学六年级的学生，作为处于心理和生理成长期的未成年人，普遍好奇、敏感，喜欢冒险，好逞强，喜欢模仿，可塑性强而辨别能力比较弱。通过本册前三个单元的学习后，他们已具备一定的识别能力，也萌发了朴素的权利意识，但社会阅历少，对于自己与家庭、学校、社会和国家的关系认识很模糊，自我保护和防范意识不足，往往很难控制和调节自己的行为。对于这个阶段的未成年人，要通过了解不同年龄在法律上的意义，使其知道自己的法律身份，初步了解未成年人的民事权利和行为能力界限，引导学生认识自我，体会自己作为未成年的特殊之处；通过学习和理解我国保护未成年人的专门法律，一方面培养学生的学法、知法和守法的观念，另一方面增强学生分辨是非的能力，让学生有能力积极地预防犯罪，避免受到不法伤害；感受来自家庭、学校、社会和司法对未成年人的关爱和保护，了解法律关系中权利和义务的相辅相成，使其珍爱生命、热爱生活，对习近平法治思想产生更深的认同，突出爱国、守法的品格培育，引导学生形成良好的社会责任感。

二、课时目标

（1）让学生知道自己的法律身份，初步了解未成年人的民事权利和行为能力界限。

（2）让学生感受国家通过相关法律保护未成年人的权益，初步培养规范自身行为和依法保护合法权利的法治意识。

（3）增强对中国特色社会主义法治体系的认同，激发作为未来社会主义建设者和接班人的自豪感和使命感。

三、教学重难点

教学重点：让学生知道自己的法律身份，初步了解未成年人的民事权利和行为能力界限，感受国家通过相关法律保护未成年人的权益，初步培养规范自身行为和依法保护合法权利的法治意识。

教学难点：增强学生对中国特色社会主义法治体系的认同，激发其作为社会主义建设者和接班人的自豪感和使命感。

四、教学评过程

环节一：设疑·称谓很特别			
教师活动	学生活动	评价活动	设计意图
1. 看到大家充满活力的笑脸，老师想起一首歌曲，一起听听《少年少年祖国的春天》。出现歌词——少年 少年，祖国的春天，如果把它改成这样——谁唱一唱：未成年人、未成年人，祖国的春天，有什么感觉 2. 让我们一起打开书本，学习第8课《我们受特殊保护》第一课时——我们是未成年人，更好地从法律的角度认识自己	1. 学生唱歌曲，感受未成年人的朝气蓬勃 2. 说说歌词更改后的不同感受 3. 明确本课的学习任务	在学生唱完歌曲后，教师进行即时口头评价	引发学生关注未成年人的表述特点，既激发学生的兴趣又指向课程要点，以疑问驱动学生学习动机

续上表

环节二：探秘·界定有特色			
教师活动	学生活动	评价活动	设计意图
1. 法律条文：齐读，可以用自己的话说说什么是未成年人和成年人？为什么二者以18周岁划分呢 2. 观看微课《说说法定成年年龄》，引导明确：我国的成年法定年龄——（①参考国际绝大多数国家的标准；②基于传统文化认知；③中国当下国情：18岁高中毕业，身心发展、体力、智力、能力趋向成熟，可以出来工作，可以独立生活……） 3. 小结：我国的法律把18周岁作为区分成年与未成年的年龄节点，既是对优秀传统文化的传承，也是基于本国公民的实际发展情况严谨制定的，体现了法律的科学性和人本性	1. 学生读《中华人民共和国民法典》相关法律条文 2. 观看微课 3. 学生汇报，教师总结 4. 观看微课，学生汇报观后感受	根据现场生成情况，师生进行前测，加深认知	1. 通过探究活动，使学生知道我国成年与未成年的法定年龄节点，培养学生的学习思维，从中华优秀传统文化中汲取精华丰富课堂，全面贯彻党的二十大精神，弘扬社会主义法治精神，传承中华优秀传统法律文化，增强其对未成年人这一法律身份的认识 2. 增强学生对中国特色社会主义法治体系的认同

环节三：探究·法律赋权利			
教师活动	学生活动	评价活动	设计意图
1. 作为未成年人，我们很有必要了解一些与自己相关年龄节点的法律意义。一起看看《小军的成长故事》 2. 引导发现：随着年龄的增长，法律赋予了我们更多的权利，这说明法律是严谨的，更是人性的，是伴随未成年人成长的保护伞 3. 根据民法典法律条文完成任务单，按民事行为能力把自然人分成三类，推送游戏，出示表格。使学生理解与未成年人有关的"限制民事行为能力"这个概念 4. 请根据民法典给自己打造一张"法律身份证"（老师先示范，再让学生"开火车"） 5. 请完成判断题，根据智慧系统反馈讲评习题 6. 小结：从测试可以看出，学生已懂得用法治思维来处理问题，看到其法律素养有所提升，为学生点赞	1. 观看微课 2. 学生汇报 3. 探讨不同年龄节点的法律意义，感受法律的科学性、严谨性和以人为本 4. 浏览《中华人民共和国民法典》第二章第一节自然人内容，完成相应的网络互动游戏 5. 同桌汇报，为自己打造一张"法律身份证" 6. 用学习机完成判断题，以"开火车"的方式说明理由	1. 活动式评价：学生进行同桌互评，为自己打造一张"法律身份证" 2. 中测：关键知识点评价——网络互动游戏，智慧测评系统 3. 过程性评价：教师根据智慧测评系统的反馈讲评习题	1. 加强宪法和法律精神与学生生活的链接，用多种方式实现"趣味学法"，使学生了解未成年人的民事行为能力和相关权利义务 2. 体会中国特色社会主义法治体系对未成年的关爱与保护，增强对习近平法治思想的认同，培养其爱国情怀 3. 注重教学过程性评价，以评促教，以"教—学—评"一体化促进学生的法治观念、责任意识和道德修养培育，初步培养学生以法治思维参与社会生活的新时代公民意识

续上表

环节四：拓展·责任可不小

教师活动	学生活动	评价活动	设计意图
1. 出示案例和要求，学生按要求小组合作进行"小小模拟法庭"活动 2. 学生汇报表演，教师点评，引导学生体会法律对未成年人的保护，让学生倾听家长、老师、社会人士等寄语，感受国家对未成年人满满的关爱 3. 出示最高人民法院指导建议，让学生感受中国特色社会主义法治体系的核心要义——良法善治 4. 听听习近平总书记的寄语，作为社会主义事业的接班人，你有什么想说的	1. 看案例，进行"小小模拟法庭"活动 2. 小组合作，营造情境，演一演 3. 倾听家长、老师、社会人士等视频寄语 4. 参与讨论评价"小小模拟法庭"活动，感受良法善治 5. 观看视频，发表感受，激发学生自豪感和责任感	1. 活动评价："小小模拟法庭"活动 2. 过程性评价：指导学生进行角色体验，并引导学生对小法官的审判进行评价	1. 以模拟法庭的形式培养学生明辨是非和创新的品质，突出依法、守法、爱国的品格培育，提升其作为社会成员的法治意识和道德自觉 2. 通过寄语，使学生直观感受党、国家、社会、家庭对未成年人的关爱和保护，体会中国特色社会主义法治的良法善治，激发其自豪感和责任感

环节五：行动·法治齐努力

教师活动	学生活动	评价活动	设计意图
1. 小结：未成年人作为祖国的未来和希望，学法、知法、守法、用法，为成为更优秀的社会主义接班人、建设法治中国而奋斗！唱《少年少年祖国的春天》 2. 课后分层实践作业：①（必做）为身边的未成年人伙伴打造一张法律身份证。②（选做）继续学习与未成年人相关的法律知识，小组合作调查：生活中哪些场所或事件体现法治保护我们健康成长	1. 齐唱歌曲 2. 选择作业	学习成果展示	课后作业落实"双减"精神，引导学生继续在实践中学法、普法、用法，突出国家意识教育，树立做守法公民的意识

五、板书设计

我们受特殊保护（第一课时）

我们是未成年人

以人为本
呵护成长
良法善治

六、作业与拓展学习要求

本课的作业与拓展设计包括两大板块：第一板块是课内的测评练习，共两项：①以互动网络练习游戏完成"学习任务单"（民事行为能力的辨析），破解教学过程中的重点和难点；②判断题，测评直接关联课堂教学重点，突出新课程标准的要求，实现"教—学—评"一体化和全过程化，预计学生用8分钟完成。第二板块为课后拓展题，完成时间为一周，目的是让学生在活动中进行探究、合作、知识迁移，提高其合作、思辨、实践等能力。整个设计既有巩固课堂知识点的个人测评题目，又有小组合作的开放性综合实践活动，梯度设计由易到难，体现分层照顾差异，落实教育部"双减""双新"的精神。

附：

1. 以互动网络练习游戏完成"学习任务单"——我是学法小能手（表5-2）（民事行为能力的辨析），破解学生学习难点。

表5-2 我是学法小能手

分类	年龄节点
1. 完全民事行为能力（可独立实施民事法律行为）	
2. 限制民事行为能力（需经法定代理人或经其代理人同意、追认；或与其年龄、智力相适应）	
3. 无民事行为能力（由法定代理人实施）	

学法小助手：

①自然人：民法上的自然人首先是具有自然生物属性的人，借助生殖辅助技术出生的人（如"试管婴儿"）也同样属于自然人。自然人包括本国人、外国人和无国籍人。

②民事行为能力：广义的民事行为能力指自然实施一切行为的资格，既包括实施合法行为的资格，也包括实施违法行为的资格。

2. 判断题：

(1) 爸爸让11周岁的陈杰放学后自己骑自行车回家。（　　）

(2) 9周岁的小明征得妈妈同意后，自己去超市买学习资料。（　　）

(3) 14周岁的王东出版了一本小画册，他拥有著作权。（　　）

(4) 在邮轮做海员的小陈今年16周岁，他拥有完全民事行为的能力。（　　）

(5) 7周岁的小美长得很可爱，某公司和她本人商量后，就把她的相片作为自己公司的广告素材。（　　）

3. 课后分层作业：

(1) 为身边的未成年人伙伴打造一张法律身份证。（必做）

(2) 继续学习与未成年人相关的法律知识，小组合作制作一份普法的手抄报或剪贴报。（选做）

七、特色学习资源与技术应用说明

课堂运用智慧教室，让信息技术助力思政课的深度学习，体现智慧思政与资源融合。

以教材为主，融合《中华人民共和国宪法》《中华人民共和国民法典》《中华人民共和国未成年人保护法》，用习近平新时代中国特色社会主义思想铸魂育人，充分落实社会主义核心价值观教育，提高学生法律素养。

创新性开发资源。微课《小军的成长故事》《说说法定年龄》等特色学习资源，把懂法的专业人员请进课堂，视频资源《习爷爷对少年儿童的寄语》起到画龙点睛的作用，以宏观的角度直指课程的核心，激发学生作为未来社会主义建设者和接班人的自豪感和使命感，让思政小课堂同社会大课堂同频共振。

智慧教室构筑虚实融合、人机协同的个性化学习空间，助力学生的深度学习，与时俱进，使课堂呈现智慧思政教学新样态。课前的小调查、课堂上教师运用信息技术手段及时对学生进行学习评价，并根据反馈调整教学方法，在线检查学生的作业完成情况，实现"教—学—评"一体化和全程化。

八、教学反思与改进建议

法治中国是中国梦的重要组成部分，建立法治中国离不开高质量的法治教育。本课全面贯彻党的二十大精神，弘扬社会主义法治精神，传承中华优秀传统法律文化，素材鲜活，学习活动丰富多样，采用新模式进行法治课堂教学变革，很好地体现了思政课守正与创新的统一。

1. 立德树人，目标达成良好，发挥课程的思想引领作用

课堂围绕政治认同、法治观念、道德修养和责任意识的核心素养，以"个人—社会—国家"为课堂情感轴线，用习近平新时代中国特色社会主义思想铸魂育人，从宪法和法律精神与学生生活的链接、法治意识和爱国精神的链接两方面引导学生明晰自己的法律身份，初步了解未成年人的民事权利和行为能力界限，引导学生认识自我，体会自己作为未成年的特殊之处；通过学习和理解民法典对未成年人的行为能力规定，一方面培养学生的学法、知法和守法观念，另一方面增强学生分辨是非的能力，让学生有能力积极地预防犯罪，感受来自家庭、学校、社会和司法对未成年人的关爱和保护，懂得依法办事，培养学生初步的法治精神，增强学生对中国特色社会主义法治体系的认同感，激发其作为共同参与建设法治中国的小公民的自豪感和责任感，立德树人，培育学生社会主义核心价值观，课堂效果与目标达成度令人满意。

2. 强化课程一体化设计，关注课堂生成，回归法治教育的本源

加强与八年级法治专册的联系，从"人本"的角度组织教学，以"政治观念""法治观念""道德修养""责任意识"等大概念构建整体单元教学，着力于培养学生适应终身发展和社会发展需要的必备品格和关键能力，直指课程核心——"道德与法治"，突出依法、守法、爱国的品格培育，提升社会成员的法治意识和道德自觉。课堂重视链接社会生活与学生的生活，构建大思政观，正视学生生活的热点问题，如网络充值、打赏主播等社会关注度高的问题，使学生通过认识自己的法律身份，明晰自己的民事行为能力，树立法治观念，养成自觉守法、遇事找法、解决问题靠法的思维习惯和行为方式，提升个体对参与建设法治国家的责任感，突出爱国、守法的品格培育，落实社会主义核心价值观的培养。

3. "大教学"智慧思政新模式，促进"教—学—评"一体化发展

运用"大教学"模式在智慧教室进行教学，让信息技术为课堂的评价助力，综合运用多种评价方式，关注学生的发展与进步，使"教—学—评"一体化推进，让法治学习贯穿课前、课中、课后，凸显"大教学"的五大特色。整个教学设计，巧妙地实现了课堂内外以及不同学科之间的交叉融合，构建融合物理空间、规则系统、活动程序和环节等元素的更广阔开远的教学时空，更好地培养学生的必备品格、关键能力和价值观念。

九、学习评价设计

以下展示部分六年级法治专册第四单元"法律保护我们健康成长"单元学习评价表。

六年级法治专册第四单元"法律保护我们健康成长"
单元学习评价表(有删节)

_____年级_____班   小组名称:_____

一、小组成员:_____

二、小组分工安排:

1. _____

2. _____

3. _____

4. _____

三、小组活动:生活中哪些场所或事件体现法律保护我们健康成长?

1. 独立寻找:找3个,拍照或者画下来(用时:_____),完成表5-3。

表5-3 小小社会侦察员

	场所/事件一	场所/事件二	场所/事件三
谢谢你们保护我们成长	照片/图画		
	记录: 例:KTV不允许未成年人进入……		

2. 课后小组交流,要求每位同学发言时,先复述前面同学的发言,再表达自己的观

点（如果重复，就说"我找到的和×××一样"。），这对最后1位发言的同学很有挑战。

3. 学习小锦囊：同学发言时，可以做简要记录，涉及的法律条文可以课后去查证。

四、成员单元学习收获（每人用一句话概括）：

成员一：_____

成员二：_____

成员三：_____

成员四：_____

五、单元活动评价：

成员自评	师评	家长评	专家评
☆☆☆	☆☆☆	☆☆☆	☆☆☆

评析

回顾课例，我们可以清晰地看到整个单元整体教学设计过程流畅，环环相扣，以数字化转型赋能课堂教学全方位系统性变革，全面贯彻落实《新时代学校思想政治理论课改革创新实施方案》和"双新""双减"的精神，素材鲜活，注重"道""学""术"结合，很好地体现了思政课守正与创新的统一。

1. 聚焦践行向度，实现意识形态层面价值系统的主动建构

课堂运用大思政、大概念、大单元、大教学的理念指向学科核心素养，用习近平新时代中国特色社会主义思想铸魂育人，围绕政治认同、法治观念、道德修养和责任意识等核心素养，重塑教学目标，重构教学内容，营造学法的情境，完成单元学习任务。教师从宪法和法律精神与学生生活的链接、法治意识和爱国精神的链接两方面，采用社会新鲜、时尚的话题，引导学生明晰自己的法律身份，引导学生认识自我，体会自己作为未成年的特殊之处，并优化学习任务的设计，使学生始终在学习过程中呈现开放、积极、主动的状态，让学生不仅身份"在场"，而且大脑"进场"，心灵"浸场"，实现意识形态层面价值系统的主动建构，立德树人，培育学生社会主义核心价值观。

2. "大教学"新模式，多策略培育法治思维

运用"大教学"的理念开展课堂教学，教师通过"大教学"统整多种教学策略，培养学生高阶思维。例如，在具体教学策略上，让学生倾听家长、老师、社会人士等的寄

语，构建协同育人体系，在教育目标、教育场域、教学资源等多方面实现学校与社会的融通，感受生长环境所有人与机构、团体、政府等对未成年人满满的关爱，并通过出示最高人民法院指导建议，感受中国特色社会主义法治体系的核心要义——良法善治。通过多元化沟通，鼓励学生对事实和观点进行批判性思考，从而更好地理解问题的本质。此外，课堂通过表演、体验活动和模拟法庭等活动，区分深度批判性思维技能与低级学习成果，培养学生的综合、分析、推理、理解、运用和评估等技能，通过解决复杂、真实情境中的问题，让学生胜任挑战并实现自我，超越浅层的学科思维局限。整节课从改变学生学习生态入手，重新解读了教育的目标是"使人成为人"，走出了一条通往育人更广阔的通途。

3. 构建立体化评价体系，引领儿童在评价中提升素养

本单元整体教学设计充分体现新课程标准理念，坚持以核心素养为教育评价导向，围绕课程目标，推动核心素养的落地落实，促进评价目标的价值回归。在单元学习任务群中探究教学评价与任务活动设计同频共振，构建立体的评价体系，并将评价内容无痕地融入任务情境中，指引学生的学习方向，提升学生学习效果。例如，将课后习题整合到活动中，渗透到评价中，帮助学生在自评和评价他人的过程中，把握评价要素，内化评价标准，实现同伴间的欣赏、分享，使学生在评价中学会评价，使评价的导向作用发挥得淋漓尽致。

第二节 小学法治"大教学"的活动课典型案例

学科核心素养之间并不是分裂的，它是学科本质和教育价值的体现，具有基础性、生长性、共同性、关键性。学科核心素养是课程标准研制和修订的纲领和灵魂，是学科教育重建的抓手和凭借。它强调通过学科学习，学生能够获得的关键技能和态度，这些技能和态度是跨学科的，任何学科都有对其核心素养发展的共性贡献与个性贡献。因此，学科核心素养的培养是相互关联、相互促进的，旨在促进学生的全面发展和个性化成长。

"大教学"中，教师深入探寻法治课堂教学转型道路，从价值原点重建教学生态，

促进学科之间的交流和合作,培养学生的综合素质和能力,体现跨学科融合、注重实践操作、激发学习兴趣和全面发展等特点。这些特点有助于将核心素养的培养贯穿于学科教学的全过程,提高学生的综合素质和能力,为其终身发展奠定坚实基础。

以"大教学"的理念开展小学法治教育,教师在教学过程中应与学校的德育活动、其他学科如语文、历史、社会、心理等相融合,形成跨学科的学习体验,让学生在多样化的学习情境中感受法治的力量和价值。如,立足道德与法治课堂教学的主阵地,坚持《中小学德育工作指南》的"六个育人",协同德育主题活动、班会课,增加参观青少年法庭、法官讲法律小故事等实践活动,扩大从课堂理论学习到课外实践的半径,培育学生的法治种子。本节将分享法治班会课和法治活动课两个课例。

一、课例1:三年级法治班会课《食以安为先》

 案例

《食以安为先》 教学设计

广州市越秀区东山培正小学 罗笑

一、活动背景与目的

近年来,社会上关于食品安全的报道层出不穷,部分百姓谈"食"色变,甚至还出现不少危害人民群众生命健康的事件。维护食品安全,重构社会食品信用体系已刻不容缓。每个人的生命都是独一无二、不可重复的。在人生的一切价值中,生命的价值是最基本的价值。一个社会,唯有当绝大多数成员具备尊重生命的觉悟之时,才能建成健全的社会。本次班会课设计从社会的热点问题——食品的质量安全问题入手,通过多元化的体验、探究等活动方式,引导学生从商家做买卖的诚信、是否对顾客的生命健康尊重等方面探究商家的道德问题,引出学生对如何尊重生命这一议题的深度思考。让学生在本节课学会多角度地看待食品安全问题,提高学生的判断能力,让学生了解相关的法律知识,初步形成对学生"尊重生命、知法、尊法、守法"的教育。

二、学情分析

三年级的学生基本是学校、家庭直线生活，对食品安全方面的知识仅有比较浅显的认识，在平时很少注意其中蕴含的道德和法律责任问题，缺少对诚信经商、尊法、守法等的思考。

三、活动准备

要求学生收集自己周围因质量不过关而给我们生活带来危害的产品，并填写相应的表格（表5-4），为课堂上讨论商家是否对顾客的生命健康尊重等方面问题奠定良好的基础。

表5-4 食品质量安全调查表

调查人		调查时间	
产品名称		调查方法	
食品质量			
个人感想			

四、活动过程

1. 触动心灵，引出议题

（1）师：同学们，我们来看一段视频《舌尖上的中国》，广州是美食之都，请你用三句话简单推介一种广州美食。

（2）师：提起美食，大家都讲得头头是道，可是却有这样的事——出示食品安全事件PPT，此时此刻，你想说什么？

（3）师小结：民以食为天，食以安为先。今天，我们这节法治班会课就来关注现在社会的一个热点问题：食品质量安全。

2. 扣住心弦，感受危机

（1）小组内交流课前调查的内容："三无"零食危害大。

（2）各小组派代表汇报调查结果。

（3）引导学生客观地看待食品药品质量安全问题。近年来，社会上关于食品安全的报道层出不穷，为什么会有这么多骇人听闻的食品安全问题发生在我们的身边呢？引导学生寻求原因。（食品质量安全与人生命健康息息相关，职能部门监管不力、部分商人为了利益罔顾法律和道德，让我们的食品逐渐与安全、健康远离。）

（4）怎样才能吃上放心的食品呢？网上有一位红人"油条哥"，来看看他怎样为我们带来启发吧。

（5）辩论：你选择每天换油，少赚一点还是选择重复用油，多赚一点？（学生分正方和反方进行辩论，从各方面联系自己的生活经验和实际认识阐述自己的看法，老师适时引导学生通过多种途径维权，让学生通过辩论提高对遵守法律和尊重生命的认识。）过程：①学生自由选择"正方"或"反方"展开辩论，教师注重引导学生发表自己的意见，说得有理有据。②轮流辩论。③自由辩驳。

（6）观看来自质量监督部门工作人员的微课《民以食为天 食以安为先》，学生汇报感受。

3. 将心比心，追求双赢

（1）出示《中华人民共和国刑法修正案（十一）》，听听法治副校长讲法，了解相关法规，明白违法要承担相应的法律责任。

（2）引入某食品厂的事件：你受到什么启发？启发学生探求"双赢"的最佳效果。

4. 用心行动，尊法守法

（1）我们在行动：发布"小手拉大手"活动要求：小组创作街头剧、宣传画、口号……以宣传带动影响。

（2）汇报成果，学生、教师、家长代表评价。

五、尊重生命，责任在肩

（1）师小结：民以食为天，食以安为先。这节课，我们以大家关心的食品质量安全问题为切入口，通过多样化的活动，使同学们明白：真正把人民群众的生命健康放在首位，做一个有道德的商人才能实现长久的利益，这样社会才能更和谐。希望大家以后继续一起尊法、用法、守法，让法律为我们的生命架起一道和谐、绚丽的彩虹。

（2）实践活动：小组合作，完成"守法小分队观察日志"。

六、板书设计

民以食为天　食以安为先

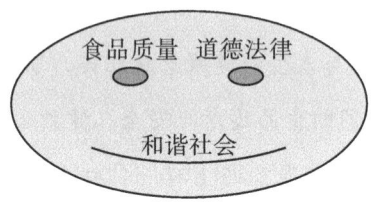

七、评价设计

教师、学生、家长等打开学校"智慧德育"小程序，进入班级页面，按相应指标完成"六元评价"，并上传"守法小分队观察日志"的成果。

二、课例2：四年级法治活动课《点亮"诚信"　"法治"同行》

案例

《点亮"诚信"　"法治"同行》教学设计

广州市越秀区东山培正小学　罗笑

一、活动背景与目的

和，谐也。法律是和谐之基，有了法律社会才能发展进步；法律是实践之果，有了法律国家才能长治久安。其实，尊重法律也是尊重自己。俗语有云："没有规矩，无以成方圆。"遵守法律是我们每个公民应尽的义务。我们的生活中充斥着广告，无论是印刷广告、户外广告，还是电视广告，一般都制作精良，十分诱人，尤其是食品广告，还特别有趣。面对色彩斑斓的广告世界，学生不知道如何看待、如何辨别，特别对于虚假广告和如何利用法律知识维护消费者权利等方面的认识还不够。本节法治活动课设计结合四年级道德与法治的教学内容，以广告——学生很熟悉的社会事物作为切入点，通过多元化的体验、探究等活动方式，引导学生从商家做广告的诚信、是否对顾客尊重等方面来探究商家的道德问题，引出学生对生命尊重的议题。让学生学会多角度地看待商家的广告本质，提高学生的判断能力，使其了解相关的法律知识，初步形成维护消费者自身合法权益的自我保护意识，并对学生进行诚信、法治的教育。

二、学情分析

广州是一个开放的、价值观多元化的大都市，商业很发达，学生经常接收到各种广告信息。四年级的学生已经对购物方面的知识有了一定的认识，但在平时购物中关注较多的是商品的价格、质量等，很少注意商业行为的道德问题，缺少对诚信经商，即尊重人的生命这一角度的思考。基于此，本课以活动课的形式进行法治教育。

三、活动准备

教师要求学生调查家中在广告的影响下购买的产品和商品的实际使用情况，收集自己周围的不诚信广告给生活带来的危害，并填写表5-5，为课堂上讨论广告的诚信问题奠定良好基础。

表5-5 商品宣传与实际效果

商品名称	调查途径	商家宣传	实际效果	个人结论
调查人：_____				

四、活动过程

1. 激发兴趣，导入课题

(1) 师：同学们，你们看过电视广告吗？说说哪个广告给你的印象最深刻？

(2) 欣赏广告集锦，边看边思考：你知道商家为何花这么多人力、财力做广告吗？

(3) 师小结：广告的目的是推销宣传，帮助消费者了解商品，引领消费（了解商家做广告的目的）。

2. 调查交流，引出尊重

(1) 小组内交流课前调查的内容。

(2) 汇报调查结果。

(3) 引导学生客观地看待商品的广告，倡议理性消费：广告与实际效果一致，我们可以说，这个广告是诚信的，是尊重消费者的。反之，则是不诚信的。（把对广告的认识提升到商家在买卖活动中是否诚信、是否尊重消费者的高度来审视。）

(4) 出示广告比例图。

(5) 了解《中华人民共和国广告法》中相关的法律内容，懂得广告要遵守道德规范，使学生初步形成法治观念，知道国家制定《中华人民共和国广告法》用来约束广告商的行为。

3. 法眼辨别，尊重生命

(1) 学生观看广告小品，以《中华人民共和国广告法》为依据，判断广告宣传的真假（创设第一层面情境，运用法律知识去辨析生活现象，提升学生学法、用法的能力）。

(2) 感受不诚信商家带来的危害，明白产品质量与人生命健康息息相关（更深层次体会不诚信商家对社会和群众的危害，明白尊重消费者的重要性）。

(3) 辩论：当你遇到虚假广告，你是选择大事化小、自认倒霉，还是选择运用法律武器维护自身正当的权益呢？（学生分正方和反方进行辩论，从各方面联系自己的生活经验和实际认识阐述自己的看法，老师适时引导学生通过多种途径维权，如①拨打本地的消费者协会投诉电话：12315；②媒体曝光；③法律途径；④与经营者交涉；⑤向监管部门反映……让学生通过辩论提高对尊重生命的认识。）（超越教材，创设第二层面教学情境，使教学层次自然而又流畅地转移到人文关怀上，法律的人文气氛便溢于课堂上，体现了对生命的尊重。）

4. 创意表达，践行守法

(1) 广告设计：小组合作，并结合评价标准。①讲诚信，体现对消费者权利的尊重。②有创意。为广东特产"荔枝"设计广告词。

(2) 汇报成果，学生评价。（换位思考，在实践中诠释对法治的理解，加深理解"良心做人，诚信经商，就是尊法、守法"这一议题。）

5. 阳光少年，健康成长

(1) 师：法律是和谐之基，有了法律社会才能发展进步；法律是实践之果，有了法律国家才能长治久安。其实，尊重法律也是尊重自己。这节课，我们以同学们熟悉的广告为切入口，通过多样化的活动，使学生明确诚信经商是尊法守法、关爱生命的表现，希望同学们都做让生命充满阳光的新时代少年,健康快乐地成长!

(2)实践拓展活动:小组合作完成"生活观察员:火眼金睛辨广告"的实践作业。

五、板书设计

六、评价设计

教师、学生、家长等打开学校"智慧德育"小程序,进入班级页面,按相应指标完成"六元评价",并上传"生活观察员:火眼金睛辨广告"的实践作业成果。

三、评析

法治教育不是孤立存在的,法治教育本质上是一种实践教育。教师进行法治教育教学设计时,要将法律知识与学生的日常行为紧密结合,以增强学生的法治意识,培养其成为遵守法律、尊重规则的小公民。新课改背景下的法治教育,告别了单一聚焦个人生活的视角,转而拥抱更加广阔的生活画卷,这也刚好与笔者提倡的小学法治"大教学"理念所追求的"立意广、范围大、视野阔"相吻合,为孩子们的法治学习打开了一扇通往未来的大门,让法治的种子更好地在他们心中生根发芽,茁壮成长。

法治班会课和法治活动课都是法治教育的创新实践,教师结合道德与法治课程,再根据学生的成长需要自主开发法治主题的教学内容,把法治教育与班会课、学生班队活动课等课型合二为一,以活动的形式把教学延伸到法治生活、个人道德、社会公德以及更广泛的法治文明、政治文明、社会文明等领域,丰富学生的法治学习体验,从而激发学生对法律学习的兴趣和积极性。

课例1《食以安为先》是三年级的法治班会课,是以法治教育为主题开设的班会课,针对部分学生喜欢在学校附近购买"三无"小零食的问题而精心设计。教师从贴近学生生活的事例入手,通过揭秘常见的街边小吃"罪状"、垃圾食品及危害,逐渐扩展到更广阔的食品质量安全问题,循序渐进地引导学生了解食品安全与人民的生命安全息息相关,从各方面联系学生的生活经验和实际认识阐述自己的看法,使学生初步了解多种维权途径,让学生通过辩论提高对遵守法律和尊重生命的认识。课例关注学生的生活经验和实际需求,将法治教育与日常生活紧密结合,让学生在实践中感受法治的力量和价值,使他们在感悟生活中认识社会、学会做事、学会做人,更好地提升学生的法治实践能力。课例中还注重引入社会法治教育资源,如质量监督部门工作人员讲微课《民以食为天 食以安为先》和法治副校长讲法,有效补充师资力量,以专业人士的远程授课提升法治教育的"含金量",增强学生分辨是非的能力,让学生有能力积极地遵守规则和法律,把道德与法治教育的思想引领和学生发展有机统一起来。

课例2《点亮"诚信""法治"同行》是四年级的法治活动课,结合四年级道德与法治的教学内容,以广告——学生很熟悉的社会事物作为切入点,通过多元化的体验、探究等活动方式,引导学生从商家做广告的诚信、是否对顾客的尊重等方面探究商家的道德问题,引出学生对生命尊重的议题。课堂上,学生通过丰富的学习活动,层层深入地提升法治认知与理解,学会多角度地看待商家的广告本质,提高判断能力,了解相关的法律知识,初步形成维护消费者合法权益的自我保护意识,完成"良心做人,尊重生命"的教育。整个教学设计以"人"为本,在学生生命成长的视角下构建活动性、体验性的法治活动课,通过"大教学"链接丰富社会资源,以活动促进学生的法治认知、道德情感互相碰撞,引导学生正确认识诚信、尊重生命、珍爱生命,强调了法律的重要性,培养学生的道德情感和价值观念,让学生发自内心地认可、崇尚、遵守和服从法律,学会依法办事,成为法治中国建设的参与者和推动者。整节课,坚持以学生为中心,努力转变和更新法治教育观念,改进和创新教学方法,以教育者的大爱,为学生的终身发展奠定基础。

第六章

小学法治"大教学"的评价

第一节 小学法治"大教学"的评价追求

教育评价事关教育发展方向,有什么样的评价指挥棒,就有什么样的办学导向。进入新时代以来,党和国家高度重视教育监测与评价工作,对深入改革教育评价体系提出了新要求。2020年10月,中共中央、国务院印发《深化新时代教育评价改革总体方案》(以下简称《方案》)。《方案》是中华人民共和国成立以后第一个关于教育评价系统改革的文件,充分彰显中国理念。为深入贯彻落实习近平总书记关于教育的重要论述和全国教育大会精神,健全立德树人落实机制,扭转不科学的教育评价导向,坚决根除唯分数、唯升学、唯文凭、唯论文、唯帽子的顽瘴痼疾,提高教育治理能力和水平,加快推进教育现代化,建设教育强国,努力办好人民满意的教育。《方案》要求:改进结果评价,强化过程评价,探索增值评价,健全综合评价;充分利用信息技术,提高教育评价的科学性、专业性、客观性。创新评价工具,利用人工智能、大数据等现代信息技术,探索开展各年级学生学习情况全过程纵向评价、德智体美劳全要素横向评价。

与一般以学科知识为主体的课程相比,道德与法治教育基于社会发展和学生成长的需要,以正确的政治思想、道德规范和法治观念对学生进行循序渐进的系统化教育,在道德教育中发挥法治对道德的促进作用,在法治教育中发挥道德对法治的辅助作用,是关于学生生活能力、社会性发展、良好行为习惯养成及其人文综合素质、思想品德、法治意识等培养的综合性课程,在教学目标定位、教学对象认知、教学内容选择、教学方法技巧运用等方面,有其显著的特殊性。这种特殊性决定其评价目的、价值、手段、方法的与众不同。①

一、小学法治教学的评价目的

立德树人成效是检验学校一切工作的根本标准。学生是接受教育的主体,学生评价

---

① 钟守权. 传承与发展:道德与法治课程教学初论[M]. 广州:广东高等教育出版社,2018.

是教育评价的基础环节。评价是为了激励学生发展，不断改进教学方式，提高育人质量。正确的评价能发挥"指挥棒"作用，对促进学生身心健康、全面发展具有十分重要的意义。具体到小学道德与法治学科来说，评价是检验、提升教学质量的重要方式和手段，要结合《青少年法治教育大纲》和《义务教育道德与法治课程标准（2022年版）》，综合运用多种评价方式，充分发挥评价的激励、导向、诊断的功能，促进学生的知信行合一，真正为促进学生发展服务。

《青少年法治教育大纲》（以下简称《大纲》）由教育部、司法部、全国普法办联合印发，强调了青少年法治教育的重要性和紧迫性，明确了法治教育的目标、原则和实施路径，特别是在中小学设立法治知识课程，以培育和践行社会主义核心价值观为主线，以宪法教育为核心，将法治教育融入学校教育的各个阶段。《大纲》提出的总目标是"以社会主义核心价值观为引领，普及法治知识，养成守法意识，使青少年了解、掌握个人成长和参与社会生活必需的法律常识和制度，明晰行为规则，自觉尊法、守法；规范行为习惯，培育法治观念，增强青少年依法规范自身行为、分辨是非、运用法律方法维护自身权益、通过法律途径参与国家和社会生活的意识和能力；践行法治理念，树立法治信仰，引导青少年参与法治实践，形成对社会主义法治道路的价值认同、制度认同，成为社会主义法治的忠实崇尚者、自觉遵守者、坚定捍卫者"。

再看《义务教育道德与法治课程标准（2022年版）》的要求：道德与法治课程评价要围绕发展学生核心素养，发挥评价的引导作用，改进结果评价，强化过程评价，探索增值评价。结果评价要全面关注知识、情感和行为的发展，关注学生在学校、家庭和社会生活中的日常品行表现。过程评价要更加关注发挥评价的激励和改进功能。增值评价要关注学生思想品行的发展和进步，注重对学生的激励。坚持学生自我评价、教师评价、同伴评价、家长评价和社区评价相结合，借助信息技术探索和优化纸笔测试、学生成长记录袋、日常行为表现记录卡等定性和定量多种评价方式，提升道德与法治课程评价的科学性、专业性、客观性。回看之前的《义务教育品德与生活课程标准（2011年版）》和《义务教育品德与社会课程标准（2011年版）》，均没有"学业质量标准"这一模块，也就是缺少质量评价标准。这样一来，课堂教学与作业设计会出现不兼容、不匹配。2022年4月，教育部发布《义务教育道德与法治课程标准（2022年版）》。新课标落实立德树人根本任务，强调育人为本，依据"有理想、有本领、有担当"时代新人培养要求,提出了素养导向的学科课程目标,首次在各学科的课程标准中明确提出了学业质量标准。与以往的课程标准相比,这是一个重要的创新与发展。学生通过课程学习,是否实现了核心素养、实现程度如何,需要以学业质量标准衡量。从只有内容标准到增加学业质量标准,课程内容结构化编排更利于学科实践活动、跨学科主题深度实施,倡导大概念引领下的"教—学—评"一体化设计等。

新课标指出,道德与法治课程评价目的直指人的发展,评价内容是"要对学生核心素养的综合发展状况进行评价,兼顾学生学习态度、参与学习活动的程度以及对课程内容的理解应用水平;要着重评价学生在日常生活与学习中表现出的思想政治素养、道德品行、法治观念,以及在真实情境与任务中运用所学知识分析问题、解决问题时所表现出的核心素养发展综合水平"。由于学生的核心素养综合发展具有反复性、内生性、个性化等特点,统一性评价并不适合本课程。与一般知识性课程相比,本课程的教育教学目标不在于使学生能掌握、识记多少价值观、社会规范和生活常识,而在于提高道德与法治素养,关注学生价值观的内化程度,社会规范、法治知识的践行状态和生活常识的运用状况。因此,在评价目标导向上,关注的是"人"本身,指向学生核心素养的整体发展,以学生道德、法治意识和行为的动态发展为对象,以激励、引导他们形成良好的道德、法治素养和行为习惯,奠基初步的人文知识素养,以促进其良性社会性发展为评价目标。这就使得对本课程的评价必须与对一般知识型学科的评价(以掌握学科知识内容体系为主要目标,注重知识内容体系的阶梯性、阶段性鉴定等特点)完全区别开来,探索符合学生核心素养发展的评价机制和策略。[①]

二、小学法治"大教学"的评价追求

根据《深化新时代教育评价改革总体方案》《义务教育质量评价指南》和《义务教育道德与法治课程标准(2022年版)》当中对学业质量评价的要求,对小学法治教学的评价主要涉及价值观念、学习态度、过程表现、学业成就等多方面,贯穿道德与法治课程学习的全过程和教学的各个环节,发挥以评促教、以评促学、以评育人的功能。新课标中对学业质量的评价主要有教学评价和学业水平考试两种方式,具体通过表6–1来

---

① 钟守权. 传承与发展 道德与法治课程教学初论[M]. 广州:广东高等教育出版社,2018.

呈现。

表 6-1 《义务教育道德与法治课程标准（2022）》关于教学评价和学业水平考试的描述

教学评价	学业水平考试
评价主要涉及价值观念、学习态度、过程表现、学业成就等多方面，贯穿道德与法治课程学习的全过程和教学的各个环节，发挥以评促教、以评促学、以评育人的功能。评价环节包括课堂评价、作业评价、期终评价	学业水平考试以考查学生核心素养形成与发展为目标。依据学业质量标准，充分体现基于核心素养的命题导向与立意，正确处理核心素养与课程内容、任务、情境之间的关系，有效测评学生学业成就，落实素养导向的课程改革要求（7~9年级）

与其他学科和学段相比，小学道德与法治评价有一定的特殊性。如考认知易考情感难：与认知相比，课程更重视思想情感，评价内容的主体性（非绝对客观性）突出，与一般知识性强的学科相比，评价内容的属性不同。学业水平检测方式不一：道德与法治学科检测方式灵活，以鼓励为主，采用等级制评价学生，较多采取非纸笔测试的教学评价方式（如体验型作业、作品展示、档案袋等），一般较少采取纸笔测试的方式进行学业水平考试（也有部分地区例外）。

结合学段的特点，我们聚焦核心素养，引入"生态型学习评估"的理念，基于生态哲学的理论，探讨小学法治大教学的学习评价结构。布鲁诺·拉图尔认为：凡是存在的万事万物都是行动者，不能将行动者割裂为人类与非人类，世界上有人类、自然/环境、技术及观念/理论四类行动者，世界实际上就是行动者相互作用着的网络。我们将"行动者网络理论"应用于学习物理空间的构建，使虚拟与现实得以整合，这意味着不仅学生、教师是人类行动者，而且信息技术、法律文本、法律案例、教学材料、教室环境、法律观念乃至社会文化背景等非人类行动者也同样重要。这些行动者相互交织、影响，共同构成了一个复杂而动态的学习网络。例如，利用信息技术创建虚拟法庭、在线法律资源库、互动法律游戏等，这些技术行动者不仅提供了丰富的学习资源，还促进了学生与教师、学生与学生之间的交流与互动。同时，法律文本、案例等作为观念/理论行动者，引导学生深入理解法律原则和规则。

生态哲学整体主义理论为小学法治"大教学"的教学评价创新提供了理论基础。对小学法治"大教学"的评价从"生态型学习评估"中汲取营养，确立以学习为中心的评估价值取向，核心的价值目标是"促进学生学习"，从生命有机体的角度观照教学评价、学习评价，赋予学生学习持续进化和发展的能力。

（一）坚持价值引领，全面贯彻党的教育方针

人无德不立，国无德不兴；法治兴则国兴，法治强则国强。提高公民的道德修养和法治素养，是促进社会全面进步、人全面发展的必然要求。青少年阶段是人生"拔节孕穗期"，要扣好人生第一粒扣子，尤其需要精心引导和培育。道德与法治教育基于社会发展和学生成长的需要，全面贯彻落实党的教育方针，以正确的政治思想、道德规范和法治观念对学生进行循序渐进的系统化教育，在道德教育中发挥法治对道德的促进作用，在法治教育中发挥道德对法治的滋养作用，使道德教育与法治教育相辅相成、相得益彰，培养学生成为担当民族复兴大任的时代新人。

我们都知道，想要构建一个国家，宪法必不可少、至关重要。宪法除了确立国家制度、规定国家机构之外，还教导人民热爱国家、热爱社会，让国家和社会能够长期稳定发展。当代有一种说法叫"宪法爱国主义"，即如果我们爱这部宪法，就等于在爱这个国家。宪法与道德密切相关，宪法和法律体系中有一种道德层面的追求，宪法中有关社会主义核心价值观的内容就是有关道德的具体规定。[①] 因此，在小学法治"大教学"实践中，我们重视培养学生的爱国主义情怀，教导学生热爱宪法，注重对学生的法治思维、逻辑思维、创新思维的培养，课后增设的实践活动课倡导做中学，让学生在跨学科的社会实践中实现理论与实践、知信行的融通，用自身行动践行社会主义核心价值观。

（二）坚持素养导向，体现法治对学生的关怀

现代意义上的法治，是以保护人的尊严而开展起来的，人格的尊严就体现在宪法之中。宪法规定的公民的基本权利与义务当中这种人权的观念——人的尊严与价值，在整个法律体系当中起到统领和核心的作用。[②]

法治教育的教学评价要落实立德树人的根本任务，要服务于学生发展。之前的教学评价过程中，多以系统论为指导，按照"计划—实施—反思—调整—总结"不断循环往复的总体思路，忽视人的具体性与个体独特性，这样的评价无法落实"教—学—评"一体化的理念，同时还会使学生的学业质量评价受到相对应的局限，难以反映学生个体的生命成长轨迹。

---

①② 李忠夏. 通过宪法学习，从小培养对人的关怀［J］. 青少年法治教育，2022（1）：12 - 17.

小学法治"大教学"基于人本性，倡导"法治与道德生活化"，以学生为中心，鼓励教师积极探索，创新评价设计方式，如分层布置、分类别布置，再如设计体验型实践活动、调研型作业、探究型项目活动等。学生可根据各自的实际能力和特点进行自主选择，充分发挥各类评价的正向教育功能，调动学生学习法律的主动性，深切感受到日常生活中来自党和国家、政府、司法和社会等对未成年人的特殊关怀，体会到依法治国对国家发展的重要性，促进学生核心素养的发展。

对小学法治"大教学"的评价要体现在价值追求上，关注的是"人"本身，指向学生核心素养的整体发展，以学生道德、法治意识和行为的动态发展为评价对象，以激励、引导他们形成良好的道德、法治素养和行为习惯，培养初步的人文知识素养，让学生的学习在评价中得以优化与发展，以评促教促学，探索符合学生核心素养发展的评估机制和策略。教学中，教师基于实际学情，围绕教材目标，结合社会热点，以目的性、实践性、主体性、过程性为原则，并注重评价主体的多元性，探索与学生生活实际密切相关、能激发学生兴趣、培养学生创新精神与实践能力的多样式的学习方式（主题式、项目式、探究式等），让学生在道德与法治的理论学习与实践学习中提高法治意识与道德情操，促进学生核心素养发展，为学生的终身发展奠基。设计梯度合理的"大教学"进阶式评价体系，充分发挥评价的诊断、激励和改善功能，促进学生的"学"与教师的"教"共生向上发展，体现过程性与终结性、常规教学与水平考试相结合的评价追求。这个过程中，学生的发展是在学习中实现的，有效的学习促成有效的发展，可持续的学习促成可持续的发展。

（三）坚持以评促教、学，建立多方协同的评价机制

传统的教学评价工作通过教师问答、教师言语评价、答题评价等方式展开，基本是从教师、学校层面对学生的单向评价，所呈现出来的评价结果基本上无法展现学生的真实学习状态和学习成果，大部分都是对应的成绩单。这样的评价结果既增加了学生在学习方面的整体压力，也使教学评价的效率不断降低。小学法治"大教学"结合学科教学实际和学业评价标准，结合法治教育的要求，切实减掉那些低质量、低效率、惩罚性、机械重复的作业，创设更多理论与实践结合的多样化的作业，建立"六元评价"体系，采用自我评价、同伴评价、教师评价、家庭评价、同行评价和社会评价的六主体立体评价方式（图6-1），建立多方协同的评价机制，综合运用观察、访谈、作业等方法进行

个性、鼓励性的发展评价，努力实现"教—学—评"一致性，深度接轨学生的综合素质评价，以人口素质现代化推动人口高质量发展。

大教学的核心是"多维交流"，在教学过程中，教师积极利用评价促进各类行动者之间的交流、互动与协作。同时，教师还引导学生认识到自己是这个网络中的一个重要行动者，他们的言行举止、学习态度、价值观等都会对整个网络产生影响。这种认识有助于培养学生的责任感和公民意识，构建一个以"行动者网络理论"为基础的"六元"生态型学习评价范式。

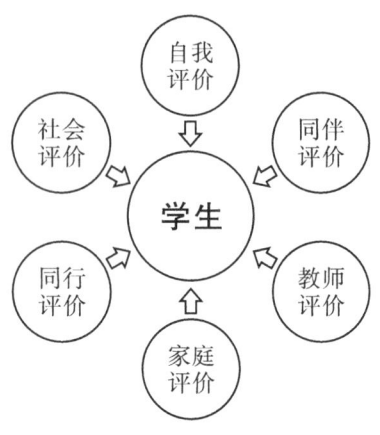

图 6-1 小学法治"大教学""六元"生态型学习评价

（四）坚持面向未来，走向信息技术深度融合时代

教育评价与信息技术紧密结合，是信息时代发展的必然趋势。在信息时代，人类在物理与虚拟空间中留存了大量的学习、生活与工作数据，涉及心理认知、生理体能、行为表现等多个方面。在这一背景下，对学生等不同评价主体的全面准确描绘、预测与解释是一项基础性、长期性、专业性的工作，需要大量具有多学科背景的高端人才的参与。数据采集与分析、模型算法集成、模型评估与应用、评价结果反馈等均可能成为信息技术应用的爆发点。从教到学、评融合的转向，对学科建设提出新要求。评价方法和技术应更加科学化，以更准确地反映学生的学习成果；评价模式应融合结果评价、过程性评价和增值评价等多种模式；评价的价值应坚持以人为本。①

在评价方式上，我们通过信息技术的赋能和多种评价方式的综合运用，更好地捕捉和记录学生在行动者网络中的表现和成长轨迹，为他们提供更加个性化、全面化、动态化的学习评价服务。除了传统的笔试评价外，我们借助信息技术，探索出纸笔测试、项目评价、观察评价、学生成长记录袋、日常行为表现记录卡等多种评价方式，坚持自我评价、同伴评价、家庭评价、社会评价等多主体参与，改进结果评价，强化过程评价，探索增值评价。如，在教学实践中设计一些基于行动者网络理论的评价任务，要求在学生分析一个法律案例时，不仅要考虑法律条文和法官的判决，还要考虑社会环境、技术

---

① 辛涛. 教育评价学学科建设的思考与探索[J]. 中国考试，2024（5）：1-4.

条件、公众舆论等多个行动者的影响，并通过学习生态评价范式进行综合反馈，调整教学行为，促进知信行合一。这样的多媒介融合评价范式不仅关注学生的学习成果，还关注他们的学习过程、学习态度以及与他人合作的能力，不再是对学生学习成果的简单评判，而是对整个学习过程和学习生态的审视和反思，从生命有机体的角度观照学习评估，不仅能够更全面地考查学生的综合能力和素养，还能够为法治教育的持续改进和创新提供有力的支持。

面对来势汹汹的人工智能时代，我们应积极拥抱改革与创新，不断完善学科体系，通过丰富课程内容，改进教学方法和手段，加强师资队伍建设，注重实践教学，推动教育评价理论与方法的不断创新发展。

第二节 小学法治"大教学"的评价探索

教学评价是一个广泛的概念，包括对教师教学工作（如教学设计、组织、实施等）的评价以及对学生学习效果的评价。本节将基于学生的学业质量，从教师的教和学生的学两个评价维度来展现对小学法治"大教学"的评价探索。

一、小学法治教学的学业质量与评价

学业质量是学生在完成课程阶段性学习后的学业成就表现，反映学生发展核心素养的要求。学业质量基于核心素养，是在完成某一阶段的课程内容学习之后核心素养实际达到的水平，反映课程目标和学业要求的达成度，[①] 是衡量教育质量高低的关键指标。

表6–2是《义务教育道德与法治课程标准（2022年版）》当中对学业质量的描述。

---

① 中共中央，国务院. 深化新时代教育评价改革总体方案［N］. 新华网，2020–10–13.

表6-2 《义务教育道德与法治课程标准（2022年版）》当中对学业质量的描述

学段	学业质量描述
第一学段 （1~2年级）	能够准确讲出中国的全称，知道国旗、国歌、国徽是国家的象征，能够认识中国版图，知道主要传统节日与纪念日的来历与含义，具有作为中国人的自豪感，能够识别道路交通和安全标识，具有一定的安全意识（政治认同、法治观念），能够结合个人与学校生活，分析自己的进步与优点，按照正确的行为要求去行动，具有良好的意志品质，知道合理调控消极情绪的方法（道德修养、健全人格）；能够陈述社会主义核心价值观的概念，能够讲述老一辈无产阶级革命家和我国著名英雄模范人物的事迹及其榜样示范作用，能够结合日常生活体会勤俭节约和自强不息是中华民族传统美德（政治认同、健全人格、道德修养）。 能够尊重国旗、国徽，饱含感情地唱国歌、少先队队歌（政治认同）；在家庭、学校等生活情境中，能够遵守与他人的约定，正确使用礼貌用语，合作学习、共同进步，知道感恩，遵守课堂纪律和作息时间，维护学校秩序，入学适应良好，爱护公共设施（道德修养、法治观念、责任意识）；在日常生活中，能够自己的事情自己做，承担力所能及的家务劳动，具有健康、安全的生活习惯，具备勤俭节约的意识，爱护大自然（道德修养、健全人格、责任意识）
第二学段 （3~4年级）	在地图上能够指出家乡所在省份和地理位置，了解中华优秀传统文化的代表性成果，举例讲述新中国建设的伟大成就，对祖国未来充满信心，能够结合实例讲述维护国家统一与民族团结的意义，知道祖国领土神圣不可侵犯（政治认同、法治观念），能够讲述革命英雄人物的事迹，能够结合家庭与社会生活简要说明优良家风的意义，举例讲述中华民族传统美德，简要分析遵守规则的重要性，能够结合日常生活讲述爱护公共设施人人有责的意义，热爱劳动、尊重劳动者，能够结合生活中的实例讲述职业没有高低贵贱之分（政治认同、道德修养、法治观念）；珍爱生命，热爱生活，具有安全自律意识（道德修养、健全人格、责任意识）。 能够结合日常生活和集体生活践行社会主义核心价值观，爱护环境卫生，以恰当方式表达对长辈和老师的感激之心，遵守待人接物的基本礼仪，能够与同学平等相处、与邻里和睦相处，关心家庭，积极分担家务劳动，遵守基本的网络交往道德规范（道德修养、健全人格、责任意识）；在学校和社会生活中，遵守社会规则（法治观念、道德修养、责任意识）；具有良好的意志品质，明辨是非，掌握自我保护技能，勤俭节约，能够理解"绿水青山就是金山银山"的道理，自觉保护自然环境（健全人格、责任意识）

续上表

学段	学业质量描述
第三学段 （5~6年级）	知道马克思主义的指导地位、中国共产党的主要革命历史与党的根本宗旨，初步了解中国特色社会主义道路的意义、习近平新时代中国特色社会主义思想精髓，能够讲述人民军队在不同时期的名称由来，热爱人民军队，能够结合个人与社会生活中的实例理解法律的重要性，知道宪法是国家根本法，了解公民基本权利与义务以及未成年人的权利，能够结合实例讲述法律面前人人平等的原则（政治认同、法治观念）；能够结合社会生活，根据社会主义核心价值观判断是非对错，具有良好的集体意识与团队精神，举例讲述在长期奋斗中构建起的中国共产党人的精神谱系（政治认同、道德修养），能够用实例说明中华文化的源远流长与博大精深，了解中华民族对人类文明的贡献（政治认同、道德修养）；能够结合实例简要说明维护国家安全的重要性，能够结合实例论述如何维护国家利益和安全（政治认同、法治观念、责任意识）；能够举例说明世界文化的多样性，知道文明交流互鉴的重要性，讲述构建人类命运共同体的意义（政治认同、责任意识） 能够完成学习和作息计划，形成健康生活习惯，能够用与生活相关的法律维护自己的合法权益（道德修养、健全人格、法治观念、责任意识）；能够结合家庭、学校和社会生活，理性思考，平等待人，主动分担家务劳动，积极服务社会，做一名家庭好成员和社会好公民（道德修养、健全人格、责任意识）；能够践行社会主义核心价值观，维护公共秩序与社会安全，遵守法律规定（政治认同、道德修养、法治观念、责任意识）；能够结合生活实例阐述如何做到自尊自爱自强，能够辨识失信失德的行为表现，知道诚实守信的意义（道德修养、健全人格、法治观念）；能够自我保护，有安全意识，抵制不良行为与违法行为，拒绝参与危害社会安全的活动（道德修养、法治观念、责任意识）；能够讲述环境保护的重要性，就如何实现可持续发展提出建议（道德修养、法治观念、责任意识）

从小学三个学段的学业质量描述来看（表6-2），新课标根据政治认同、法治观念、道德修养、健全人格、法治观念五大学科核心素养发展水平，结合课程内容，整体刻画不同学段学生学业成就的具体特征表现，形成学业质量标准，引导和帮助教师把握教学深度和广度，为教材编写、教学实施和考试评价等提供依据。从新课标的学业质量描述来看，我们可以看到学业质量与教、学、评三者之间的连接。

（1）与学的连接：学习成就的表现特征——学业成就的普遍性和基础性。

（2）与教的连接：把握教学的精度、广度和深度——教学的范围与内涵的界定。

（3）与评的连接：考试评价的依据——评价连接教与学，反映学业质量，具有全面性、全过程性，对教学与评价有指导意义、规范意义和学业成就依据意义。

从道德与法治新课标中新增加的学业质量标准来看，它与课程目标、课程内容与课程实施构成一个完整链条，课程内容决定学什么，课程实施引导怎么学，课程目标决定学到什么程度，而学业质量标准提供怎么评、怎么考，这样就有效解决了"教—学—评"一致性问题。可以说，新课标的颁布，为我们的道德与法治课堂中教师的"教"、学生的"学"、教学的"评价"提供了根本遵循，总体上有助于形成小学教学"教—学—评"的闭环。

因此，学业质量标准作为课程评价内容的标准，规定了每个学段学科核心素养要达到的要求，道德与法治学科的核心素养，包括政治认同、道德修养、法治素养、健全人格和责任意识及其特征表现，就是课程评价的核心。而对于小学法治教育来说，我们可以把对道德与法治学科的课程评价作为总的评价要求，结合《青少年法治教育大纲》的总目标，以社会主义核心价值观为引领，着重评价学生在日常生活与学习中表现出的思想政治素养、道德品行、法治观念，以及在真实情境与任务中运用所学知识分析问题、解决问题时所表现出的核心素养发展综合水平。

二、小学法治"大教学"对教师教学评价的探索

习近平总书记强调："办好思想政治理论课关键在教师，关键在发挥教师的积极性、主动性、创造性。"法治教育作为道德与法治重要的主题，要想提高学生的学业质量也是同理，关键在发挥教师的积极性、主动性、创造性，实现"教—学—评"的一致性，切实提高课堂教学的质量。

在小学法治教育中，由于任课教师大都兼职语文、数学、英语等课程教学，习惯于采用以知识点为目标、以教师单向评定等级的考核方式为主。在新课改的背景下，如何实现直观、量化、可感的"知识性"考核转向抽象、质性、过程性的知识、情感和行为的全面发展性评价，首要的是解决对课程的认知、对儿童道德与法治素养发展规律的认识和把握问题。

在开展法治课堂评价过程中，我们探索多维度的课堂教学质量评价模式，在日常的教学中发放教师课堂教学质量评价表（表6-3），在一定意义上，不仅评价教师教学效果，同时也评价学生学业质量。

表 6-3 教师课堂教学质量评价表

任课教师		学科		班级		时间	
课　题				课型		职称	
评价指标	评　价　标　准		评价结果				得分
			A	B	C	D	
教学目标	1. 落实"立德树人"根本任务 2. 符合课程标准，切合学生实际，明确、具体、可操作		20	17	15	12	
教学过程	3. 符合课型特征，内容注重情境化，容量恰当，梯度合理 4. 工具与资源运用恰当，指导充分，教学方法、策略有效 5. 关注生成，反馈及时，学习过程评价具有切实性、激励性 6. 练习和作业设计针对性强，形式多样，容量和难度适中		25	22	18	15	
学习过程	7. 主动参与活动，有积极的情感体验 8. 有自主、合作和探究学习意识，方式灵活 9. 准备充分，兴趣浓厚、思维活跃，敢于表达与质疑		25	22	18	15	
教学效果	10. 目标达成度高，兼顾学生共同基础与差异发展 11. 教学相长，体现公平，师生、生生关系和谐、学生自信		20	17	15	12	
教师素养	12. 具备学科专业素养，课堂调控有效，语言清晰准确、教态自然，亲和力强，板书、演示规范		10	8	6	5	
综合得分		等级	A（87~100）	B（73~86）	C（60~72）	D（59以下）	
评　价	（优点、教学特色与创新、改进建议） 签名：						

课堂教学评价的意义在于指引教师全面理解课程的教育目标和价值，采用适合课程性质和特点的教学方法，创新教学方法和手段，提高教学实效。表 6-3 教师课堂教学质

量评价表，在评价内容上，道德与社会知识点不是道德与法治课程评价的主要内容，学生道德与法治意识和行为习惯发展的过程状态、进步程度、稳定程度、内化程度等才是课程评价的主题。围绕这个评价主题，课堂教学评价的关注点在于教师对学生道德与法治意识和行为习惯发展的了解程度、教学内容与学生道德和法治发展状态的吻合度，以及教师教学指引的正向性、针对性、个性化等。在评价策略和方法上，道德与法治课程教学评价突出师生、生生的互动，突出课堂体验和实践互动，突出学生参与行为的广度与有效性，突出引领学生发展和解决学生学习道德与法治的困境。这"四个突出"在于体现课程的生活性、活动性、开放性、实践性等特征，体现教师对学生道德与法治发展的关注程度，而不仅是对课本法治知识原理解读的准确性。有鉴于此，教师教学的情感状态、与学生对话交流的用心状态及教师对学生个性发展的把握状态等，是对道德与法治课程教师教学评价的特殊关注点，当中特别强调教学材料整合、引用是否能够贴近学生、贴近生活、贴近社会，这也是道德与法治课程教育目标和价值的综合反映。

三、小学法治"大教学"对学生学业评价的探索

从学生的角度来看，教学评价是一种引领。有效的评价对学生而言是一种肯定，也是一种指正；是一种启迪，也是一种引领。评价的不奏效甚至缺失，往往会让学生迷失学习方向、缺乏学习动力，会对学生核心素养的发展产生不利影响。小学法治的教学评价要围绕发展学生核心素养，发挥评价的引导作用，改进结果评价，强化过程评价，探索增值评价。在评价的引领之下，学生的努力方向会更加清晰。[①]

为了更好地发挥评价的引领作用，教师应该基于不同视角、不同场所以及不同时间，对评价进行改进。小学法治"大教学"以一种新的教学理念与模式拓宽常规教学的宽度、广度与深度，打通小学法治教学在内容、资源、方法和场域方面的通道，主张建立多方协同的评价机制——"六元评价"，以"五层进阶式评价"（图6-2）构建协同育人体系，充分发挥教师、家长、学生、社会相关人员等多元主体的评价作用，以评促进教、学的提升，"关注真实进步""欣赏独特表现""加深知行体验""发现自己潜能"，进而做到知行合一，从而使法治教育更加符合本国公民的发展需要。进阶式单元学习评

---

① 张瑜. 核心素养背景下小学道德与法治评价策略研究 [J]. 亚太教育，2023 (3)：64-67.

价，充分发挥评价的诊断、激励和改善功能，体现评价的人本性、发展性、系统性、创新性，促进学生的"学"与教师的"教"共生向上发展。

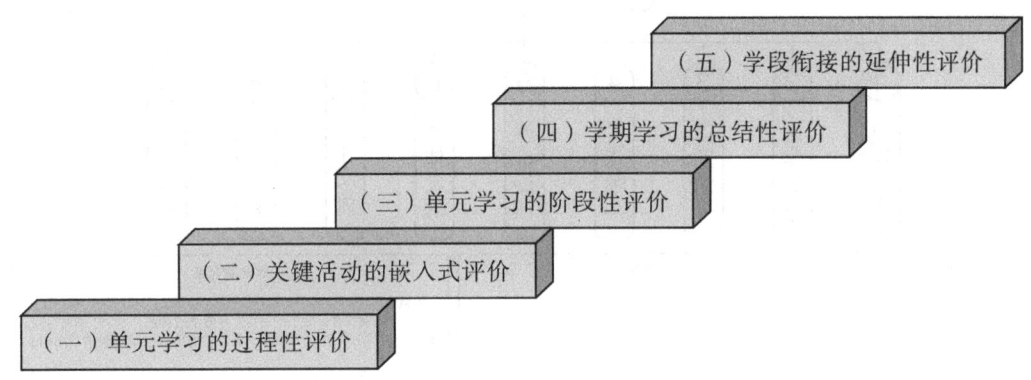

图6-2 五层进阶式评价

小学法治"大教学"的五层进阶式评价主要包括单元学习的过程性评价、关键活动的嵌入式评价、单元学习的阶段性评价、学期学习的总结性评价和学段衔接的延伸性评价五种评价，包含教学评价和学业水平考试两种评价，涵盖价值观念、学习态度、过程表现、学业成就等多方面，贯穿法治学习的全过程和教学的各个环节，发挥以评促教、以评促学、以评育人的功能。

（一）单元学习的过程性评价

单元学习的过程性评价关注学生在学习单元过程中的表现，强调对学习过程的监控和反馈。在法治教学中，关注学生主体的个性与差异性，更有助于区别不同学生的发展需要和水平，更能激发学生的学习愿望和动力。过程性评价可以通过课堂观察、课内小测试、课后作业分析，利用信息化工具进行人机或师生互评。如组织学生进行小组讨论，观察学生的合作能力、沟通能力和对法治问题的思考深度；对学生的法治实践进行分析，了解学生对法治知识的掌握程度和应用能力。而在人工智能时代，更多的数智工具广泛应用在课堂评价体系中，如广东省教育研究院申请的广东省重点领域研发计划"5G+智慧教育"项目，当中运用基于人工智能的CSMS技术（图6-3），对课堂教学作出诊断与评价，最终反哺课堂教学的改进，在运用信息技术赋能课堂教学智慧评价领域进行了开拓性探索，建构了评价系统，提出了评价理论，实现了课堂教学大数据报告的自动生成，研发出大单元教学分析工具和课堂文化建设情况诊断工具，并在广东省中小学校和中职学校开展成果运用实验,产生极大影响。

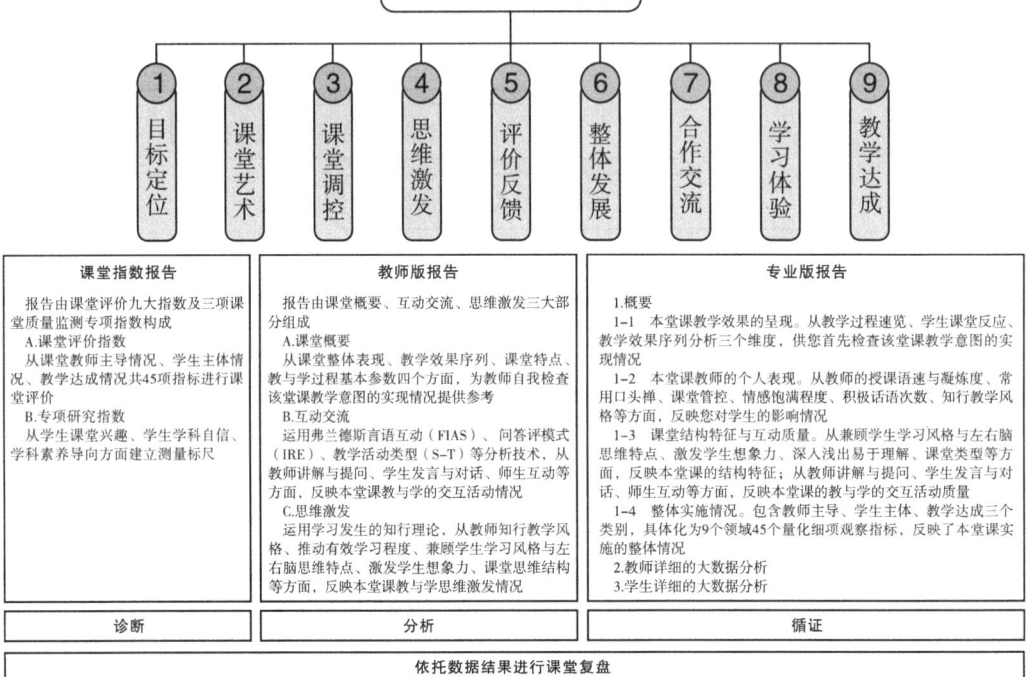

图6-3 运用CSMS技术依托数据结果进行课堂复盘

案例

表6-4 三年级下册第三单元《生活离不开规则》课堂评价表

姓名:_____　　　　　　　　评价时间:_____

学习加油站				
评价标准	评价要求	学生自评	小组互评	教师评
第一站	能够分析和探讨生活中的不同规则,并且践行规则。	☆☆☆	☆☆☆	☆☆☆
第二站	能够自觉维护规则,并且积极主动地宣传规则。	☆☆☆	☆☆☆	☆☆☆
第三站	能够通过小组协作的形式制作班级规则,营造良好的班级环境。	☆☆☆	☆☆☆	☆☆☆
我的收获				

（二）关键活动的嵌入式评价

在"教—学—评"一致性理念下，在关键性的学习活动中嵌入必要的评价，发挥评价在促进学生学习和改进教学方面的独特价值，变"评价教学"为"为学习的评价"与"作为学习的评价"。在重要的学习活动中嵌入评价以推进教学走高、走深、走心。在教学中，教师可以通过课堂问答的随机点评、生生互评、小习题等，通过语言、动作、纸笔、智能多样化方式，将评价融入教学活动的关键环节中，提升学生在课堂的获得感，以评估学生的学习效果（表6-4）。如在《我们都是未成年人》一课的教学中，教师在"小小模拟法庭"这一关键环节中，设定模拟法庭的评价标准，如法律条文的准确引用、辩护的逻辑性、庭审程序的规范性等，教师和其他学生作为旁听观众观察学生体验法官、律师、原告、被告等角色的表现，及时用语言或小手牌等对庭审过程进行鼓励性的评价和打分，评估他们对法治知识的理解和应用能力，增强对中国特色社会主义法治体系"良法善治"这一核心要义的感悟。又如在"法治知识竞赛"中，学生以个人或团队形式参赛，进行知识问答和案例分析，教师与场下的学生观众根据学生的答题速度和正确率评估他们对法治知识的掌握程度，以评促进教、学的双向情感流动。

（三）单元学习的阶段性评价

阶段性评价是在学习单元的不同阶段进行的评价，以了解学生的学习进展和效果。单元主题不同，学习目标也不同，有必要在完成一个单元教学后进行单元阶段性的评价。在小学法治教学中，教师可以根据学生的课堂表现、作业质量、参与活动等作出阶段性评价，也可通过单元水平测试、问卷调查、红旗榜、单元争章活动等方式对学生掌握该单元法治知识的程度给予评价，了解学生对法治学习的兴趣、态度和学习困难等，以便及时调整教学策略。如学完六年级法治专册第四单元《法律保护我们健康成长》后，教师可以再设计一个关于社会上对未成年人特殊保护的单元学习调查实践活动，让学生了解未成年人的民事行为能力和相关权利义务，注重以评促教、以评促思，以"教—学—评"一体化促进学生的法治观念、责任意识和道德修养培育，初步培养以法治思维参与社会生活的新时代公民意识。如果教师本人所处的学校有程序开发能力，那么采用信息化的评价手段评价单元学习情况会更立体、多元、及时。如广东省广州市越秀区东山培正小学开发了一个"智慧德育"小程序，对学生的"德、智、体、美、劳"等方面进行比较科学合理的全面评价，当中学生、家长和科任教师都可以分类别提交学习过程性的作业、收获或单元性的实践资料、成果资料，实现多主体的评价合力，以便更好地培养学生的自我认知和自我管理能力。

（四）学期学习的总结性评价

总结性评价是在学期末进行的全面评价，以评估学生一学期的学习成果，立足于学生的学科核心素养发展状况进行全面的评定。在小学的法治教学中，总结性评价因各地教育部门的要求不一，比较常见的方式有期末水平测试、作品展示和成长记录袋等。如六年级上册的法治专册完成学期教学任务后，教师要求学生制作法治主题的作品（如海报、小报、视频等），展示他们对法治知识的理解和应用能力，也可以把学期学习的总结性评价按分—总结构形成评价网络，每一个单元的学习评价作为学期学习的总结性评价的一个组成部分，最后所有单元学完后汇总成一个成长小档案，如表6-5所示。

表6-5 道德与法治学科综合评价小档案

评价类型	单元评价					
	第一单元	第二单元	第三单元	第四单元	期末评价	学期总评
个人自评						
伙伴评价						
家长评价						
教师评价						
社会评价（如实践活动组织者）						
成长典型故事记录/成长感言	我的成长故事点滴			我的成长图片记录		
伙伴祝愿池						
亲人加油站						

（_____学年第一学期道德与法治学科综合评价小档案；班别：_____ 姓名：_____ 学号：_____）

制作成长小档案时，学生可以按时间轴建立自己的成长记录小单元，记录自己在法治学习过程中的点滴进步，记录内容可以包括作业、作品、课堂表现、自我评价、同伴评价、教师评价、家长评价、课外实践评价等。教师、家长定期引导学生整理成长记录袋，让学生看到自己的成长轨迹。在这个过程中，学生通过自我评价反思个人的学习收获，学生之间进行互评，增强他们的合作意识和批判性思维能力；邀请家长参加，使其了解孩子在家庭环境中的法治学习情况；对学生参与社会法治学习、社会实践活动等进行评价，给予学生一个面向社会的方向性指引，激发学生参与社会生活的积极性、主动性和创新性。

（五）学段衔接的延伸性评价

现行的学业评价基本以学段为限制，每个学段都有自己的评价体系和标准，为打破学段评价壁垒，我们创造性地探索出延伸性评价方式，加强思政课一体化建设，关注学生在不同学段之间的学习衔接和进步情况，更好地关注学生的持续性发展。如某校学生每年约有一半的学生会进入同一教育集团的中学，在"我们是公民"这一单元教学设计中，教师可以创造性地增加小学与初中两个学段衔接的延伸性评价，通过原来的班级钉钉群发布线上调查表，密切联系初中部的思政教师开展个别学生访谈，运用线上线下相结合的方式对进入初中学习的学生进行回访式的延伸评价，通过学段对比和跟踪调查，对比学生在不同学段对法治知识的掌握程度和应用能力，了解他们在新的学习环境中对法治知识的应用情况，以测评小学所学的内容对其日后学习及生活的影响，将跟踪调查结果反馈给当前学段的教学团队，以便他们进行有针对性的教学改进，从而推进法治教育的高质量发展。

以上五种评价，组成一个立体多元、角度开阔的阶梯式评价体系，可以全面、客观地了解学生在法治学习中的表现和发展情况，为教学提供有力的支持和指导。要注意的是，评价要服务于立德树人这一根本任务，要让教学评价回归教育本身，将学生全面发展这一根本价值遵循进一步落实为对日常法治教育教学实践的要求，牢记评价的根本目的是提升立德树人的质量、促进学生的全面发展，而不是只是满足外部的排名、分等级等,破除教育评价价值定位的管理主义异化,提高评价结果的科学性和认可度。[①] 而且在评价中要利于内化学生的思想,同时要更注重将学生的思想向行为习惯的转化,让评价成为一种有效的指引、一种及时的诊断、一种正确的价值观浸润,真正让评价促进学生健全人格养成、良好品行和行为习惯养成、健康生活方式与能力形成,为学生社会性发展和提高公民素质奠基。

[①] 辛涛,洪情,李刚. 新时代教育评价体系的价值定位:国际趋势与中国方案[J]. 国家教育行政学院学报,2024(2):13-20.

第七章

"大教学"视野下的小学法治教师专业发展

"一民之轨,莫如法。"今日中国,弘扬社会主义法治精神,树立社会主义法治理念,增强全社会学法、尊法、守法、用法意识,必须从每个人的青少年时代打下牢固的基础。中小学阶段是学生世界观、人生观、价值观形成的关键时期。加强中小学法治教育,对预防和减少中小学生违法犯罪、保障青少年合法权益乃至落实"依法治国,建设社会主义法治国家"都具有重要的现实意义。党的十八届四中全会提出,要"把法治教育纳入国民教育体系,从青少年抓起,在中小学设立法治知识课程"。2021年11月,教育部印发《全国教育系统开展法治宣传教育的第八个五年规划(2021—2025年)》,对"十四五"时期教育系统法治宣传教育工作进行全面部署。围绕顶层设计,各地各部门结合实际创新推动法治宣传教育,各种举措陆续出台。

面对新形势新要求,"大教学"视野下的小学法治教师的专业发展是怎么样的?又将走向何方?本章将从"大教学"视野下小学法治教师专业发展的背景与基础、小学法治教师专业发展的问题与挑战和小学法治教师专业发展的突破口等方面展开阐述,希望为基于新时代依法治国理念下指向高质量的法治师资队伍的建设提供基本思路和借鉴参考。

第一节 小学法治教师专业发展的背景与基础

2016年,为贯彻落实党的十八届四中全会关于在中小学设立法治知识课程的要求,教育部在《关于2016年中小学教学用书有关事项的通知》中提出,将义务教育小学和初中起始年级"品德与生活""思想品德"教材名称统一更改为"道德与法治"。这是自1949年以来,"法治"二字首次出现在义务教育阶段的政治课程名称中。从"品德与生活""思想品德"到"道德与法治",改变的不仅仅是学科名称,还是教育主管部门对国家依法治国战略的响应。

法治教师是小学道德教育和法治教育的重要实施者,他们的素养和能力直接影响到教育效果。高质量的法治教师队伍意味着教师具备扎实的专业知识、良好的教学能力和高尚的师德师风,不仅能够准确传授学科知识,还能够引导学生树立正确的世界观、人生观和价值观，培养学生的社会责任感和公民意识。但是，我们发现，从"品德与生活""思想品德"改为"道德与法治"，学科名称改了，课程标准、课程内容、课程评价等都发生了很大的变化，但担任学科教学的仍然是原来的"品德与生活""品德与社会""思想品德"教师（以下简称"思品教师"）。面对新的问题，学校也没有能力立即将原有的思品教师全部换成道德与法治教师，于是新课程仍然由旧课程教师任教，课程教学理念、专业知识、教学方法相对滞后或未能补齐，由此引发一系列制约该学科发展的问题，而思政教师队伍的专业发展也成为社会各界关注的问题。而由于学科设置的问题，法治教育仅作为道德与法治课程当中重要的教学组成内容，并没有专门配置小学法治教师的要求。因此，在研究小学法治教师专业发展时，我们会将其放置于思政教师专业发展的背景中进行思考。

法治教师队伍的高质量发展，不仅关乎法治教育资源的配置，更直接影响学生的全面发展。在小学，想实现法治教师队伍的高质量发展，要根据教育发展的实际需求，合理规划和配置教师资源，实现数量、质量两手抓，在确保法治教师数量的基础上，提升教师队伍的质量，确保每一名学生都能接受高质量的法治教育，更好地实现教育的公平性和普及性。

小学法治教师队伍的现状不容乐观。尽管近年来小学法治教师的数量有所增加，但总体上仍存在缺口，尤其是在一些偏远地区。笔者作为个体，难以对全国的小学法治教师专业情况开展调查研究，就以所处的广东省为例。2022年之前，小学道德与法治学科兼职任教的情况非常普遍。根据广东省教育厅思想政治教育处相关的调查数据（2022年），全省小学学段有专业背景的专职思政教师占比不到6%，而有法治教育相关背景专业的老师占比不足1%。在一些偏远地区，小学法治教师就更显得凤毛麟角了。

2022年11月，教育部发布《关于进一步加强新时代中小学思政课建设的意见》（以下简称《意见》）。《意见》指出，"到2025年，中小学思政课关键地位进一步强化、建设水平全面提高。课堂活力充分激发，优质课程资源更加丰富，实践教学深入开展。思政课教师队伍专职化专业化水平明显提升，小学专职教师配备比例达到70%以上，初高中配齐专职教师"。《意见》要求，"各地要统筹使用中小学教职工编制，有效保障思政课专职教师配备，并制定具体补充计划"。《意见》提出的一系列具体措施，不仅从源头入手，配足配齐教师，而且重视准入退出、评价激励等机制的完善，旨在深化改革中小学思政课教师队伍管理体制机制，切实增强教师的职业认同感，充分发挥教师的主动性、积极性和创造性。

《意见》的发布，对改善小学思政课教师的专业化样态有较大的促进，思政课教师专职化有了很大的改观。以 G 市 H 校为例，2022 年之前，该学校没有专职思政课教师，但现在配备有 5 名专职思政课教师，其中 1 人是法律教育专业毕业的。专职教师配齐后，这所学校得以扎实推进小学道德与法治课程建设和学习《习近平新时代中国特色社会主义思想学生读本》在学校落地生根，教师也有更多精力去组织有趣的思政实践活动。在区域层面，这种改变就更为明显，某市教研员提供的数据显示，5 年前，该区小学思政课专职教师人数只有个位数，现在已达到 109 人。由此可见，无论是学校还是区域，近年来在思政课教师人数配备、培训提升、平台搭建、评优评先等方面都给出了很多很好的举措，进一步助力思政课教师的专业发展，为思政教育的高质量发展奠定了很好的人力资源基础。这当中，不乏一些与法律专业相关的法治教育师资进入小学道德与法治教师行列，为更好地开展法治教学提供更多的可能。

尽管近年来小学法治教师的数量有所增加，但小学法治教师的质量参差不齐。受到多种因素的影响，当前小学法治教师队伍的整体质量有待提高。道德与法治课教师队伍的稳定性和专业性，是困扰现阶段大部分学校行政管理的问题。对于小学的管理者来说，法治教师并不是师资配备的必选项目。此外，师范院校的马克思主义学院主要面向中学及以上学段的思政、法律课等培养教师，面向小学学段的法治教育的师资培养几乎为空白，使得小学法治教师队伍难以得到及时有效的补充。

第二节　小学法治教师专业发展面临的问题与挑战

小学法治教师专业发展不仅关系到教师个人的成长和提升，而且对小学法治教师队伍的整体素质和教育教学质量有着直接的影响。通过不断地学习和实践，教师能够更新教育观念，掌握先进的教学方法，提高课堂管理能力，从而更有效地激发学生的学习兴趣和创造力。此外，教师的专业成长还有助于提升自身的职业满意度和幸福感，形成积极的教育氛围。这些正面的影响进一步促进了教师队伍的建设和发展。

一、小学法治教师专业发展面临的问题

小学法治教师的专业发展大体由教师个体和学校团队两个"发展主体"构成，经过笔者团队的田野调查与访谈，发现小学法治教师队伍的专业发展比其他学科教师面临更多的难题，呈现更复杂的样态。通过对小学法治教师团队和教师个体的专业发展现状进行调查研究，我们发现小学法治教师在学校团队专业发展方面面临不少实际问题，具体分析如下。

（一）小学法治教师团队专业发展面临的问题

1. 高质量的小学法治师资数量不足且构成人员纷杂

近年来小学思政教师的数量有了明显的增长，在配齐方面有很大改观，然而在很多小学，尤其是农村或偏远地区，能从事高质量法治教学的专业法治教师严重短缺。一方面，对于小学的管理者来说，法治教师并不是师资配备的必选项目。基于学校办学质量评估的考量，语、数、英等学科有上级教育行政部门的检测和家长对教育质量的期望，学校在师资上会优先保障。虽说近年来对思政课的重视程度不断提升，开课情况、师资配备有很大的改观，但学校管理者仍然很难在争取保障配齐思政专职教师的基础上，再专门考虑选择有法律专业背景的老师去提升法治教育质量。另一方面，政策文件要求思政课教师专业、专职化，但又没有增加相应的编制，没有编制加入新人，就只能从原有的教师队伍中安排人员任教。据笔者观察，小学法治教师大体可以分成三类：第一类是学校的行政人员（如校长、书记）；第二类是班主任和语文教师，也是最常见的一类；第三类是学校的其他学科课时不够的教师，如英语、数学和美术等科目教师，为了课时要求，大部分的教师们被安排"兼职"教授道德与法治。可以说，道德与法治学科的教师组成是小学人员最纷杂、背景最丰富、最不专业的科组，几乎涵盖了小学所有科目的教师，几乎任意一个学科的教师都可以任教这一个学科。人员纷杂、水平参差不齐、专业发展方向不一致，使团队组合的难度大，队伍的整体质量难以提升。

2. 小学法治师资学科素养总体不高且欠缺发展内驱力

第一，小学法治教师学科素养亟待提升。目前法治专职教师数量不足，而兼任法治

教学任务的教师普遍缺乏系统的法学知识和教学经验，仅依靠教材照本宣科，难以保证法治教育的专业性和有效性。即便有专门的法治教师，其专业素质也参差不齐。部分教师可能具备法学背景，但缺乏教育心理学、儿童发展学等相关知识，难以激发学生的学习兴趣，无法将复杂的法律知识创造性地转化为适合小学生理解的方式去讲授。同时，这种非专业化的现象导致教师在法治教育方面的专业知识储备不足。大部分教师从未参加过专业的法治教育培训，对部编版教材的新理念、目标了解不深、解读不透。缺乏系统的培训使得教师的专业知识难以得到提升，教学方法也比较单一，多数教师仍采用以讲授法为主的教学方式，注重法律知识的灌输而非理解和应用，在课程开发、资源整合等方面的能力较弱，难以根据学生的学习需求和实际情况进行课程内容的调整和优化，教学质量难提高。

第二，任务重、专业认可度不高，难以激发教师专业发展的内驱力和持久力。大部分的小学法治教师还需要在校内承担其他科目的教学工作，为落实上级部门严格下达的开足、开好思政课的要求，教师在原有的教学任务上又增加了一个学科的教学任务，教学难度大、任务重、压力大，比起其他学科教师来说，教研时间少、教学供给有限，部分教师获得高级别培训机会的比例仍然较低，在专业上发展的难度大，获得的资源支持少，在一定程度上影响了法治教学质量和效果。课程影响力不高，道德与法治学科在小学阶段没有硬性的书面学业考试要求，学校重视程度虽有提升，但仍然不够，相比语文、数学、英语等"主科"，小学法治被视为"副科"，甚至有课时、集体备课、教研等被其他学科挤占的现象，家长重视度不高，学生虽有兴趣但不算高，更有甚者将其变成可以"弹性处理"的科目。种种因素，使得小学法治教师普遍感觉法治教育专业认可度不高，法治教育专业发展的空间有限，难以激发教师专业发展的内驱力和持久力，优秀人才也"望而却步"，学校法治教师团队专业发展面临难有"活水之源"的问题。

第三，专业培训不足，导致专业发展后继乏力。有效的专业培训和持续的支持体系对于提升法治教师的专业素养和教学能力至关重要。然而，优质法治教育培训资源多集中于大城市或重点学校，农村和偏远地区教师难以获得高质量的培训机会。部分地区或学校可能缺乏相应的培训资源或机制，小学法治教育的专业培训体系尚不健全，现有的培训往往缺乏系统性、连续性和针对性，法治教师获得培训和支持不足，难以满足小学法治教师不断提升专业素养的需求，教师难以得到施展才华的机会，导致专业发展受阻。

3. 小学法治师资稳定性不够且评价体系不够健全

对于大部分的小学来说，法治教师队伍的稳定性一直是困扰学校行政管理的问题。当前，小学法治教师的组成绝大多数来自其他学科或行政兼职，人员的不稳定现象突出。兼职教师可能因教学任务繁重、专业不对口等原因，难以长期专注于法治教学，甚至部分教师可能上一年教道德与法治，下一年又不用教这个学科，"打酱油"式的参与或接力，导致小学法治教师队伍人员流动相对频繁。而相对于其他学科教师，法治教师的待遇和激励机制可能不够完善，难以吸引和留住优秀人才，影响小学法治教师队伍的建设。除校内的法治教师之外，学校的法治副校长、德育教师等也是学校法治教学的补充师资，构成"大思政课"的"大师资"。但该类法治教学补充队伍流动性强，人员变换速度快，任课形式多为每学期的不定期法治专题课，难以形成稳定的师资补充力量，这也是当下小学法治师资队伍迈向专业化发展的又一个实际问题。

在不少地区和学校，小学法治教师的评价体系尚未建立或不完善。相对于其他学科教师，小学法治教师的待遇和激励机制不够完善，教师在职称评定、专业发展等方面没有优势，影响了教师的职业满意度和长期从教的意愿，难以吸引和留住优秀人才。缺乏科学、合理的评价标准和方法，难以对法治的教学效果进行客观评价，自然无法有效激励教师改进教学方法和提高教学质量，进而影响小学法治教师队伍的稳定性和法治教育的实施效果。

（二）小学法治教师个人专业发展面临的问题

在教师个人层面，教师专业发展动机是影响教师专业发展进程及水平的内在核心因素，能够唤醒教师专业发展意识，激励和维持教师为达到专业化教师这一目标而不懈努力。[①] 据不完全统计，小学法治教师常常面临专业发展选择"三难"的困境。

1. 第一难是"选还是不选"的问题

与初中、高中思政课教师不一样，小学教师培养、认定和招聘模式呈现单学科倾向，学校在招聘中首选语文、数学、英语等主科的教师，然后到音乐、美术、体育等专科，专业的思政课教师引进在一定程度上落后于前面的学科，哪怕招聘来思政专业的教师，

---

① 罗嫣才，蔡檬檬. 我为什么选择小学道德与法治学科？——基于 18 名骨干教师专业发展动机访谈数据的质性分析 [J]. 中国教育学刊，2021（7）：90 - 95.

也往往由于主科教师的配比不足而被要求兼职担任语文、数学、英语的教学工作，这就使得需要"两条腿走路"的教师们不可避免地产生选择困惑：到底是走原本的主科专业发展之路，还是选择道德与法治学科？为了一个兼职任教的学科，放弃大学辛辛苦苦学习的专业，值不值得？因此，大部分老师往往都在犹豫徘徊后选择原学科专业发展，而非兼职的道德与法治。这种情况不仅在广东常见，在全国也很常见。

2. 第二难是"坚持还是不坚持"的问题

现实中，一些已经深度步入小学道德与法治学科专业发展进程的教师，在经过一段时间后，出现了"中途折返"回到其他主科专业发展的现象。但同时，也有一部分教师选择坚定地走下去。近年广东省思想政治/道德与法治成功申报正高级、高级教师的人数显示，国家对思政课教师的重视程度不断上升，思政教师对专业的认可和自信比以前更高，工作热情更高，高职称的思政教师比例也在进一步扩大。

3. 第三难是"想专又专不了"的问题

当前，小学一至六年级每周开设两节道德与法治课，法治教育内容作为小学道德与法治课的重要主题之一，除六年级上册为法治专册，专门讲授法治知识，其余年级的法治知识都分布在各单元教学内容中。一方面，在教育高质量发展的背景下，国家对小学法治教育的教学理念、教学资源、教学途径和方法提出更高要求，需要教师夯实业务能力，提高法治教育教学质量；另一方面，老师缺乏专业背景、专业研究时间少，拘泥于课本开展法治教学，课堂教学与现实结合不紧密，对实践教学重视不够，普遍对法治教学内容特别是对六年级法治专册产生"畏难"情绪。同时，教师队伍的培训与进修情况也不尽如人意，许多教师缺乏系统性的培训和继续教育机会。张应敏（2022）指出，目前大多数中小学法治教师未接受过专门的法学学科训练，也没有充足的时间和精力通过自学或者参加继续教育来提高自身的法治素养，因此大多未能掌握系统的法学知识，未养成良好的法治思维习惯，也不具备运用法治方法解决问题的能力，难以高质量地完成法治课教学任务。[①] 欠缺专业知识，缺少相应的培训，小学法治教师的专业自信明显不足，部分教师有心想在这个专业发展但缺乏发展后劲，导致面临"想专又专不了"的尴

---

① 张应敏，程林. 中小学法治师资发展现状调查及培育策略［J］. 浙江师范大学学报（社会科学版），2022，47（2）：109-116.

尬局面。

选择之困境，导致小学法治教师专业发展的内在动机欠坚定，专兼教师被赋予了多重角色，这种角色泛化使得教师难以专注于某一领域的深入发展，特别是像法治教育这样专业性较强的领域。因此，有些小学会出现这样的现象：可能 A 教师是一位很优秀的语文学科教师，但由于在兼职任教的道德与法治学科方面专业教学理念不强、知识水平不高、教学方法不贴切、资源选择不够科学，而呈现在法治教育方面的教学水平不高的情况。这种情况，不能简单地说 A 教师的水平不高，只能说 A 教师的法治教学业务素质相对薄弱。这类教师在当下的小学学校还是有一定数量的，在小学法治教师团队中属于"摇摆的力量"，其在法治教育专业发展的潜力还是很大的。所以，对这类兼职教师不妨试着换一个角度思考：如果能助力其法治教学的专业知识和方法提升，整个学校的法治教学质量就可以大为提高。

二、小学法治教师专业发展面临的挑战

结合上面的调查情况和相关文献分析归纳，小学法治教师的专业发展面临的挑战多种多样，大概可以从教学资源、教育强度、专业认可、专业发展路径、专业培训等五个方面进行概述。

（一）教学资源急需补充

周丽云（2017）指出，从小学法治的内容上看，中小学法治教育具有专业性，并非狭窄地普及基本的法律常识。传统的小学法治教育的内容设计与学生生活脱节，过分强调法律知识体系的完整性，知识涉及面狭窄。由于知识体系设计本身没有考虑学生学习需求、现实需要和条件限制，在教学实践中就难以得到开展。中小学法治教育从内容上看应具有专业性，当前实践中我国许多地区使用的道德与法治教材主要依据与儿童生活的紧密程度，由近及远地设计了健康、家庭、学校、社区、国家、世界六大领域内容，包含道德、心理健康、法律、国情等知识，不仅涉及爱国主义教育、中华传统文化教育等，还涉及国际交往、公民意识等诸多主题，法治教育在内容上具有专业性。[①] 但许多学

[①] 中华人民共和国教育部. 义务教育道德与法治课程标准（2022 年版）[M]. 北京：北京师范大学出版社，2022.

校缺乏足够的教学配套资源和教学资料，特别是在农村地区，受当地经济和城乡法治条件的限制，所能获得的线上线下教学资源不足，外部法治教育力量（如司法工作人员、高校教师等）辅助更少甚至是空白，也缺乏建设法治教育的实践基地的条件，导致法治教师的教学受限，进而导致教师提高专业教学技能的难度增大。

（二）教育强度有待降低

小学法治教育的对象为 6~11 岁的小学生，小学生缺少生活经验，认为法律知识枯燥、难以理解，且法治认识与实际行为脱节，因而学习兴趣不高，学习效果不理想。另外，多学科、多班次的教学任务安排，给很多法治教师带来了巨大压力，使得他们疲于应付繁重的备课、授课、课后辅导及作业批改等日常工作，很少有时间和精力再去积极参与教学交流活动。张应敏（2022）调查发现，多学科教学任务最重的浙江教师认为法治课教学任务"非常繁重、难以胜任"的比重最高，在"参与校内外法治教育课程教研活动的频次和效果"问题上选择"每学期 4 次及以上，很有收获"的比重也最低；而基本无需兼任其他科目教学任务的海南、黑龙江教师，认为法治课教学任务"并不繁重、完全可以胜任"的比重则明显升高，参与教学交流活动的频次和收获情况也更为理想。可以说，繁重的教学任务是导致法治教师难以通过有效的内外部沟通交流拓宽教学视野，进而提升综合素养的重要原因，而法治素养、教学能力的低水平徘徊又很可能带来教学效果不佳、效率低下，从而加剧工作压迫感，形成恶性循环。这对于中小学法治师资队伍建设与青少年法治教育发展都是十分不利的。① 多方面的因素，给小学法治教学带来了更大的挑战，教师需要更好地理解和应对不同学生的需求。

（三）专业认可有待提升

小学法治教师个人发展的困惑与认同感不高的问题也不容忽视。中学的法治教师一般由专职教师担任，教师团队相对稳定，且大多受过高校的思政或法治专业教育，职称评审也相应对口，因此专业认可度与社会评价相对较高。与中学法治教师不同，随着对小学思政课的重视程度的不断提升，思政课开足开齐的情况有巨大的改观，但仍然很难在争取保障有思政课专职教师的情况下再专门选择有法律专业背景的老师去进行法治教

---

① 张应敏，程林. 中小学法治师资发展现状调查及培育策略［J］. 浙江师范大学学报（社会科学版），2022，47（2）：109-116.

育，而且师范院校的马克思主义学院更多是面向中学及以上学段培养教师，面向小学思政教育的师资特别是小学法治教育师资的培养少之又少。兼职教师队伍欠稳定，几乎所有科目的老师都可以调动来任教思政课，思政学科便成为"万金油"科目，法治专业属性的不明晰，导致学校和教师对小学法治教师的认可度不高。

（四）专业发展路径有待明晰

目前，许多小学法治教师在其职业生涯中缺乏一个清晰、系统的专业发展框架。这包括从入职初期的培训、中期的教学技能提升，到长期的学术研究和专业影响力构建等各个阶段的具体目标和路径。缺乏这样的框架，教师容易感到迷茫——自己身处何方？又将走向何处？用多长时间走到什么地方？不少法治教师难以明晰自己在专业发展轴上的坐标，不知道如何在专业上持续成长。当个人感到前路不明的时候，常常会通过周围的榜样作为参照以找到努力的方向，但对于小学法治教师来说，这恰好又是一项难题，因为周围可以借鉴的法治专业发展榜样太少了，其他学科名师的成长之路不一定贴切，因而容易陷入"无向"的困境之中。而法治教学具有一定的特殊性，需要与其他学科进行深度融合，以培养学生的综合素养。然而，由于专业发展路径不明晰，小学法治教师在跨学科融合和创新能力方面往往存在不足，他们可能难以找到有效的跨学科教学方法和策略，也难以将法治教育与学生的日常生活和社会实践紧密结合，影响自身专业水平的提升，出现一种恶性的循环。而且，当前对小学法治教师的评价体系不够完善，容易忽视教师在法治教育领域的专业成长和贡献，无法全面反映小学法治教师的专业素养和教学能力，影响他们的职业认同感和归属感，也无法有效激励其在专业上不断追求进步，进而影响他们的专业发展积极性和动力。

（五）专业培训有待增加

为应对法治师资专业化程度整体偏低的问题，近几年来，从国家到地方，不同层级的教育部门已经组织了诸多不同层次的中小学法治教师专项在职培训，而且也取得了一定成效。但是总体来看，这些培训还存在覆盖面不广（特别是高层次、高水平的培训只有少数特别优秀或者资深的教师才能受益）、体系性较差、课时较少、时间安排常与教师日常教学工作相冲突、内容陈旧、缺乏前沿知识和信息、经费保障不充足、各地发展不均衡，以及对培训效果缺乏客观、深入、持续的分析等诸多问题。尤其值得关注的是，教材改革后法律知识与技能、法治理念与精神全面融入新教材，更是给不具备法学专业教育背景的任课教师带来极大挑战。很多教师对教材总体结构、具体内容、重难点问题的理解不到位甚至存在偏差，还有不少教师经常感到难以准确把握教学难度与节奏，因此受访教师提出希望接受以教材中的法学知识、教材内容解读和编写情况、新型教学方法和教育信息技术等为主要内容的在职培训，但目前能满足这些现实需求的培训却并不多。① 面向小学法治教师的专业培训资源相对匮乏，包括高质量的培训课程、教材、案例研究以及实践指导等。由于资源有限，教师往往难以获得及时、有效的专业支持，限制了他们的专业发展。

客观地说，由于历史原因，小学法治教师存在兼职与专任并存的情况，兼职的情况较为普遍，任课的教师专业背景构成多元，这使得这一学科的师资队伍专业发展呈现比较特殊的样态和需要，要结合实际情况辩证地分析制约专业发展的不同原因，以找到促进小学法治教师专业发展的方法。而针对小学法治教师专业发展的一系列问题，需要政府、学校、社会等多方共同努力、直面挑战，通过加强师资培训、完善教学资源、建立科学的评价体系、提高学校重视程度等措施，全面提升小学法治教师队伍的专业水平。

第三节　小学法治教师专业发展的突破口

能否有效提升青少年法治教育的质量，关键在于是否能建设一支高水平的中小学法治教育师资队伍。事实上，不只是我国中小学，在世界范围内，小学法治教师专业发展亦是难点。本节通过对国外部分国家和我国的小学法治教师专业发展相关研究文献进行初步分析，探讨我国小学法治教师的专业素养构成，并提出相关发展策略。

一、国内外小学法治教师专业发展的研究

我们将视角转向国外，观察不同国家法治教师的队伍建设和专业发展情况可知，国

---

① 张应敏，程林. 中小学法治师资发展现状调查及培育策略［J］. 浙江师范大学学报（社会科学版），2022，47（2）：109–116.

情不同,法治教育基本背景不同,发展程度也不同,因此各国的法治师资情况也不一样,呈现出多样化的法治师资现状。下面将对几个有代表性的国家的法治教师情况进行分析,旨在为我国法治教育提供借鉴与启示,以取长补短。

(一)国外法治教师的职业发展

在一些国家,法治教育作为公民课的重要内容,通常由专职教师承担教育责任。如法国的法治教育渗透在公民教育课之中,由公民与道德教育课的专职教师进行教育教学;日本的小学、初中社会科教师专职对学生进行法治教育(小学一至二个课时,初中一个单元),高中公民科设专职教师对学生进行法治教育(独立的模块)。美国的"公民与政府"课程、英国的公民课除了设立专职教师实施法治教育外,还视情况设立法治教育的兼职教师。比如,美国参与法治教育的教师主要有三类:一是美国"公民与政府"课程专职教师,承担学生法治教育的主要责任。这些教师一般都受过正规法学教育,具备较为健全的法律知识。二是其他相关学科教师结合课程内容要求也要进行法治教育,如美国历史、世界历史等课程的教师也有承担法治教育的责任。三是学校还会聘任一大批兼职教师,比如律师、社会志愿者等,充分保证教师结构的多元化。英国的公民课则有四种实施方式,即作为独立的学科、以学科渗透的方式、以专门活动的方式和多种实施方式的整合,因此,对承担课程的教师的要求也不同。如公民课作为独立的学科进行教学时,通常由专门的教师任教;以学科渗透方式进行教学的一般是其他学科的教师;而通过活动方式来实施该课程的,学校会安排校外兼职教师定期进行授课,如消防人员、警察、慈善机构以及其他团体的工作人员等;多种实施方式整合的学校通常就是专兼职教师并存的状态。通过分析国外的实践经验可知,他们的法治教育内容是融入在公民课、社会课之中的,这点与我国将法治教育内容融入品德与政治课教学中的做法非常相似。不同的是,他们的公民课、社会课的任教者基本都是专职的。此外,视课程内容与实施方式不同,他们还配备了一批具有专业背景的兼职教师,从而确保了法治教育师资的数量与质量。①

为了确保法治教育教师队伍的质量,各国都非常重视对法治教师的培养与培训,从

---

① 马笑岩,陈晓端. 当代英国教师教育者专业发展模式评析[J]. 现代大学教育,2021,37(6):42-51.

对象、内容、形式等方面作出规范。比如，为了保证培养合格的公民教育的师资，英国政府启动了研究生证书教育计划，每年为本科毕业生开设 200 个培养基地，提供系统的培训，致力于将其培养为公民教育专家。为了提升在职教师的法治教育素养，2005 年英国还专门成立公民教育教师培养与培训组织（citizED），通过会议、研讨会、研究论文及教学实践等方式对公民教育教师开展培训。2007 年英国教育与技能部发表了题为《课程检视：多样性与公民权利和义务》的白皮书，对中小学公民教育包括教师培训提出了一系列建议。日本则非常注重通过法学研究与法制建设结合的方式提升教师法治教育素养。[①] 一方面在大学开设专门的教育法学课程，培育师资力量，组建教育法学教研组织，提高研究水平；另一方面成立各种法学教育研究会，鼓励开办有关的研究刊物，并使其能在国家教育法规的制定中起到咨询作用，通过各种学术活动来促进法学教育的发展。

就目前检索的文献来看，未有关于专门的国外法治教师专业发展的资料，与之相关的可以参考国外教师职业发展的一些资料，如马笑岩、陈晓端（2022）指出，20 世纪 80 年代以来，受反思实践取向、终身学习等教师教育发展新趋势的影响，英国政府对教师、教育者的关注逐渐从身份认同转向专业发展。英国政府基于本国教师、教育者的专业发展需求，以促进其持续专业发展为目标，逐步形成了促进教师、教育者专业发展的多样化模式，以及内部动力和外部政策有机结合的专业发展保障机制。一方面，注重引导教师、教育者在反思实践的基础上进行自我研究，发展内驱力；另一方面，从顶层设计多种类别的教师、教育者专业发展项目，形成强有力的外部保障。由此形成五种满足不同专业发展阶段的教师、教育者的专业发展模式，即基于反思的自我研究模式、基于标准的培训发展模式、基于工作场所的共同体发展模式、基于学历提升的激励模式以及基于变革的创新型发展模式，极大地促进了英国教师、教育者专业能力的提升。[②]

但是，我们也从部分文献中发现，国外的教师专业发展相对缺乏多样性，一些教师可能需要通过多年的工作经验才能晋升到更高级别的职位，这导致了一些优秀的教师不能得到充分的发挥和肯定。国外教育需要建立更加灵活和多样化的职业发展模式，给予教师更多的晋升机会和选择空间。

[①②] 马笑岩，陈晓端. 当代英国教师教育者专业发展模式评析［J］. 现代大学教育，2021，37（6）：42-51.

（二）国内中小学法治教师的专业发展研究

我国的法治教育研究经历了从法制教育向法治教育的方向转变。在党的十八届四中全会提出法治教育概念之后，法治教育在学术研究当中逐渐受到关注。2015年之后，有关法治教育方面的研究呈现逐年上升趋势，近几年法治教育更是成为研究的热点。虽然近年来对法治教师队伍的专业提升的关注度在不断攀升，但小学法治教师队伍中专职法治教师比例过小、聚焦"小学法治教师专业发展"的研究成果相对缺乏的问题依然存在。当前有关教育主管部门、中小学校及教育工作者、学界对"思政教师专业发展""思政教师团队培养"等相关问题始终保持高度关注度，同时进行了许多有益的实践探索，但具体落实到法治教师特别是小学法治教师专业发展这一个切口的研究关注度不高，现有成果多以微观层面的研究与实践为主，宏观、中观层面上的研究关注度相对较少。

为解决针对小学法治教师队伍存在的"教师欠专业知识""教师专业发展路径不明晰""专业认可度不高"等专业发展难题，笔者与团队成员尽可能通过对与小学法治教师专业发展的相关文献和田野调查的反馈进行归类梳理，希望能归纳出一些有效促进小学法治教师专业发展的典型经验。

1. 内外驱动，科学确立专业发展目标

《青少年法治教育大纲》明确提出："要大力加强法治教育师资队伍建设，逐步建设高水平的法治教育教师队伍。"具体来说，小学法治教育师资队伍建设体系可分为三个层次。其中，小学思政教师作为道德与法治课程的执行者，是小学法治教育师资队伍的骨干力量。小学思政教师队伍法律素养的高低，关系着广大学生和老师能否全面健康地成长，关系着小学道德与法治学科课程目标和学校德育目标能否有效实现，也关系到依法执教和依法治国国家意志能否得到贯彻落实。在国家政策方面，教育部令第46号《新时代高等学校思想政治理论课教师队伍建设规定》（以下简称《规定》）已经发布，并于2020年3月1日起施行，教育部办公厅要求各地要将落实《规定》精神与教育评价改革结合起来，坚决克服唯文凭、唯论文、唯帽子等问题，使思政课教师专业技术职务（职称）评聘成为推进教育评价改革的典范。以评促教，使得思政教师特别是法治教师获得专业发展的新契机，依法科学有序加强思政课教师队伍建设，保障《规定》各项要求落实落细，建设好思政课教师队伍，为进一步培养德智体美劳全面发展的社会主义建设者和接班人作出应有的贡献。教育部从2021年开始举办全国中小学思政课教师基本功比赛，每两年举办一届，到2023年举办第二届，如"三名工程"当中的"名教师"及各省市教师技能大赛……多层次、多项目的专业技能比赛使大量优秀思政教师从中脱颖而出，让小学思政教师得到更多发展的机会。所以，以科学的方式从学校和个人优势出发，为小学法治教师量身定制专业发展目标，有利于从内部驱动小学法治教师产生专业发展的积极性、能动性。

2. 沉浸拓展，积极营造专业发展氛围

广州市荔湾区严格执行《中小学教师专业标准（试行）》和《全面推进依法治校实施纲要》，让法律法规"随身随行"；严厉制裁侵犯师生合法权益的行为。荔湾区每年进行一次教师学法考试，教职员工全员参与，由思政教师担任评卷教师，现场批改并点评，为同事解惑释疑。每年开展一次学生法律知识测试，也由政治教师评卷，学生成绩算入学年成绩，并占20%。思政教师每学期至少举办一次普法讲座；每年至少组织一次法律主题课外实践活动；每两年指导一次全市中学生法律知识竞赛……通过积极营造专业发展氛围，让思政教师的法律素养与校园的法治氛围浑然一体，潜移默化地提升思政教师的法治素养。[①]

荔湾区积极开展校本教研，广泛开展法律主题的公开课研讨、微课录制与课堂应用等实践，兼顾中学政治教师的基本教学任务，聚焦当前法律教学的主要矛盾，调动了全体政治教师互学互助的积极性。这有利于丰富教师的法律知识，提升教师执教思政课程的能力，缓解法治教师专业知识不足的焦虑。

3. 科研培训，提升引领专业发展高度

针对小学法治教师培训存在的问题，主要有胡莉英（2021）提出的"教科研训一体化"，即在师资研训中以"科研引领、培训提升、信息支持、教研发展"为理念，集教研、科研、进修及信息技术于一体的教师专业发展研训方式。一体化发展策略能够改变传统教师培训中存在的单向度问题：培训聚焦教师自身专业素养提升，缺乏对教学一线实践问题解决的有效关注；教研往往聚焦某个教学问题的解决策略，缺乏对教师发展的长远规划。尤其是小学思政教师，既要参加语文、数学、英语等学科教学、教研、培训，

---

① 谭泽光. 中学政治教师法律素养之困与破——以广州市荔湾区为例［J］. 中小学德育，2017（10）：59-61.

又要参加道德与法治学科教学、教研、培训任务，工学矛盾尤为突出，教师常常疲于应付。胡莉英还以江苏太仓市小学道德与法治教师队伍建设为例，展现了"教科研训一体化"服务思政教师专业发展的成效。近十年来，江苏太仓市小学道德与法治学科教师专业研训工作，以科研为引领、以教研为支撑、以培训为融合、用技术作保障实践教科研训一体化教师研训方式，取得了良好成效。[①] 周丽云（2017）认为，成立法治教育师资培训专业委员会也是一个不错的做法，聘请各大高校相关专业的专家学者以及社会上律师事务所的专职律师，对入职前的法治教师进行职前培训，指导和帮助教师的专业发展，对教学过程中出现的问题进行一定的预设以便有效应对，锻炼法治教师对教学过程中不断生成的问题从容应对和解决的能力。最后，依托社会上有关的教师教育培训机构，制订专门的针对中小学法治教师专业发展的计划，从内部不断提高法治教师专业发展的意识和积极性，从外部定期完善对教师法治知识和能力的培养，不断构建完善的法治课程体系，挖掘独特的教学模式和教学方法，以更好地契合中小学生对法治教育的深层次需要。

4. 资源联动，打造团队"组合拳"式发展

针对小学法治教师教学资源不足导致的专业发展难题，广东省广州市越秀区东山培正小学有较好的经验，学校组建思政教师核心团队，将教师自我发展策略与社会资源进行整合与利用，组建法治师资共同体，将松散的个人发展变成团队助力的"组合拳"，有力地推动法治教师专业发展。

（1）建立教师发展共同体：鼓励不同地区教师之间横向互相交流教学经验、教学方法和补充教学资源。如经济发展较快地区的小学将自己开发的教学资源（如共享电视课堂、微课、网络课程等）与农村地区学校共享，让教学资源流动起来；经济发达地区可以与教育帮扶地区组建法治教师共同体，通过线上线下的教研方式促进法治教育均衡发展，促进不同地区法治教师共同成长。

（2）利用社会资源：与法律实务部门建立合作关系，农村地区也可以邀请法官、律师等专业人士用线上补充教学的形式走进课堂，或是开设法治知识讲堂和法治教育场馆，

---

① 胡莉英."教科研训一体化"服务思政教师专业发展——以太仓市小学道德与法治教师队伍建设为例[J].中学政治教学参考，2021（3）：89-90.

为教师和学生提供实践经验。相关群团组织、企事业单位乃至党政部门、司法机关等多元社会力量则可以充分发挥法律规定阐释、疑难法律问题分析、法治思维形成过程经验分享、法治实践案例提供等作用，帮助法治教师尽快成长。

（3）利用现代信息技术：鼓励法治教师使用数字工具和在线平台进行区域大教研活动，拓展教研学习范围，如利用微信、QQ群、论坛等社交媒体平台，建立法治教师交流学习社群，方便不同校际、区域之间的教师讨论交流。通过研讨会、工作坊等形式，让教师在学习社群分享数字化教学的成功案例和经验，促进教师提升教学技能。

另外，太仓市教师发展中心依托"骨干教师高级研修班""乡村骨干教师培育站""课题项目研究组""联盟学校教研组"等团队，在专家引领下开展研训活动，让教师在互助中温暖成长。

通过对国内外的法治师资专业发展相关研究进行分析，笔者认为，国外的法治教育专业教师培养模式有不少值得我们学习和借鉴的地方，而在我国，小学法治教师的专业发展逐渐得到了广泛的重视和支持，当前对小学法治教师专业发展的探索与实践的成果也越来越多，我们可以提出符合中国国情的小学法治教师发展的策略，助力小学法治教师在专业发展指向和专业发展路径方面进一步完善和提升。

二、小学法治教师的专业素养构成

2024年8月，《中共中央国务院关于弘扬教育家精神加强新时代高素质专业化教师队伍建设的意见》明确提出了强师建设的目标任务与途径措施，其核心是用教育家精神引领高素质教师队伍建设。教育家精神不是教育家才有的精神，是融入教师专业和职业的一种教育理解与追求。高素质专业化教师队伍建设必须以教育家精神诠释和明确新时代教师的专业特征与内涵，在专业化建设中践行教育家精神。教育家精神的核心要义，是对教师职业精神的凝练与升华，它既源于千百年来一代代师者的优良传统，又立足当前强国建设、民族复兴的特殊历史使命，把对广大教师的要求提到了全新的高度，为我们打造高素质教师队伍，推进教育高质量发展，提出了新的要求、提供了新的遵循，具有十分重要的意义。

在"大教学"的视域下，以教育家精神引航小学法治教师的专业发展，建设一支高水平的小学法治教育师资队伍，必先明确法治教师的专业素养构成。目前，国内在这方面的研究还显得十分缺乏。教师专业发展包括教师技能、知识、心理素质、沟通能力等方面的综合发展，是一个系统工程，有众多要素参与。小学法治教师的专业素养构成是一个多维度的体系，涵盖了多个关键维度，旨在确保教师能够有效地开展法治教育活动，培养学生的法治素养，其专业素养构成至少包括思想政治素养、道德修养、法治素养、教学组织能力、数智素养、心理素质与沟通能力、终身学习能力等七个方面。

（一）思想政治素养

思想政治素养是对所有教师的要求，居于教师素养的首要地位。对道德与法治课程教师而言，思想政治素养是首要素养，是专业素养的必要组成部分。中共中央、国务院印发的《关于全面深化新时代教师队伍建设改革的意见》（中发〔2018〕4号）对教师的思想政治素养做出明确规定，要求"加强理想信念教育，深入学习领会习近平新时代中国特色社会主义思想，引导教师树立正确的历史观、民族观、国家观、文化观，坚定中国特色社会主义道路自信、理论自信、制度自信、文化自信。引导教师准确理解和把握社会主义核心价值观的深刻内涵，增强价值判断、选择、塑造能力，带头践行社会主义核心价值观。引导广大教师充分认识中国教育辉煌成就，扎根中国大地，办好中国教育"。这一规定既是对全体教师的要求，更是对道德与法治教师的突出要求。它要求教师具备坚定的政治立场，拥护党的领导，热爱社会主义事业，积极传播社会主义核心价值观。在法治教育中，教师需要引导学生树立正确的世界观、人生观和价值观，培养学生的国家意识、公民意识、法治意识和社会责任感。

小学法治教师的思想政治素养是其专业素养的核心组成部分，对于实现法治教育目标、培养具有高素质法治素养的青少年具有重要意义。这一素养不仅关乎教师个人的政治方向和道德情操，更直接影响到其在教学过程中如何引导学生形成正确的思想观念和价值取向，小学法治教师作为青少年法治教育的启蒙者和引路人，其坚定的政治立场和拥护党的领导的态度，能够为学生树立正面的榜样，增强学生的政治认同感和归属感。同时，热爱社会主义事业，积极传播社会主义核心价值观，也是教师职责所在，有助于在学生心中播下爱国、敬业、诚信、友善的种子。在法治教育过程中，教师需要引导学生树立正确的世界观、人生观和价值观，引导学生扣好人生第一粒扣子，这不仅是法治教育的核心目标之一，也是培养学生成为德智体美劳全面发展的社会主义建设者和接班人的必然要求。通过法治教育，让学生了解公民的权利和义务，引导学生积极参与社公共事务，引导学生认识法律是维护社会秩序、保障公民权利的重要工具，培养学生的法治意识、社会责任感和公民意识。此外，教师需要引导学生关注国家大事，了解国家历史和文化，增强学生的民族自豪感和自信心，培养学生的国家意识。因此，法治教师应当不断加强自身的思想政治建设，提升思想政治素养水平，以更好地履行教育职责和使命。

（二）道德修养

道德修养是教师职业的基本要求，也是教师专业发展要求本身。不管任教什么年段、什么学科，只要身为教师，就应具备良好的道德修养和职业操守，以身作则，为学生树立榜样。《中共中央院关于全面深化新时代教师队伍建设改革的意见》对师德修养做出总体规范，要求"引导广大教师以德立身、以德立学、以德施教、以德育德，坚持教书与育人相统一、言传与身教相统一、潜心问道与关注社会相统一、学术自由与学术规范相统一，争做'四有'好教师，全心全意做学生锤炼品格、学习知识、创新思维、奉献祖国的引路人"。小学法治教师的言行举止都应体现法治精神和社会主义核心价值观，在法治教学过程中，依法从教，尊重学生、关爱学生，关注学生的全面发展，以德育人，通过自身的言行举止和人格魅力传递正能量，培养学生良好的道德品质和法治精神。

（三）法治素养

法治素养是小学法治教师的核心素养。法治教师要提升学生的法治知识水平，培养学生的法治思维和法治精神，自己必须要拥有深厚的法治根底。首先，小学法治教师要有坚定的法治信仰，基于中国国情讲法治，传达中国特色社会主义法治体系的价值追求，展现人民对美好生活的向往。2019年3月，习近平总书记在学校思想政治理论课教师座谈会上的重要讲话中强调，"思政课要解决学生理想信念问题。要让有信仰的人讲信仰。对马克思主义的信仰，对社会主义和共产主义的信念，只有首先在思政课教师心中扎下根，才能在学生心中开花结果"。这不仅明确了思政课教师基本素养中政治要强的核心内涵，也破解了困扰思政课教师队伍建设的历史性问题，为思政课教师队伍建设提供了价值导向。比起其他教师，法治教师更应该树立宪法的权威，坚信宪法的神圣与不可侵犯性，积极传播法治理念，培养学生的法治意识和法律信仰。其次，小学法治教师具备扎实的法律基础知识和法治观念，熟悉与小学生生活密切相关的法律法规，包括宪法、民法典、刑法、行政法、未成年人保护法等与小学生生活密切相关的法律法规，能够准确解读相关的法律条文，引导学生理解条文背后的意义和价值。这是开展小学法治教育的基础。再次，教师需具备法治思维和法治实践能力，能够运用法治知识分析和解决实际问题，指导学生在日常社会实践中依法办事、遵纪守法，培养学生的法治意识和法律素养。最后，教师还要有法律更新与追踪能力，保持对国内法治动态的敏感度，及时学习和掌握最新的法治知识，关注国家法律法规的不断修订和完善，确保教学内容的时效性和准确性。

（四）教学组织能力

教学组织能力是小学法治教师必备的专业技能。它要求教师具备科学的教学方法和教学艺术，能够根据学生的年龄特点和认知规律，设计并实施符合其学习需求的法治教育课程。教师需要掌握多种教学手段和技巧，如课堂讲授、案例分析、模拟法庭等，激发学生的学习兴趣和参与度，提高教学效果。《青少年法治教育大纲》要求"要综合采用故事教学、情景模拟（如法庭模拟）、角色扮演、案例研讨、法治辩论、价值辨析等多种教学方法，必要时，可根据学生认知特点，将真实法治案例引入课堂教学，注重学生法治思维能力的培养"。

《义务教育道德与法治课程标准（2022）》提出要丰富学生实践体验，促进知行合一的教学建议，教学要与社会实践活动相结合，加强课内课外联结，实现隐性课程与显性课程相配合。道德与法治课程中以法治教育为主的教学不仅仅局限于法治常识、法治生活等法治范围，法治教育还与道德教育联系密切，涉及更广泛的法治文明、政治文明、社会文明以及个人道德、社会公德等广泛领域。由此可见，法治教育作为一个社会性、生活性、实践性的教学主题，特别强调实践体验和社会参与，这就要求教师不仅具有理解课程标准和教材的能力，更要具有形式丰富多样教学实践活动的组织策划能力。

笔者认为，小学法治教师的教学组织能力主要体现为以下三个方面。

1. 法治课程教学的设计与实施能力

教师应能够根据小学生的认知特点和学习需求，设计符合其年龄段的法治教育课程，并有效实施教学活动。这包括制定教学目标、选择教学方法、组织课堂讨论等。如低、中、高年段的法治教学内容是不一样的，在之前的章节已有阐述，在此就不赘述。

2. 教学创新能力

教学创新能力是指教师在一般教学能力的基础上，更新教学内容，创造优质高效的教学方法，建立符合教学规律发展的能力，它是由一般能力和职业能力构成的综合能力，这种能力能够随着教龄的增长而增长，并且有着独特的心理特征。没有想象就没有创新，创新思维离不开想象力，需要通过对现有经验及表象的加工提炼以及跨越时间或空间的想象，才能重新组合出新的东西来。在备课时，教师可以通过四问来进行"前教学思考"——"教材在哪里""学生在哪里""教师在哪里""评价在哪里"，课前从多个维度多问几个问题，深入研读新课标，对教材进行深层次、多维度的研究，并着力思考：学生知识现状、成长点在哪里？教材为什么要这样编排？是否有更好的编排方法？怎样设计教学过程才能有更好的教学效果？课后的教学效果达到预期了吗？只有这样进行一定深度的思考，才能真正帮助教师熟悉教材、领会教材、驾驭教材。为了激发学生的学习兴趣和参与度，教师需要不断创新教学方法，根据培养学生创新能力的要求，对教材中的有关内容进行创造性的处理，并采取更为有效的课堂组织形式，如采用案例教学、模拟法庭、角色扮演等互动式、体验式的教学方式，使法治教育更加生动有趣。

3. **法治活动策划与组织能力**

小学法治教师活动策划与组织能力可以分成三个方面：一是具备法治活动主题的筛选能力。法治活动是否可行，主题是否贴切又具教育性，需要发挥教师的教学智慧。二是教师要有法治活动的策划与组织能力。小学生年龄小，法治认知较低，自我能力并不强。小学法治教师可以根据这一实情，构建家—校—社的合作体系，统筹外部资源构建大师资，如法治副校长、律师、法官等专业人士，形成法治教育合力，单独或共同协作制订科学的实践活动，明确活动准备、布置要求及流程、管理等系统方法，保障学生在进行社会实践时的安全。必要时，教师、家长志愿者也可和学生一起制作活动的工具，如研学手册、调查表、采访提纲、活动记录等，提升法治实践活动的指向性。三是活动总结与评价能力。教师应事先明确法治活动教育目的，并根据目的设计总结、评价方案，将其贯穿至活动过程的观察、材料收集、成果各方面，体现活动评价的过程性。评估总结既有抽象的、总体的，更要有针对性的、个性化的，以突出活动评价的育人功能。活动成果的整理和保存应有序归类，以作为后续教育素材之用。

（五）数字素养

习近平总书记指出，教育数字化是开辟教育发展新赛道和塑造教育发展新优势的重要突破口，要进一步推进数字教育，为个性化学习、终身学习、扩大优质教育资源覆盖面和教育现代化提供有效支撑。2024年1月，中华人民共和国教育部部长怀进鹏在2024世界数字教育大会上发表题为《携手推动数字教育应用、共享与创新》的演讲，指出智能化是教育变革的重要引擎，为推动科学教育与文化教育有机结合，服务人的全面发展创造了无限可能。

新时代科技的飞速发展，人工智能（AI）技术已开始在教育界广泛应用。国家将实施人工智能赋能行动，促进智能技术与教育教学（AI for education）、科学研究（AI for science）、社会（AI for society）的深度融合，为学习型社会、智能教育和数字技术发展提供有效的行动支撑。在这种背景下，我们提出的教师数字素养是一个综合性的概念，是指教师在数字化和智能化时代背景下，所具备的数字化与人工智能等相关意识、知识和技能，以及将这些能力应用于教育教学活动中的能力，当中涉及数字化意识、技术知识与技能、数字化应用、数字社会责任以及专业发展等多个方面。

数字素养中除了之前教师们很熟悉的利用网络资源、多媒体教学工具等信息化教学手段辅助教学外，还要求提升人工智能素养，掌握一定的运用AI辅助教学的方法与策略，提升技术技能，坚持"数智向善"，科学研判人工智能技术对教育的影响，积极引导智能技术合理应用，让技术进步造福师生。作为小学法治教师，需要关注法律与AI的交叉领域，适当了解这些领域中面临的法律挑战和伦理问题，以及如何通过法律手段规范AI技术的发展。学习人工智能在法律实践中的应用，如智能合同、法律文档自动化、司法裁判辅助、隐私保护、数据治理、算法歧视等议题。参加由法律界、科技界及教育界举办的关于人工智能与法律的培训、研讨会和讲座，与同行交流经验，了解最新研究成果和行业动态。这些活动往往能提供前沿信息和实战案例，帮助教师拓宽视野。引入AI技术辅助教学：尝试将AI技术融入课堂教学，如使用智能教学系统分析学生的学习行为，提供个性化学习建议；利用自然语言处理技术辅助法律文书的撰写和审查；通过虚拟法庭、模拟仲裁等方式，让学生在虚拟环境中体验法律实践，增强实践能力。通过不断提升这些方面的能力，小学法治教师可以更好地适应数字化和智能化时代的教育需求，丰富教学资源、拓宽教学渠道、提高教学效率和质量，为学生的法治学习提供更加便捷和高效的支持。

（六）心理素养与沟通能力

教学是一种立体对话体系的建构。小学法治教学的对话有常见的老师与学生、学生与教材、学生与学生之间的对话，背后还隐藏着学生与学校、学生与社会，以及不同家庭文化的交流对话，涉及的对话体系远非表面简单的课堂师生共语。《青少年法治教育大纲》要求"引导、支持学生自主制定规则、公约等，逐步培养学生参与群体生活、自主管理、民主协商的能力，养成按规则办事的习惯，引导学生在学校生活的实践中感受法治力量，培养法治观念。具备条件的，要积极支持学生组建法治兴趣小组、法治实践社团等，加以正确引导，使学生以适当方式研究法治问题、参与法治实践"。由此可见，在小学法治教学中培育学生的社会参与意识，总体上要求教育教学活动保持与现实社会全接触的态势，有效拓宽法治教学时空，如参与宪法日的宣传活动、开展模拟听证会、模拟法庭活动等，旨在通过形式丰富的法治实践活动引导学生在社会生活中坚守道德、践行法治。这就要求教师具备良好的心理素养与沟通能力，在面对不同性格、不同学习基础的学生时，要具备耐心、细心和爱心，能够妥善处理各种教学问题和学生矛盾，在工作和生活中保持积极乐观的心态，不断激励自己和学生共同进步。同时，还要积极与各方进行对话，能够与学生、家长和社会各界进行有效沟通。在与学生沟通时，教师应关注学生的情感需求和个性差异；在与家长沟通时，教师应及时反馈学生的学习情况和法治教育进展；在与社会各界沟通时，教师应积极争取支持和资源，共同推动法治教育的发展。

（七）终身学习的能力

在快速发展的社会背景下，教师终身学习不仅是一种理念，更是一种能力。小学法治教师需要树立终身学习的理念，不断更新自己的知识结构和教学技能，通过持续地学习与自我提升，不断适应时代发展和教育变革。小学法治教师扎根一线，在不断丰富法治教学实践的同时，容易忽视对法治理论的学习。在日常工作的同时，不要忘记更新自己的知识结构和教学技能，关注教育前沿动态和法律法规的最新变化，及时总结教学经验和教训以调整和优化教学策略和方法，通过参加法治培训、阅读书籍、交流研讨等方式，提升自己的专业素养和教学能力，为学生提供更加优质和高效的法治教育服务。

新时代法治建设需要大量的高素质法治人才。教师是立教之本、兴教之源，基础教育阶段的法学专业教师队伍建设对于提高法学教育质量、培养优秀法治人才尤为重要。在基础教育阶段，提升相对薄弱的小学法治教师的专业素养，建设高水平小学法治教育专业教师队伍，更好地发挥小学法治教育专业教师的作用，从而提升整体小学法治教学质量，为培养高素质的法治人才做好奠基工程，更好地推动我国法治教育高质量发展。

三、"大教学"视野下的小学法治教师专业发展的有效策略

2024年8月，中共中央、国务院发布关于弘扬教育家精神加强新时代高素质专业化教师队伍建设的意见。其中提出，倡导教育家办学，落实学校办学自主权，鼓励支持教师和校长创新教育思想、教育模式、教育方法，形成教学特色和办学风格。推进教师评价改革，突出教育教学实绩，注重凭能力、实绩和贡献评价教师，坚决克服唯分数、唯升学、唯文凭、唯论文、唯帽子等现象，推进发展性评价。强化国家重大战略任务和重大人才工程引领，高层次人才遴选和培育突出教书育人导向，让科学家同时成为教育家，充分发挥科学家在人才培养中的重要作用，将教育家精神、科学家精神、工匠精神等相融汇，提升教书育人质量。

小学法治教师专业发展是多重因素共同作用的结果，为应对小学法治教师专业素质构成复杂、正视小学法治教师专业发展面临的现实困境与需求，提出"大教学"视野下切实可行的小学法治教师专业发展策略，推动各项政策制度落地见效，引导更多教师加入小学法治教师队伍，是符合国情且有效的思路，其具体建设对策如下。

（一）稳定兼职教师队伍，加强职后系统培训

在今后很长一段时间内，小学法治教师专兼职并存仍然是许多学校的实际情况。因此，提高体量巨大的兼职教师的专业素养、提升学科教学胜任力仍是小学法治教师队伍建设的重头工作。建立激励机制，制定兼职法治教师管理制度，尽量实行法治教师固定化，减少流动性，加强与兼职教师的沟通交流，了解他们的需求和困难，及时提供支持和帮助，激发兼职法治教师的工作积极性和职业荣誉感，增强小学法治教师队伍的稳定性。定期组织兼职法治教师参加法律知识更新、教学技能提升、心理健康教育等方面的培训，确保他们能够及时掌握最新的法律法规和教育教学理念。建立兼职法治教师线上学习平台，提供丰富的课程资源和互动交流空间，教师可以通过平台自主学习，与同行交流心得，实现知识共享和优势互补，推动学校、司法机关、社会组织等多方资源的共享与协同，为兼职法治教师提供更多的实践机会和教学资源，积极营造小学法治教师发展的良好氛围和文化环境。

（二）发挥多主体共建优势，构建法治大师资

为了弥补兼职法治教师专业知识的局限性，可以集中家长、教师、公众人物、学生自身、学生同伴、社会法治专业人士等全员育人的主体合力，构建法治大师资，在小学法治教学中引入更多社会专业人士，建立"法治校外师资库"。例如，邀请来自法院、检察院、知名律师事务所、法学院校或法治工作部门的资深专家作为兼职教师或客座教授，由这些社会法治专业人士与校内专兼职教师共同备课、授课，形成"理论+实践"的互补教学团队。还可以定期举办"法治讲堂"，邀请不同领域的法治专家、学者或实务工作者来校进行专题讲座或分享会，校内法治教师通过这样的交流互动从侧面提升自身的法治教学水平，增强法治教学的针对性和实效性。通过有效构建一支由校内专兼职教师与社会专业人士共同组成的法治大师资队伍，推动法治教育高质量发展，为培养高素质法治人才奠定坚实基础。

（三）严格专职专业教师准入，坚定提升专业属性

"万金油"式的小学法治教师队伍构成导致专业属性不明晰，多重任课任务和高强度教学工作是限制小学法治教师专业发展的"紧箍咒"。国家为了进一步促进中小学思政教师的发展，在《关于加强新时代中小学思想政治理论课教师队伍建设的意见》中明确指出，建立中小学思政课教师退出制度，对在教育教学活动中损害党中央权威、违背党的路线方针政策的，按相关要求从严处理，对违反职业道德行为的、不能胜任思政课教学和未按要求完成培训学时的，及时调离或退出思政课教师岗位。这对激发思政课教师队伍的活力起到重要作用，是中小学思政课教师队伍建设高质量专业化的重要保障。建议有能力的学校设立专职法治教师岗位，确保有足够的师资力量专注于法治教育，鼓励和支持法学专业毕业生到小学任教，提升法治教育的专业性。适当降低法治教育教师的兼课、兼职比例，尽量实现师资队伍专职化，并形成相对固定的教研团队，定期组织集体研讨交流活动，必要时还可以成立专门的工作小组给予指导，有利于提升法治教师团队整体实力，促进法治教师专业发展。相信在不久的将来，小学法治专职教师的比例会进一步提升，更多有专业背景、专业知识的师资将促进个体、团队乃至区域教师群体的专业发展。

（四）更新专业发展理念，构筑育人大格局

小学法治教师要更新发展观念，主动走出专业发展舒适区，积极提升学科专业素养，

进行法律知识更新与法治思维提升、课程准备与研发、教育历程与学情分析、经验分享与反思对话等活动，使个体在同伴、专家身上获得智慧与力量，使法治教师群体实现资源共享与情感关怀。另外，社会资源的整合与利用也是一个突破口。法治教师、学校可以与法律实务部门合作，邀请专业人士参与教学活动，提供实践经验和案例分析，利用现代信息技术、社会实践提升教学能力，不断丰富教学内容和形式。通过教师个体、学校"双主体"与社会资源建立纵横交错的法治教学网络，可以进行班际、级际、校际和区域间的法治资源共享，培育小学法治教学人才，构筑起全方位、全过程的育人格局。

（五）建立专业评价体系，促进法治教师向上发展

政策支持与制度保障是关键之一，政府应该加强对小学法治教育的政策引导，教育行政部门要积极贯彻落实党和国家的相关政策，建立法治师资评价体系并完善教师资格认证与职称评定制度，在法治教师个人评优、职称晋升等方面予以政策支持和倾斜，让政策真正落地，让一线的小学法治教师受惠。学校层面的支持与激励也很重要，学校应该为教师提供更多的培训机会和职业发展空间，同时改进教师评价体系，通过各种渠道和方式宣传法治教育的重要性和意义，提高师生及家长对法治教育的认识和支持度。相信通过政府、社区、学校等共同加大对法治教育的投入，加强法治教育基础设施的建设，努力培育法治教育名师，增加小学法治教师的荣誉感和认同感，能激励更多的人才投身到法治教育的事业中来。

（六）用信念点燃发展火花，提升个体教研能力

除了外部的力量与资源，小学法治教师自身的教研能力提升也很重要。教师要坚持把理想信念融入个人专业成长，以教育家精神点燃终身学习之火，提高积极性，提升内驱力，从被动式接受培训走向主动式学习，通过各种持续的专业学习、培训、教研，不断提高自身的专业素养与综合能力，适应新时代法治教育改革和发展的需要。

1. 学理论

对于大多数小学法治教师来说，理论不足是专业发展的短板，相比之下，他们更擅长也更热衷于对教学实践的研究。小学法治教师的知识结构构成包括三大板块：一是关于法治课程的知识，二是关于法治课程所包含的学科体系的知识，三是关于学生的知识。这三大类知识都需要教师不断学习。小学法治教师要重新界定什么是支持本课程教学的

学习，调整、完善知识结构，并建立可迁移的实践型应用结构。学习理论知识通常有参加培训、阅读专业书籍、观看教学视频等方式。学习理论，拥有扎实的法治学科功底，要有多领域的理论体系的知识积累。只有拥有理论的深度、厚度和广度，才能转化为指导实践的基础。唯有深入，才能浅出。

2. 实践

法律不好讲，想讲出好的法治课更不容易，不仅要有"术"，也要有"学"，更要有"道"。小学法治教师应以问题为导向，进行综合性的教育创新与教学创造，要随着时代的发展而不断地丰富和创新法治教学内容，以保证所讲内容契合新时代语境，符合新一代的成长需要。正如习近平总书记指出的，"马克思主义是随着时代、实践、科学发展而不断发展的开放的理论体系，它并没有结束真理，而是开辟了通向真理的道路"，法治教育也一样，只有不断备课、常讲常新，才能取得较好教学效果。唯有如此，才能确保学生有好的学习体验与收获。因此，教师应积极参与教学实践，通过反思和总结教学经验，不断改进教学方法。同时，可以开展教学案例研究、教学实验等活动，提升自己的法治教学能力。

3. 交流与辐射

小学法治教师要积极参与教研活动，多与同行交流教学经验，分享教学心得。通过集体备课、听课评课等方式，相互学习，共同进步。教研能力强的教师作为学科带头人、工作室主持人，要以"头雁"的角色带领团队成员深入研究教学内容，创新教学方法，设计生动有趣的教学活动，激发学生的学习兴趣，使他们在轻松愉快的氛围中学习法律知识，培养法治思维，有效地提升法治教学的效果。在此基础上要充分发挥辐射影响力，多以公开课、示范课的形式传授先进的法治教学经验，定期对自己的教学工作进行反思和总结，找出存在的问题和不足，制订改进措施。同时，可以建立个人教学档案，记录自己的教学成长历程。

4. 科研

科研与教学是教师专业成长的双翼。一方面，教学可以为科研提供丰富的实践案例和数据支持，使科研更加贴近实际，具有针对性和实效性。另一方面，科研成果也可以为教学提供新的理念和方法，推动教学内容和方式的改革与创新。科研作为教师提升专业素养和创新能力的重要途径，为教师走向专家型教师奠定坚实的基础。通过参与科研项目，教师能够接触到学科前沿的研究动态和最新的研究成果，不断拓宽自己的学术视野和知识面。此外，科研还能够帮助教师培养批判性思维和创新精神，提高他们解决实际问题的能力。这些能力和素质的提升，不仅有助于教师更好地完成教学任务，还能够为他们的职业发展奠定坚实的基础。

在依法治国的大背景之下，小学法治师资培养面临新时代的新要求，同时也迎来培养机制创新发展的新契机。小学法治教师队伍的发展需要政府、学校、教师等多方面的共同努力。立足当下，弘扬教育家精神，多方联合发力，以"大教学"视野下的教师专业发展策略创造性地解决当前小学法治教师专业发展面临的问题，既是对国内外教师专业发展研究成果的继承与发展，也是对新时代教育改革和教师队伍建设要求的积极响应，能更好地推进小学法治教师队伍的建设与发展，可谓意义深远。

第八章

小学法治教育的未来展望

法律，治国之重器，社会之保障，民生之护佑，为千秋伟业夯基固本，为民族复兴保驾护航。党的十八大以来，以习近平同志为核心的党中央从坚持和发展中国特色社会主义全局出发，从实现国家治理体系和治理能力现代化的高度，提出了全面依法治国这一重大战略部署，开创了全面依法治国的新局面。推进全面依法治国，是国家治理的一场深刻变革，是坚持和发展中国特色社会主义的本质要求和重要保障，是实现国家治理体系和治理能力现代化的必然要求，事关我党执政兴国，事关人民幸福安康，事关党和国家长治久安。全面建成小康社会、实现中华民族伟大复兴的中国梦，全面深化改革、完善和发展中国特色社会主义制度，提高党的执政能力和执政水平，必须全面推进依法治国。

实现依法治国的伟大战略，需要以全民守法为社会前提，而全民守法的法治社会建设需要卓有成效和持之以恒的法治教育。普法，是全面依法治国的长期基础性工作。加强中小学法治教育是新时代党和国家基础教育高质量发展的重要议题。少年儿童从小树立法治观念是全面推进依法治国、加快社会主义法治国家的基础工程，中小学生的法治素养的提升关乎国家未来、民族发展、社会稳定及其自身幸福。2021年，教育部公布《全国教育系统开展法治宣传教育的第八个五年规划（2021—2025年）》，就教育系统"八五"普法期间的主要任务作出全面部署，明确一系列重点举措：深入推进教育部门日常学法用法；持续提升学校依法治理能力和水平；推动健全教育普法服务保障体系；不断完善法治教育协同工作机制；努力营造教育系统良好法治氛围……

展望中国未来的小学法治教育的走向，在党的二十大精神的指导下，特别是在全面推进依法治国的宏观背景下，将呈现出更加系统性、实践性、创新性、绿色化和国际化的特点，不断走向更广阔的教学空间、更长的教学时间和更深远的教学内涵，展现"大教学"面向未来的新追求。

第一节　系统性：构建全链条法治教育体系

构建全链条法治教育体系是一个系统工程，需要政府、学校、社会等多方面的共同努力和协作。完善大中小学法治教育的顶层设计，通过明确阶段目标、科学设置课程、强化师资培训、利用信息技术、加强法治文化建设、关注特殊群体等措施的实施，可以为中国培养更多具备法治素养和法治能力的优秀人才，为全面推进依法治国奠定坚实基础。

一、加强法治一体化的建设

在思政课一体化建设的背景下，将进一步完善从小学到大学乃至终身教育的法治教育体系，确保各阶段教育内容的有机衔接和层层递进。法治教育一体化建设从纵向来看，包括明确各教育阶段法治教育的目标、任务和重点，形成科学合理的课程设置和教材体系。例如，在小学阶段注重培养学生的法治意识和基础法律知识，中学阶段则加强法律原理和法治实践的教育，大学阶段则深入探究法学理论和法治实践的前沿问题。从横向来看，在小学阶段，法治教育不应孤立存在，而应与其他学科课程相融合。加强法治教育与德育、智育、体育、美育等其他课程领域的融合，形成全面育人的良好格局。例如，在语文教学中可以融入法律故事、法律条文等内容，让学生在阅读中感受法律的威严与公正；在数学教学中可以引导学生理解法律中的数量关系和逻辑推理；在道德与法治课程中则可以更加直接地教授法律知识和法治理念。通过课程融合，可以让学生在潜移默化中接受法治教育，提高学习效果。

二、继续强化师资培训

在构建全链条法治教育体系的过程中，师资力量的建设至关重要。国家将加大对法治教育师资的培训力度，提升法治教师的专业素养和教学能力，建设一支优良兼专职法治教师队伍。并通过定期组织教师培训、研讨会和学术交流活动，更新教师的法治理念和教学方法，使他们能够更好地适应法治教育的新要求。同时，鼓励和支持法治教师参加学历提升，参与法学研究、法律实践和社会服务等活动，提高他们的实践经验和理论水平，从源头注入"活水"，源源不断地为学生提供更加优质、高效的法治教育。

三、更多的数字赋能

随着信息技术的飞速发展，人工智能将进一步影响世界。未来法治教育将充分利用互联网、大数据、人工智能等现代信息技术手段，创新教学手段和方法。通过开发在线法治教育平台、建设法治教育资源库、推广智能教学工具等方式，为学生提供更加便捷、高效、个性化的学习体验。同时，利用人工智能、虚拟现实（VR）、增强现实（AR）等先进技术，模拟真实的法律场景和案例，让学生身临其境地感受法治运作的复杂性和多样性，提高他们的学习兴趣和参与度。

四、营造良好法治文化氛围

法治文化的建设是推进法治教育的重要支撑。党的二十大报告指出，加快建设法治社会的具体路径在于"弘扬社会主义法治精神，传承中华优秀传统法律文化，引导全体人民做社会主义法治的忠实崇尚者、自觉遵守者、坚定捍卫者"。少年强则国强。着力推动法治教育与中华优秀传统文化相结合，在青少年学生中加强中华优秀传统法律文化教育，通过举办法治文化节、法治知识竞赛、法治文艺演出等活动，营造浓厚的法治文化氛围。同时，加强小学法治教育的社会参与，鼓励和支持媒体、文艺团体等社会各界积极参与法治文化建设，创作更多反映法治精神、贴近群众生活的优秀作品，弘扬核心价值观、传播法治正能量，打牢青少年法治教育的文化基础，提升青少年法治素养。

五、关爱特殊群体，实现教育公平

在构建全链条法治教育体系的过程中，还应特别关注农村、偏远地区、少数民族地区儿童和残疾儿童等特殊群体的法治教育需求。通过加大投入、优化资源配置、创新教育模式等方式，努力缩小城乡、区域、校际之间的法治教育差距。同时，针对特殊群体的特点和需求，开发适合他们的法治教育课程和教材，提供个性化的教学支持和辅导服务，确保他们也能享受到高质量的法治教育，实现教育公平和社会公正。

第二节　实践性：契合法治教育实际强化实践

理论与实践的统一是马克思主义的一个最基本的原则，任何理论都要不断接受实践的检验。在法治教育的进程中，实践是检验真理的唯一标准，也是培养学生法律素养和能力的关键途径。因此，未来的小学法治教育将以大单元进行整体教学设计，更加注重实践环节的设计与实施，力求通过多样化的实践活动，让学生在实践中学习法治、理解法治、运用法律，提升对法治的理解与运用能力。

一、强化"理论+实践"的教学

法治素养是个体对法治的一种信念和遵从，包括法治知识、法治观念、法治思维、法治精神和法治信仰等。小学法治教育的核心目标在于根据学生成长需要和认知能力的发展，结合现实案例、法治实践，让学生学习法治知识，确立法治信仰。法治教育目标和教学内容的落实需要通过"怎么教"和"怎么学"来实现。法治教育教学理论实施需要有机综合法律知识、法治思维、法治价值三个层次的内容。[①] 案例教学是小学法治教育的显著特点。在小学法治课堂教学中，教师根据单元教学任务设置相应的学习任务，根据学习任务对法律案例情境进行优化，设计有真实性和典型性的案例情境，提炼综合性问题和课堂学习活动主题，根据案件发生的过程、学生认知的规律、法治内容的逻辑有序呈现，通过课内实践、第二课堂和课外社会实践活动，引导学生进行分析、讨论辩论和践行，培养他们的法律思维和解决问题的法治实践能力。如可以组织学生进行法律实践项目的策划和实施，为学生提供更加丰富多样的实践机会和平台；组织学生参与模拟法庭、法律诊所、法律援助等实践活动，进行法律调研、撰写法律小报告等。这些"理论+实践"的法治学习活动不仅能够让学生将所学法治理论知识应用于实践，还能培养他们的社会责任感、团队合作精神和创新能力，让学生在实践中加深对法治的理解，帮助他们更好地理解和运用法律知识，培养其成为具备法治素养和能力的优秀人才。

二、加强"校内+校外"法治教育基地的建设

校外法治教育基地是连接学校与社会的桥梁，能够为学生提供更加广阔的实践空间。学校可以完善法治教育基地的建设，如在德育处或少先队大队部专门设立校内的"儿童

---

① 贾德忠. 学习贯彻党的二十大精神　努力开创青少年宪法法治教育的新局面[J]. 青少年法治教育，2023（1）：2-5.

法治工作坊";加强与司法机关、政府部门、企事业单位等(包括法院、检察院、公安局、监狱等司法机关,也可以包括律师事务所、法律援助中心等法律服务机构)的合作,共建高质量的法治教育基地。通过"内外联合"的法治教育基地开展参观学习、实习实训等活动,加深学生对社会的了解,提高其解决实际问题的法治能力,让学生增强对中国特色法治体系的认知和认同。

三、建立"虚+实"结合的法律援助网络

法律诊所和法律援助站点是为学生提供直接法律服务的重要平台。学校可以与律师事务所、法律援助机构等合作,在校园内或周边地区设立法律诊所和法律援助站点,为学生提供法律咨询、法律援助等服务。通过这些实践活动,学生可以接触到真实的法律案件,了解法律的实际运用,培养解决实际问题的能力。同时,这也有助于增强学生的社会责任感和公民意识。有条件的教育局可以联合当地法律援助中心,建立一个面向小学生的在线法律咨询平台。如河北省深州市为进一步提高法律援助在未成年人群体中的知晓率,形成未成年人保护的社会环境,营造未成年人健康成长的社会氛围,建立了深州市法律援助中心,联合市教育局、检察院、公安局等相关单位进入中小学开展了"关爱未成年人,法律援助进校园"主题活动。活动聚焦"预防未成年人犯罪""守护少年的你"两大主题,围绕《中华人民共和国未成年人保护法》《中华人民共和国法律援助法》,以通俗易懂的语言、真实生动的案例,深入浅出地讲解什么是法律援助,以及法律援助的受理范围、援助方式等,向中小学生讲解了未成年人的权利与义务,并教导师生理解并正确运用法律武器,保护自身合法权益。法律援助中心工作人员还为参加活动的师生们带去了宣传海报、未成年人法律援助服务手册、青少年学法笔记本等法治大礼包。

除了在线下开展主题活动,法律援助中心根据中小学遇到的法律难题开设线上指导服务,通过微信公众号、抖音等平台定期推送当前社会热点问题的法律分析、与日常生活息息相关的案例以及最新法律法规的讲解、典型案例分析、法律知识竞赛、漫画、小动画片等,将法律知识以生动活泼的方式送到未成年人的身边。

线上与线下,虚拟与现实,多方联动,不断拓展法治宣传、法律援助的广度与深度,提升未成年人法治素养,积极为未成年人的健康成长保驾护航。

第三节　创新性：推动法治教育方法和手段的创新

《中国教育现代化 2035》提出要加快信息化时代教育变革。建设智能化校园，统筹建设一体化智能化教学、管理与服务平台。利用现代技术加快推动人才培养模式改革，实现规模化教育与个性化培养的有机结合。随着科技的不断进步和教育理念的不断更新，小学法治教育将更加注重方法和手段的创新。

一、课程视角：以课程撬动法治教育的变革

当前各地区的小学根据教育部《义务教育课程方案和课程标准（2022 年版）》的要求，主要开设道德与法治、语文、数学、英语、科学、体育与健康、信息科技、艺术和劳动等课程。一方面，法治教育尚未成为一门完全独立的课程，仅作为道德与法治课程当中的重要组成内容，缺乏系统完整的中小学法治教育课程体系。小学与中学阶段的法治相关知识在道德与法治中表现为理论渗透和与专题课文相结合、相交错的布局特点，各年级的法治教育内容相对独立，学校中的法治教育通常在道德教育中进行，抑或在班会课、安全教育课、晨会等涉及青少年违法犯罪的事件时，用作强调、警示来展现。另一方面，课程教材编排的实践性不足。具体而言，法治教育通常是以学校教育的方式进行，其内容较少涵盖社会教育与家庭教育。这从某种程度上导致当前我国中小学法治教育教学暂且还停留在知识层面的低层次学习上，以讲授理论知识为主，法治实践不足，教学过程严格遵循学科教学逻辑而缺乏对法律实际应用的考虑，法治信仰的培育处于边缘地位。[1]

小学是法治教育的关键期和黄金期。面对当前存在的法治教育在课程设置与教学内容方面的现实积弊，首先要解决法治教育与道德与法治课程名称不完全匹配的问题。倡

---

[1] 李梦，李畅，徐治. 中小学开展法治教育的意义、困境与对策 [J]. 中国德育，2023（4）：27-31.

导以国家层面自上而下地安排在小学开设独立的法治教育课程，明确法治课程的核心素养，制定相应的课程标准和教材，在内容上统整各年级零散的法治知识使其系统化，按从低到高年级选择直线或螺旋式的编排逻辑安排不同的法治教育主题，更多地联系学生的日常生活，结合现实案例、法治实践，增加法治教育教学的实践性、参与性和思辨性，强化法治课程的针对性与专业性，进一步提升法治教育在基础教育阶段的地位和比重。而这，也与《全国教育系统开展法治宣传教育的第八个五年规划（2021—2025年）》"推动宪法类教材编写与修订，深入开展教育系统宪法学习宣传教育活动"的要求相符合。社会、家庭教育资源可作为法治课程的延伸，增加多元的法治教育主题活动、实践活动拓展法治教学场域与教学视野，培育小学生的法治素养。

二、教法视角：多元方法拉近人与法的距离

对于小学的师生来说，与宪法法律的距离比较远，如何拉近人与法的关系一直是法治教学的难题。承担小学法治教育职责的大多是担任这门课程的任课老师，随着法治教育的不断发展，更多的角色参与法治教育逐渐成为常态。参与角色多了，教育场域大了，教育资源多了，人与法的关系也在改变，教学方法要作出相应的调整与创新。下面以笔者团队开展的小学法治"大教学"实践研究为例，分享对小学法治教育教学的新探索。

（一）德法融合，构建"四维协同"法治教育大格局

青少年是祖国的未来、民族的希望。长期以来，各有关部门、各级各类学校通过多种途径开展了形式多样的青少年法治教育，广大青少年法治素质明显提高。校内教育虽然是法治教育的重要途径但并非全部，家庭、社会都应承担起法治教育的任务。新时代的小学法治教育要统筹用好道德的"软要求"和法治的"硬规范"，以"立德树人"为法治教育顶层设计的立足点，从目的、内容、方法上解决好"培养什么人""用什么培养人"和"怎样培养人"的问题。学校可以通过系统整合管理元素，从党政协同、管理协同、政策协同和师资协同四个维度着力，以"跨界融合育人"为桥梁，共同构建与打造"个人、学校、家庭、社会"相互协作的法治教育大课堂，为青少年提供更具互动性、实践性、趣味性的法治资源和平台，深入开展宪法法治实践教育，使尊法、学法、守法蔚然成风，培养小学生的法律法规实践能力和行为道德养成能力，不断探索符合新时代小学生成长所需的法治教育创新范式及实践路径。

（二）人法相和，以"大教学"提升法治教育质量

国家将法治教育纳入国民教育体系，旨在通过全面的课程融合和多元主体的参与，构建一个覆盖各个成长阶段和社会领域的法治教育体系，这意味着法治教育不能仅仅局限于道德与法治课程，而是要渗透到各类学科和教材中，使人、法、教学相融合。学校基于"大教学"的理念，以"四全"的策略凝聚法治教育资源，开展全学科教学（道德与法治学科和其他学科的有机融合）、全学科展示（为学生提供展示的舞台）、全过程育人（保证法治教育过程中学生作为主体参与）、全学科评价（为教师提供反思与创新的平台），以"大教学"提升法治教育共力。以"大教学""大课堂"拓宽法治教育渠道，丰富法治教育内容，创新法治教育方法，能扎实推进法治教育，引导学生逐步实现尊法、守法向德行养成的整体跃升。

如在宪法宣传日，学校举办了以"法治在我心中"为主题的手抄报比赛。学生们围绕法治主题，通过语文、科学、美术、音乐等课程融合，选择手绘、文字、说唱、教育戏剧等方式表达自己对法律的理解和感受。比赛不仅锻炼了学生的动手能力和创造力，还加深了他们对法治的认识和尊重。此外，学校还定期举办法律知识竞赛、法治小剧场等活动，让学生在参与中学习和成长。

（三）实践为本，创新寓教于乐的法治大活动

"实践是法律教育骨骼上的肌肉"，法治教育工作者只有珍视儿童的生活经验，找准儿童的认知起点，契合儿童的认知特点，才能唤起儿童参与实践、深入体验的兴趣。在开展小学法治"大教学"的实践中，教师不能局限于书本开展教学，而是要"眼观六路，耳听八方"，及时捕捉最新的法治教育实践与学术动态，与时俱进，根据大单元设置单元教学任务及相应的单元大活动，通过自编法治小故事、创编小游戏、制作小儿歌、开设小辩论、共绘手抄报、参加演讲等"活动链条"寓教于乐，吸引师生主动参与法治"大活动"实践。举行"模拟法庭活动"也是一个很好的校内实践方法，教师组织学生分别扮演法官、检察官、律师、被告人等角色，模拟审理一起未成年人犯罪案件。通过角色扮演，学生体验了法律程序的运作和法庭辩论的激烈，极大激发学生的学习兴趣和主动性，使其对法律职业有了更直观的认识和感受，提高法治素养和社会参与度。

此外，《全国教育系统开展法治宣传教育的第八个五年规划（2021—2025年）》明确深入开展全国学生"学宪法 讲宪法"系列活动。学校可以根据小学生身心特点和认知

规律，组织设计分学段的宪法教育内容；将学宪法讲宪法活动作为法治教育"第二课堂"的重要内容，开展相关的参观、访问、社会小调查等实践活动，在老师的指导下，学生就自己感兴趣的内容开展社会调查，撰写调查报告，深入了解社会，提高法治思维能力；持续开展国家宪法日的"宪法晨读"特色活动，开展社会宣讲志愿活动……

（四）文化为根，营造法治教育显隐性结合的大课程

学校是存在差异的，这赋予学校文化的个性化与独特性。每到儿童节、国庆节、校庆等节日，学校大型的校园艺术活动都可以法治教育为底色，营造以文化人、以活动润心的氛围，体现依法开展法治教育与德育活动有机融合，提升育人效能。如2024年1月1日，《中华人民共和国爱国主义教育法》正式开始实施，学校以此开展一系列显性爱国主义教育法的主题活动：道德与法治学科开展"我与《爱国主义教育法》"演讲活动、语文学科的"共读爱国故事"阅读节、校园诗歌节等，让学生通过书香在跨学科活动中汲取爱国主义的智慧和力量；艺术节的爱国歌曲拉歌赛、管弦乐团排演节目《我爱你，中国》……通过丰富的实践活动，将学校文化的独特性与爱国主义教育的多样性相融合，提升学生对爱国的认知，在实践力、感染力、思想力等方面下功夫，培养爱党爱国的法治小公民。在隐性课程方面，学校推进"六个一"校园文化建设："一礼"，以每天的升旗仪式加强爱国主义教育法的仪式教育；"一屏"，电子屏每日滚动播出宪法教育、爱国主义教育法的名言佳句；"一园"，利用学校橱窗、教室的墙报等开辟爱国主义教育法学习园地；"一网"，少先队的大队部通过微信公众号开设爱国主义教育法专栏；"一廊"，以学校校史大道为基础设立时间轴，设置爱国主义教育文化长廊；"一室"，在美术室安装可触屏多媒体，展播学习爱国主义教育法师生优秀作品。

三、技术视角：数字革新赋能法治教育改革

在探讨技术整合创新法治教育的方法时，我们首先需要认识到当前社会和教育环境的变化。随着人工智能、大数据、云计算等信息技术的快速发展，社会进入了智能时代，这使法治教育面对新的挑战和机遇。特别是面对来势汹汹的人工智能浪潮，小学法治教育面临着方法创新的需求，当中也蕴含了法治与德治资源整合的契机。

（一）立足教学应用，提升与体验场景的仿真度

近年来，不少学校利用数字技术赋能，积极探索开展法治教育教学的新方法，但基

本为"教师—技术—学生"的单线辐射，一般选择图片或视频的方式呈现，与实地考察、现场听讲相比，在课堂融合的共情度、仿真度和感染力方面的效果相对较弱。充分利用"数智+"的优势，构建"智能技术+法治云库+课堂"的"三位一体"模式，联合运用数智技术手段（人工智能、大数据、小程序、实景投影、现场网络采访/问答、VR小程序等），挖掘、传送法治学习资源，联合法治教育基地，把法治专家学者引进课堂，让法治教育资源走进来、动起来、活起来，在实际或虚拟的特定环境或特定时刻现学现用，提升与应用场景的逼真度，提升学习迁移和转化率，使传统法治教育的面貌焕然一新。

而在未来的法治教育基地的建设设计中，绿色和可持续的理念将得到充分体现。更多环保性、节能性的建筑材料将会被使用，同时在法治景观的设计中融入生态元素，借助先进的科技手段，打造一个绿色、舒适的法治教育环境，不仅有利于保护环境、节约能源，还能为参与法治教育的师生提供一个更加健康、愉悦的学习体验。

（二）注重手脑结合，奠定数字公民爱国情感基础

数智赋能法治教育方法的创新，不在于技术本身的新与旧，而在于正确教学观念的指导。教师指导学生运用智能技术将静态、平面的知识升级为动态、立体的图像的同时，要注意引导学生树立正确的人工智能价值观，让学生主动适应人工智能时代的教育转型，打好法治教育底色，使学生的手脑结合，促进个体正向发展。科学无国界，科学家有国界。在数智时代，用好技术进行思想政治教育，着重讲清爱国主义的道理、学理、哲理和法理，帮助学生牢牢把握依法爱国、理性爱国的底线和红线，自觉抵制爱国主义教育法所禁止的行为，旗帜鲜明地同损害党的领导、国家利益和社会主义制度的言行作斗争，不断提高学生在法律框架下理性爱国的实践能力，培养学生的公民意识，为做一个爱国、守法的数字公民奠定良好的法治基础。

（三）增强互动和参与，强化网络空间的法治教育

在数智化时代，无处不在的互联网把零散的个体串成一张巨大的人际交互网络，新媒体技术也为法治教育提供了新的途径和手段，应充分利用网络平台，开发丰富的网络教育资源，强化网络空间的法治教育。首先，通过微博、微信、短视频等新媒体平台，开发在线课程、互动论坛、网络微剧等资源，及时把党和国家关于法治教育最新的理论和实践成果传递到千家万户，用新知识、新技术、新范式推动法治教育走上"云端"、

进入"指尖"、浸入"心田",增强法治教育的时效性、生动性和新颖性,吸引更多年轻人关注和参与,增加互动性与参与感,可以更广泛地传播法治教育内容。其次,新媒体还可以用于交流,通过大数据分析学生的学习习惯和兴趣点,定制个性化的法治教育内容,使教育更加贴近学生的实际需要;同时,加强对网络空间的监管,确保网络环境的健康和安全。

第四节 绿色化:强调和谐、高效、可持续发展

2024年的全国教育工作会议提出2024年七大教育工作重点任务:着力构建落实立德树人根本任务新生态新格局,强化高等教育龙头作用,进一步夯实基础教育基点,增强职业教育适应性和吸引力,不断开辟教育数字化新赛道,坚定推进高水平教育对外开放,以教育家精神为引领强化高素质教师队伍建设。会议强调,"把进一步全面深化改革作为根本动力,在教育的数字化、国际化、绿色化方向上开辟发展新空间"。

绿色发展,是将生态文明建设融入经济、政治、文化、社会建设各方面和全过程的全新发展理念。这一理念在2016年全国教育工作会议上已被提出,以党的十八届五中全会提出的五大发展理念引领未来教育发展,强调"以绿色发展引领教育风尚",意在解决教育的科学发展、健康发展和可持续发展问题。以绿色发展引领教育时尚,就是回到教育的本原上去思考教育面临的问题,实现教育和经济社会之间的良性互动,化解内部矛盾,优化外部环境,最终促进教育的健康、和谐与可持续发展。

中小学法治教育的发展,也将走绿色发展的道路,践行绿色发展理念,法治教育工作者应按照规律教学、按照规律育人,真正实现法治教育拓展每一个生命的发展空间的美好愿景。

一、以人为本:促进学生健康、全面、可持续发展

现代意义上的法治,是以保护人的尊严而开展起来的。现代法治之所以成为人类社会的一种优先选择,就在于其本质上是一种良法、善治。良法,即符合公平正义、保障

人权、促进发展的法律；善治，则是指通过有效、公正、透明的治理方式，实现社会和谐与人的全面发展。法治作为社会治理的基本方式，其核心价值在于对人性的尊重与保护。法治的终极目标在于保护每个人的尊严和权利。这一原则不仅奠定了法治的基石，也为中小学法治教育指明了方向。中小学阶段是人格形成的关键时期，通过法治教育，学生能够了解并认识到自己的权利与义务，学会在尊重他人权利的同时维护自身权益，这是培养公民意识、塑造健全人格的重要基础。

以绿色发展的理念贯彻落实中小学法治教育，必须深入贯彻落实科学发展观，坚持以人为本的核心理念，把握科学的发展规律，聚焦学生终身发展和适应社会所需要的法治关键能力，完善法治教育机制，构建进阶式、持续性的法治育人体系，推进法治教育适应新形势、应对新挑战，促进学生健康、全面、可持续发展。例如，可以根据社会发展的宏观背景，关注法治社会发展的进程，从中小学生的现实成长需求出发，及时更新教育内容和方式，与时俱进，加强网络安全、个人信息保护等方面的法治教育，通过法治知识的传授和法治精神的培育，帮助学生树立正确的网络观和法治观，提升学生应对网络场域违法犯罪行为的准备意识和防护能力，为他们未来成为合格的公民奠定坚实基础。

二、和谐共生：追求"家—校—社"法治教育融合

法治教育绿色化是一种具有前瞻性和创新性的教育理念。法治教育的绿色发展强调的是人与自然、人与社会、人与人之间的和谐共生，蕴含的是简约朴素、返璞归真的自然本色，彰显的是风清气正、公平正义的文化环境。这样的文化环境少不了家庭、学校和社会三者的共同发力。在法治教育过程中，加强与政府、企业、社区等社会各界的合作，共同构建法治教育的良好环境。同时，也要注重与学生家庭的沟通和联系，形成家校共育的良好机制，以更绿色的理念共同促进学生的健康成长和全面发展。

中小学法治教育将在遵循育人规律和学生成长规律的基础上，加强育人的整体性，聚焦学生的完整成长过程，以成长中的学生为原点，指向完整的学生个体和整体生活。而这样的完整生活肯定不限于学校与家庭两点一线的生活空间，还要面向更广阔的社会生活，让学生置身于完整的生活领域，在自然、社会、文明和自我发展中接受锤炼，进而形成与社会共生共长的适应能力。因此，法治教育绿色化不仅仅关注法律知识的传授，

更重视学生的全面发展。它强调在法治教育过程中,要注重学生的身心健康、情感发展、社会责任感以及创新能力的培养,通过"家—校—社"多样化的教学活动和实践机会,帮助学生建立正确的价值观、道德观和法治观,培养他们的批判性思维、团队合作能力和解决问题的能力,追求人与自然的和谐共生,以及人与社会、家庭的融合。

第五节　国际化:加强小学法治教育的国际交流与合作

在全球化的背景下,教育的国际交流与合作显得尤为重要。2024年的全国教育工作会议强调,"准确把握中国教育与世界的关系,在国际新格局中补短板、锻长板,加快建成有重要影响力的世界教育中心"。建设世界教育中心是实现中国式现代化的必然诉求,世界教育中心最突出的特征是国际影响力,切实加强中国教育与世界教育的联系与接轨,以实现中国教育的国际化。

《中国教育现代化2035》提出要开创教育对外开放新格局。加强与不同国家的小学法治教育的国际交流与合作,不仅有助于拓宽学生的国际视野,还能引入国外先进的法治教育理念和教学方法,提升我国小学法治教育的整体水平。这包括加强与国外中小学校、研究机构等的交流与合作,双方构建长期稳定的合作关系,通过互访、学术交流等形式,分享各自在法治教育领域的经验和成果。引进国外先进的法治教育理念和教学方法,提升我国小学法治教育的国际化水平。同时,有条件的地方还可积极参与国际法治教育合作项目,通过举办线上线下的法治论坛、研讨会等活动,加强与不同国家与地区的沟通与对话,共同推动全球法治教育的进步与发展,为培养具有国际视野和跨文化交流能力的法治人才贡献力量。

一、引进国外先进的法治教育理念和教学方法

当今世界,全球治理体系和国际秩序变革加剧,国际竞争日趋激烈,法治教育要以习近平法治思想为指导,加快培养高素质涉外法治人才步伐,对推动我国对外开放、为

"一带一路"夯实法治基础具有深远意义。在小学阶段,法治教育以基础性的行为规则和法律常识为主,侧重法治意识、尊法守法行为习惯的养成教育。在保持我国法治教育特色的基础上,根据小学生的特点,适度引进国外优秀的法治教育课程内容和教学资源,以"第三只眼的角度"引导学生运用法治辩证思维察外观己,丰富学生的法治知识体系。

如关于未成年人的刑事责任,美国《模范刑法典》第4.10条规定,未满16周岁的人不能受到审判和判决。根据普通法的规定,7周岁以下的儿童不负刑事责任;7到14周岁为推定刑事责任年龄阶段,在这一年龄段内,这一推定是可以被推翻的,如果控方有足够的证据证明行为人有责任能力,则行为人对实施的行为具有责任能力。日本刑法第41条规定,不满14周岁的人的行为,不处罚。日本原来的少年法对未成年人有处死刑的规定,但是现行的少年法第51条规定,对于不满18周岁的少年不能判处死刑,相当于死刑的,则判处无期徒刑。而日本改正刑法草案第50条更将此规定为,当死刑减轻时,减为无期徒刑或者10年以上20年以下的惩役或者禁锢……教师可以通过不同国家关于未成年人刑事责任的法律条文的对比,参考国外法治的相关教法进行教学方法创新,如项目式学习(PBL)、翻转课堂等,激发学生的法治学习兴趣和主动性,拓展学生的法治知识面,丰富对《中华人民共和国未成年人保护法》《中华人民共和国预防未成年人犯罪法》等的理解,更立体地感受中国特色社会主义法治体系对未成年人的特殊保护。

二、积极参与国际法治教育合作项目

网络为教师积极参与国际法治教育项目提供更多可能。有条件的学校可以在线上或线下参与或发起国际法治教育合作项目,组织学生参加国际法治夏令营、冬令营等活动,与外国学生交流学习,增进相互理解和友谊,培养学生的国际视野和跨文化交流能力,鼓励学生参与国际法治交流活动、模拟联合国等国际组织活动以及涉外法律实务等实践活动,提升学生的国际竞争力和适应能力,培养具有国际视野的法治人才。也可以通过网络定期举办国内外青少年国际法治教育论坛、研讨会等,邀请国内外法治教育知名专家学者、教育工作者和实务界人士参加,就法治教育的热点问题进行深入探讨和交流。通过这些线上线下的活动,加强与国际社会的沟通与对话,分享我国在法治教育方面的经验和成果,同时学习借鉴其他国家的先进做法和成功经验,共同推动全球青少年法治教育的进步与发展。

法立于上，教弘于下。小学法治教育的最终目的是培养出一代又一代知法、懂法、守法、用法的公民。党的二十大吹响了青少年法治教育的号角，让我们积极宣传贯彻党的教育方针，以习近平法治思想为指导，以德润童心，用法护成长，不断探索实践体验理念下的法治教育新途径，以法治教育助推学生良好公民道德的养成，以法治教育绘就学生生命底色，用有温度的教育激发学生成长的正能量，为培养出既具有道德情操又具备法治精神的合格小公民、有力推动法治国家的建设进程而不懈努力。

参 考 文 献

[1] 习近平谈治国理政（第四卷）[M]. 北京：人民日报社出版，2024.

[2] 中华人民共和国教育部. 义务教育道德与法治课程标准（2022年版）[M]. 北京：北京师范大学出版社，2022.

[3] 人民教育出版社课程教材研究所，小学德育课程教材研究开发中心. 义务教育教科书 教师教学用书 道德与法治 六年级 上册 [M]. 北京：人民教育出版社，2022.

[4] 黑静洁. 青少年法治教育培训读本 [M]. 北京：中国政法大学出版社，2019.

[5] 钟守权. 传承与发展 道德与法治课程教学初论 [M]. 广州：广东高等教育出版社，2018.

[6] 陈春勇. 中小学法治教育：来自国外的启示 [M]. 重庆：西南师范大学出版社，2018.

[7] 吴晶，胡浩. 习近平主持召开学校思想政治理论课教师座谈会 [N]. 新华社，2019-03-18.

[8] 中共中央，国务院. 深化新时代教育评价改革总体方案 [N]. 新华网，2020-10-13.

[9] 中共中央办公厅，国务院办公厅. 关于深化新时代学校思想政治理论课改革创新的若干意见 [N]. 新华社，2019-08-14.

[10] 鲁篱，郭子圣. 不断提升青少年群体的法治素养 [N]. 光明日报，2024-03-23.

[11] 童燕芳. 基于核心素养的法治教育探究——以"公民的权利"教学为例 [J]. 中学政治教学参考，2022（46）：7-9.

[12] 李松林. 学科核心素养的发展机制与培育路径 [J]. 课程·教材·教法，2018，38（3）：31-36.

[13] 靳玉军. 加强青少年法治教育的若干思考 [J]. 教育研究，2015，36（4）：57-60.

[14] 首都师范大学2019年本科新增小学教育（德育师范）专业方向[J]. 人民教育, 2019（10）: 80.

[15] 冯建军. 立德树人的时代内涵与实施路径[J]. 人民教育, 2019（18）: 39-44.

[16] 罗嫣才. 教研参与对小学道德与法治教师专业发展的影响研究[J]. 课程·教材·教法, 2020, 40（5）: 93-98.

[17] 南纪稳. 学生核心素养、学科核心素养与教学改革[J]. 当代教师教育, 2019, 12（4）: 79-83.

[18] 栗战书. 习近平法治思想是全面依法治国的根本遵循和行动指南[J]. 中国人大, 2021（2）: 6-9.

[19] 程雁雷, 蒋艳. 党领导新中国教育法治建设的进程、成就和经验[J]. 党内法规研究, 2022, 1（2）: 84-93.

[20] 任焱. 我国中小学法制教育现状及反思, 现代教育管理[J]. 2014（2）: 53-56.

[21] 马长山, 李金枝. 青少年法治教育中的公民性塑造[J]. 上海师范大学学报（哲学社会科学版）, 2018, 47（4）: 88-97.

[22] 曾文婕. 论生态型学习评估范式的建构[J]. 中国教育学刊, 2019（2）: 48-53.

[23] 张晗. 思政课一体化视角下的中小学法治教育实施策略[J]. 人民教育, 2023（9）: 64-67.

[24] 郑三元. 规则的意义与儿童规则教育新思维[J]. 湖南师范大学教育科学学报, 2006（5）: 45-47.

[25] 李梦, 李畅, 徐治. 中小学开展法治教育的意义、困境与对策[J]. 中国德育, 2023（4）: 27-31.

[26] 贾德忠. 学习贯彻党的二十大精神 努力开创青少年宪法法治教育的新局面[J]. 青少年法治教育, 2023（1）: 2-5.

[27] 李忠夏. 通过宪法学习, 从小培养对人的关怀[J]. 青少年法治教育, 2022（1）: 12-17.

[28] 辛涛. 教育评价学学科建设的思考与探索[J]. 中国考试, 2024（5）: 1-4.

［29］张瑜. 核心素养背景下小学道德与法治评价策略研究［J］. 亚太教育，2023（3）：64-67.

［30］辛涛，洪倩，李刚. 新时代教育评价体系的价值定位：国际趋势与中国方案［J］. 国家教育行政学院学报，2024（2）：13-20.

［31］罗嫣才. 学习增值视域下的小学道德与法治教学变革——以小学六年级上册法治专册学习为例［J］. 江苏教育研究，2021（26）：53-56.

［32］马笑岩，陈晓端. 当代英国教师教育者专业发展模式评析［J］. 现代大学教育，2021，37（6）：42-51.

［33］王晶晶. 中小学法治教育师资队伍建设的现实困境及解决策略［J］. 中国教师，2019（7）：13-16.

［34］胡惠闵，黄慎娥，郝亚迪. 中小学法治教育师资队伍建设策略研究［J］. 现代教学，2016（12）：26-29.

［35］张应敏，程林. 中小学法治师资发展现状调查及培育策略［J］. 浙江师范大学学报（社会科学版），2022，47（2）：109-116.

［36］周丽云. 中小学法治教育师资队伍建设的困境及出路［J］. 教学与管理，2017（36）：47-50.

［37］谭泽光. 中学政治教师法律素养之困与破——以广州市荔湾区为例［J］. 中小学德育，2017（10）：59-61.

［38］胡莉英. "教科研训一体化"服务思政教师专业发展——以太仓市小学道德与法治教师队伍建设为例［J］. 中学政治教学参考，2021（3）：89-90.

［39］陈晓清. 中小学教师法治素养的基本要素、现实困境及培育路径探析［J］. 教育理论与实践，2021，41（5）：30-33.

［40］崔楠，宫珊珊. 高校思想政治理论课立德树人的路径分析［J］. 思想政治教育研究，2021，37（1）：79-83.

［41］秦玉友. 从高速增长迈向高质量发展——新时代教育内涵发展战略转型［J］. 南京师大学报（社会科学版），2019（6）：15-24.

［42］李军. 新时代思政课教师队伍建设的内在逻辑与发展路径［J］. 南京理工大学学报（社会科学版），2019，32（6）：79-83.

[43] 徐志华. 新时代中小学思政课教师素养提升的新思考——以崇明区中小学思政课教师队伍发展为例 [J]. 思想政治课研究, 2019 (4): 113-116.

[44] 张鸿翼, 李森. 西部地区农村小学教师结构性缺编现状调查研究——基于川、渝、滇、黔等六省市区的实证分析 [J]. 云南师范大学学报 (哲学社会科学版), 2019, 51 (3): 100-109.

[45] 石书臣. 关于大中小学思想政治理论课教师队伍一体化建设的思考 [J]. 思想理论教育, 2019 (11): 17-22.

[46] 程英. 一体化视域下义务教育阶段思政课的重要性探析 [J]. 中学政治教学参考, 2020 (18): 74-75.

[47] 任玉丹. "三区三州"教师队伍建设的路径分析——基于教师教学胜任力的视角 [J]. 当代教育与文化, 2019, 11 (5): 112-116.

[48] 谢敏. 对新时代思政教师胜任力的再认识 [J]. 中学政治教学参考, 2021 (15): 59-61.

[49] 吕丽, 邵志豪. 乡村小学思政课教师专业化发展透析 [J]. 中学政治教学参考, 2022 (39): 83-87.

[50] 李敏. 积聚小学品德课教师专业发展的力量 [J]. 中国教育学刊, 2012 (8): 84-87.

[51] 罗嫣才, 蔡檬檬. 我为什么选择小学道德与法治学科？——基于18名骨干教师专业发展动机访谈数据的质性分析 [J]. 中国教育学刊, 2021 (7): 90-95.

[52] 马云鹏, 解书, 赵冬臣, 等. 小学教育本科专业培养模式探究 [J]. 高等教育研究, 2008 (4): 73-78.

[53] 唐汉琦, 欧飞飞. 回顾与反思: 新中国小学教师培养模式的发展变迁与改革趋向 [J]. 当代教育论坛, 2021 (5): 48-56.

[54] 何齐宗, 龙润. 小学教师教学胜任力的调查与思考 [J]. 课程·教材·教法, 2018, 38 (7): 112-118.

[55] 张阳. "我不在场"的校本教研破题 [J]. 教学与管理, 2020 (28): 37-39.

[56] 黎大志, 刘洪翔. 论师范生培养与基础教育的"五个衔接" [J]. 湖南师范大学教育科学学报, 2016, 15 (3): 81-85, 99.

［57］杨婷. 校本教研的实践困境及其优化策略：基于主体间影响机制的反思［J］. 教育发展研究，2021，41（4）：10－16.

［58］李芳. 中小学校本教研教师主体性的遮蔽及建构［J］. 教学与管理，2019（3）：46－48.

［59］党建网微平台. 办好思政课，习近平这样强调［EB/OL］.（2022－03－24）［2023－08－09］. http：//politics.people.com.cn/n1/2022/0324/c1001－32382909.html.

［60］教育部，司法部，全国普法办. 青少年法治教育大纲［EB/OL］.（2016－07－18）［2020－05－02］. https：//www.gov.cn/xinwen/2016－07/18/content_5092493.htm.

［61］教育部，中共中央宣传部，中共中央网络安全和信息化委员会办公室，等. 全面推进"大思政课"建设的工作方案［EB/OL］.（2022－07－25）［2023－01－09］. https：//www.gov.cn/zhengce/zhengceku/2022－08/24/content_5706623.htm.

［62］教育部，中央组织部，中央宣传部，等. 关于加强新时代中小学思想政治理论课教师队伍建设的意见［EB/OL］.（2019－10－14）［2021－05－09］. http：//www.gov.cn/xinwen/2019－10/14/content_5439274.htm.

［63］余文森. 核心素养：课堂教学改革与创新的引擎［EB/OL］.（2018－01－16）［2024－10－01］. http：//www.moe.gov.cn/jyb_xwfb/xw_fbh/moe_2069/xwfbh_2018n/xwfb_20180116/zjwz/201801/t20180117_324897.html.